PLANEJAMENTO SUCESSÓRIO, *HOLDING* FAMILIAR E TRIBUTAÇÃO

IZABELLA MARIA MEDEIROS E ARAÚJO PINTO

Prefácio
Eroulths Cortiano Junior

PLANEJAMENTO SUCESSÓRIO, *HOLDING* FAMILIAR E TRIBUTAÇÃO

Belo Horizonte

FÓRUM
CONHECIMENTO JURÍDICO

2023

© 2023 Editora Fórum Ltda.

É proibida a reprodução total ou parcial desta obra, por qualquer meio eletrônico, inclusive por processos xerográficos, sem autorização expressa do Editor.

Conselho Editorial

Adilson Abreu Dallari
Alécia Paolucci Nogueira Bicalho
Alexandre Coutinho Pagliarini
André Ramos Tavares
Carlos Ayres Britto
Carlos Mário da Silva Velloso
Cármen Lúcia Antunes Rocha
Cesar Augusto Guimarães Pereira
Clovis Beznos
Cristiana Fortini
Dinorá Adelaide Musetti Grotti
Diogo de Figueiredo Moreira Neto (*in memoriam*)
Egon Bockmann Moreira
Emerson Gabardo
Fabrício Motta
Fernando Rossi
Flávio Henrique Unes Pereira
Floriano de Azevedo Marques Neto
Gustavo Justino de Oliveira
Inês Virgínia Prado Soares
Jorge Ulisses Jacoby Fernandes
Juarez Freitas
Luciano Ferraz
Lúcio Delfino
Marcia Carla Pereira Ribeiro
Márcio Cammarosano
Marcos Ehrhardt Jr.
Maria Sylvia Zanella Di Pietro
Ney José de Freitas
Oswaldo Othon de Pontes Saraiva Filho
Paulo Modesto
Romeu Felipe Bacellar Filho
Sérgio Guerra
Walber de Moura Agra

FÓRUM
CONHECIMENTO JURÍDICO

Luís Cláudio Rodrigues Ferreira
Presidente e Editor

Coordenação editorial: Leonardo Eustáquio Siqueira Araújo
Aline Sobreira de Oliveira

Rua Paulo Ribeiro Bastos, 211 – Jardim Atlântico – CEP 31710-430
Belo Horizonte – Minas Gerais – Tel.: (31) 99412.0131
www.editoraforum.com.br – editoraforum@editoraforum.com.br

Técnica. Empenho. Zelo. Esses foram alguns dos cuidados aplicados na edição desta obra. No entanto, podem ocorrer erros de impressão, digitação ou mesmo restar alguma dúvida conceitual. Caso se constate algo assim, solicitamos a gentileza de nos comunicar através do *e-mail* editorial@editoraforum.com.br para que possamos esclarecer, no que couber. A sua contribuição é muito importante para mantermos a excelência editorial. A Editora Fórum agradece a sua contribuição.

P659p   Pinto, Izabella Maria Medeiros e Araújo

Planejamento sucessório, *holding* familiar e tributação / Izabella Maria Medeiros e Araújo Pinto. Belo Horizonte: Fórum, 2023.

220 p. 14,5x21,5 cm
ISBN 978-65-5518-539-3

1. Planejamento sucessório. 2. *Holding* familiar. 3. Tributação. 4. ITCMD. I. Título.

CDD: 341.39
CDU: 347.6

Ficha catalográfica elaborada por Lissandra Ruas Lima – CRB/6 – 2851

Informação bibliográfica deste livro, conforme a NBR 6023:2018 da Associação Brasileira de Normas Técnicas (ABNT):

PINTO, Izabella Maria Medeiros e Araújo. *Planejamento sucessório, holding familiar e tributação*. Belo Horizonte: Fórum, 2023. 220 p. ISBN 978-65-5518-539-3.

Para Klinger, Manuella e Matheus.

AGRADECIMENTOS

Agradeço ao meu orientador de Mestrado, Professor Doutor Eroulths Cortiano Junior, por me guiar nesta jornada pelo conhecimento, e aos Professores Doutores Daniele Chaves Teixeira, Daniel Bucar Cervasio e Luciana Pedroso Xavier, membros da Banca Examinadora, por suas valiosas contribuições à minha pesquisa. Aos familiares e amigos, agradeço o constante apoio.

"O verdadeiro cientista não pode se isolar no seu próprio mundo, ou ficar atrás de biombos; ao contrário, deve conviver, dialogar, considerar, render homenagens à interdisciplinaridade."

VELOSO, Zeno. Prefácio. *In*: BOECKEL, Fabrício; BUFFON, Marciano; CATALAN, Marcos. *Direito sucessório em perspectiva interdisciplinar*. Rio de Janeiro: Elsevier, 2011. p. xiii.

LISTA DE QUADROS

Quadro 1 – Base de cálculo 116

Quadro 2 – Alíquotas 160

Quadro 3 – Usufruto 199

LISTA DE ABREVIATURAS E SIGLAS

BP – Balanço Patrimonial
CC – Código Civil
CF – Constituição Federal
CNJ – Conselho Nacional de Justiça
CPC – Código de Processo Civil
CTN – Código Tributário Nacional
DFC – Demonstração do Fluxo de Caixa
DIRPF – Declaração de Ajuste Anual do Imposto sobre a Renda da Pessoa Física
DRE – Demonstração do Resultado do Exercício
FGV – Fundação Getúlio Vargas
GIFE – Grupo de Institutos, Fundações e Empresas
IPEA – Instituto de Pesquisa Econômica Aplicada
IRGC – Imposto de Renda sobre o Ganho de Capital
ITBI – Imposto sobre a Transmissão de Bens Imóveis
ITCD – Imposto sobre a Transmissão *Causa Mortis* e Doações
ITCMD – Imposto sobre a Transmissão *Causa Mortis* e Doações
ITD – Imposto sobre a Transmissão *Causa Mortis* e Doações
ITR – Imposto sobre a Propriedade Territorial Rural
OCDE – Organização para a Cooperação e Desenvolvimento Econômico
STF – Supremo Tribunal Federal
STJ – Superior Tribunal de Justiça
UFEMG – Unidade Fiscal do Estado de Minas Gerais
UFIRCE – Unidade Fiscal de Referência do Estado do Ceará
UFIR-RJ – Unidade Fiscal de Referência do Estado do Rio de Janeiro
UFP-SE – Unidade Fiscal Padrão do Estado de Sergipe
UFR-PI – Unidade Fiscal de Referência do Estado do Piauí
UPF-MT – Unidade Padrão Fiscal do Estado do Mato Grosso
UPF-PA – Unidade Padrão Fiscal do Estado do Pará
UPF-RO – Unidade Padrão Fiscal do Estado de Rondônia
UPF-RS – Unidade de Padrão Fiscal do Estado do Rio Grande do Sul

SUMÁRIO

PREFÁCIO
UMA AUTORA QUE CONVERSA COM O DIREITO CIVIL,
O DIREITO EMPRESARIAL E O DIREITO TRIBUTÁRIO
Eroulths Cortiano Júnior 17

INTRODUÇÃO 21

CAPÍTULO 1
UM NOVO TEMPO PARA O DIREITO DAS SUCESSÕES 27
1.1 O direito à herança na Constituição de 1988 e as promessas
     do constituinte 30
1.2 Planejamento sucessório e funcionalização da herança 36
1.3 Planejamento sucessório e pejotização das relações familiares 41

CAPÍTULO 2
A *HOLDING* FAMILIAR COMO INSTRUMENTO DE
PLANEJAMENTO SUCESSÓRIO 43
2.1 Mitos e verdades 44
2.2 Transmissão das quotas sociais em razão da morte 50
2.3 Impostos a serem considerados previamente à constituição
     da *holding* 54
2.3.1 Imposto sobre a transmissão de bens imóveis 55
2.3.2 Imposto de renda sobre o ganho de capital 60
2.4 *Holding* familiar e as decisões no planejamento 62

CAPÍTULO 3
HOLDING FAMILIAR E A TRIBUTAÇÃO *CAUSA MORTIS* 65
3.1 Pejotização do patrimônio e suas consequências para a tributação
     da herança 68
3.2 As legislações estaduais sobre o ITCMD: uma pesquisa
     comparativa 72

3.3 Transmissão de quotas sociais e sua respectiva base de cálculo: como apurar?...74
3.3.1 Região Norte 75
3.3.2 Região Nordeste 86
3.3.3 Região Centro-Oeste 98
3.3.4 Região Sudeste 103
3.3.5 Região Sul 108
3.3.6 Conclusões sobre base de cálculo 113
3.4 Alíquotas aplicáveis em cada unidade federada 122
3.4.1 Região Norte 127
3.4.2 Região Nordeste 133
3.4.3 Região Centro-Oeste 143
3.4.4 Região Sudeste 147
3.4.5 Região Sul 154
3.4.6 Conclusões sobre alíquotas 158
3.5 Usufruto de quotas sociais e sua tributação 162
3.5.1 Região Norte 165
3.5.2 Região Nordeste 174
3.5.3 Região Centro-Oeste 184
3.5.4 Região Sudeste 188
3.5.5 Região Sul 193
3.5.6 Conclusões sobre usufruto 198

CONSIDERAÇÕES FINAIS..203

REFERÊNCIAS..207

PREFÁCIO

UMA AUTORA QUE CONVERSA COM O DIREITO CIVIL, O DIREITO EMPRESARIAL E O DIREITO TRIBUTÁRIO

Lembro-me como se fosse ontem: Laura Furquim, querida amiga dos tempos da Faculdade de Direito e colega na Procuradoria Geral do Estado do Paraná, me telefonou: "– Minha amiga Izabella quer fazer mestrado na UFPR; ela é ótima e quer sua orientação!". Dias depois, Izabella Maria Medeiros e Araújo Pinto, procuradora chefe da Procuradoria de Sucessões da PGE-PR, estava a me apresentar suas pretensões de pesquisa. E lá foi ela, participar do difícil processo seletivo do PPGD/UFPR. Passou "de primeira" e iniciou seu mestrado. Foi aluna em minha disciplina com brilho, e assim também em todas as outras cadeiras (sim, os professores conversam entre si). A dedicação e competência de Izabella logo a fizeram conhecida e querida de todos, docentes e discentes.

Pari passu com as disciplinas (e sem abandonar suas funções na PGE-PR), Izabella seguiu com a pesquisa e completou sua dissertação. E foi defender seu trabalho. A banca era da melhor estirpe, e escolhida a dedo: Daniele Chaves Teixeira, autoridade em planejamento sucessório; Daniel Bucar, professor da UERJ e procurador-geral da Procuradoria Geral do Município do Rio de Janeiro e a *enfant terrible* do Direito Civil na UFPR, a professora Luciana Pedroso Xavier, cujos estudos sobre *trusts* não há igual no Brasil. E Izabella enfrentou a arguição completa e decidida da banca para sair-se brilhantemente aprovada. Agora, como era de esperar, a dissertação virou livro, e livro que deve ser lido.

A missão do prefaciador (convite a mim feito, evidentemente generoso e desmerecido) é chamar a atenção para o livro, convencer o leitor de que vale a pena seguir na leitura, apresentar o que será encontrado nas páginas da obra. Como o espaço é pouco (e, afinal, o importante é o livro, não o prefácio), vou me limitar a destacar dois aspectos que o leitor encontrará neste livro.

O primeiro: este livro enfrenta as questões teóricas da sucessão e as consequências práticas da regulação tributária *causa mortis*. É um trabalho acadêmico, mas também é um trabalho prático. É, então, um trabalho prático, sendo também um trabalho acadêmico. E esse equilíbrio, sabe-se bem, não é nada fácil de ser alcançado. Além disso, é um trabalho que desmistifica algumas soluções adrede apresentadas como fundamentais para um bom planejamento tributário. É o caso da tão falada vantajosidade da *holding* familiar como instrumento perfeito para a elisão tributária. Izabella deixa bem claro que nem sempre esse é o caminho adequado para a economia tributária. Pode ser e pode não ser, é o que ela nos diz a partir de cuidadosa análise da legislação tributária de todos os estados da federação. Só por isso, o livro já vale a leitura.

Quero destacar um segundo aspecto deste livro: sua autora. Parece-me que foi Thomas Edison quem disse que o talento e o sucesso são compostos de 10% de inspiração e 90% de transpiração. Izabella revoga a máxima, mostrando-nos que o seu talento e seu sucesso são 100% de inspiração e 100% de transpiração. Ela foi muita transpiração para chegar ao fim deste estudo. Não deve ter sido fácil compilar, comparar e analisar a legislação de ITCMD de todo o Brasil (não sou tributarista, mas desconheço qualquer outra obra com tamanho alcance e dimensão). Nesse aspecto, o trabalho é completo e irá ajudar agentes públicos, advogados, juízes e professores a bem cuidarem de nosso sistema tributário.

Mas Izabella foi bastante inspiração. Estudiosa dedicada e organizada, ela conseguiu fazer com que o direito civil, o direito empresarial e o direito tributário conversassem. Apesar de ela ter dito que "este não é um trabalho sobre direito sucessório, nem sobre direito empresarial, tampouco sobre direito tributário", eu a desminto. Melhor, eu a corrijo. Este trabalho é uma mesa com esses três convidados juntos. Uma conversa dessas tem tudo para resultar em dissabores, mas sob a batuta serena da maestrina Izabella, todos se comportaram à mesa e mostraram o que eles têm de melhor. Anfitriã privilegiada desses três sujeitos, Izabella nos mostra que a completude da ordem jurídica se faz a partir das várias funcionalidades do Direito. Somente alguém muito inspirada para construir esse diálogo harmônico.

Ao colocar pingos nos *is* sobre o tema, Izabella demonstra que uma correta (e contemporânea) regulação da tributação *causa mortis* pode ajudar o contribuinte, mas acima de tudo garante a correta atuação do Estado na sua tarefa de propor uma justa e legal arrecadação. Como ela disse ao final de seu trabalho, a licitude não comporta atalhos.

Parabéns, Izabella, que escreveu este livro; parabéns, leitor, que vai aprender com este livro.

Curitiba, dezembro de 2022.

Eroulths Cortiano Júnior
Pós-Doutor em Direito (*Università di Torino*), Doutor em Direito das Relações Sociais (UFPR). Professor da Faculdade de Direito da UFPR. Coordenador do Núcleo de Pesquisas em Direito Civil "Virada de Copérnico". Procurador do Estado do Paraná e Advogado em Curitiba.

INTRODUÇÃO

Esta não é uma obra sobre direito sucessório, nem sobre direito empresarial, tampouco sobre direito tributário. Não se tratará aqui dos limites à autonomia da vontade do testador; nem de tipos societários e suas normas de regência; tampouco dos elementos que constituem a obrigação tributária. O enfoque não é a legítima dos herdeiros necessários; nem a resolução da sociedade em relação a um sócio; nem mesmo a regra matriz de incidência tributária. Mas a obra reclama o conhecimento de questões nevrálgicas do direito sucessório, que se agregam ao direito societário e irrompem no direito tributário; três ramos do direito, como três rios caudalosos cuja afluência aponta para a figura da *holding* familiar.

Pretende-se aqui navegar por esses rios, sem, contudo, perder-se em suas águas. Transita-se pelos pontos principais de cada um deles, que justificam o estudo do objeto central do livro: a *holding* familiar e sua tributação. Será analisado, sobretudo, o imposto sobre a transmissão *causa mortis* e doações (ITCMD), tributo de competência estadual previsto no art. 155, inciso I da Constituição Federal, buscando responder à seguinte questão: A utilização da *holding* familiar como instrumento de planejamento sucessório tem o condão de alterar a tributação que incide sobre a herança?

A atuação profissional desta autora forneceu a inquietação original para a pesquisa desenvolvida durante o curso de Mestrado em Direito na Universidade Federal do Paraná. Ao desempenhar atividades na Procuradoria de Sucessões, unidade da Procuradoria-Geral do Estado do Paraná responsável por atuar nas causas relativas ao ITCMD, percebeu-se uma maior utilização da *holding* familiar para planejar a sucessão. Constatou-se que a ferramenta, típica do direito empresarial e bastante utilizada por empresas familiares, passou a ser cogitada inclusive por famílias não empresárias, mesmo com o aparato contábil, administrativo e fiscal que a manutenção de uma pessoa jurídica exige. A pesquisa culminou na dissertação de Mestrado defendida e aprovada perante o Programa de Pós-Graduação em Direito da Universidade Federal do Paraná e, após as devidas adequações, é agora apresentada ao leitor, com a expectativa de que seja útil a estudantes e profissionais do Direito que atuam com planejamento sucessório.

A crescente utilização da *holding* familiar na prática jurídica se insere num contexto de descontentamento geral da doutrina civilista com o direito sucessório codificado e de uma crescente demanda pelo planejamento sucessório. Fruto de um projeto que tramitou no Congresso Nacional por 27 anos, o Código Civil de 2002 apresenta enorme descompasso[1] em relação às novas configurações familiares, que se distanciam do modelo patriarcal, matrimonial e triangular e redefinem o próprio conceito de família – hoje, mais pautado na afetividade do que no casamento.

Assim como as famílias adquiriram novas configurações ao longo dos anos, também a propriedade passa a ter novos contornos, devendo ser atendida a sua função social. A autonomia privada sofre uma releitura crítica e transformadora: não é mais fruto da vontade do sujeito de direito hipoteticamente livre e formalmente igual, que serve apenas aos interesses individuais. A repersonalização do direito privado coloca o indivíduo como ser coletivo, e a expressão de sua vontade precisa se adequar ao solidarismo imposto pela ordem constitucional.[2]

Os três pilares do direito sucessório – família, propriedade e autonomia privada – são colocados em xeque pela doutrina, e a rígida disciplina prevista no Código Civil de 2002 parece não se coadunar com as necessidades do mundo contemporâneo. Isso fez com que os operadores do direito buscassem alternativas aos institutos tradicionais do direito civil e explorassem os espaços de autonomia contidos no ordenamento, abrindo caminho para o surgimento de outros instrumentos de planejamento sucessório, entre os quais a *holding* familiar, objeto do presente estudo.

A *holding* familiar traz novos interlocutores para o direito das sucessões. A interdisciplinaridade deste ramo com o direito tributário é velha conhecida, em razão da tributação incidente sobre as

---

[1] TEIXEIRA, Daniele Chaves. *Planejamento sucessório*: pressupostos e limites. 2. ed. Belo Horizonte: Fórum, 2019, p. 27.

[2] FACHIN, Luiz Edson. *Teoria crítica do direito civil*. Rio de Janeiro: Renovar, 2000, p. 14-15.

transmissões hereditárias, existente desde a Constituição de 1934[3] (a partir da Constituição de 1988, possui os contornos que se conhece hoje, agregando também as doações). Mas a utilização da *holding* familiar para fins de planejamento sucessório induz o diálogo do direito das sucessões com o direito empresarial, o que não era tão comum. Alguns mitos foram associados a essa figura do direito societário na prática jurídica, como a desnecessidade de realização do inventário, a economia de tributos e a blindagem patrimonial, logo afastados pela doutrina, como será visto adiante.

Tendo essas questões como pano de fundo, decidiu-se investigar se, de fato, a *holding* familiar proporciona significativa economia de tributos. São abordados os impostos que podem incidir no momento da constituição da *holding* familiar, como o imposto sobre a transmissão de bens imóveis (ITBI), de competência municipal, e o imposto de renda sobre o ganho de capital (IRGC), de competência federal; mas foi eleito o ITCMD como objeto central da pesquisa, por ser esse o tributo incidente sobre a transmissão da herança e sobre as liberalidades patrimoniais usualmente praticadas no planejamento sucessório, como a doação e a instituição de usufruto.

Nesta obra, analisa-se a dinâmica do ITCMD na Constituição Federal e nas leis estaduais que o regulamentam. Os Estados e o Distrito Federal possuem autonomia para instituir e disciplinar o tributo no âmbito do seu território, obedecidas regras mínimas fixadas pela Constituição Federal, que evitam conflitos de competência. Investiga-se aqui como cada unidade federativa tributa a transmissão por sucessão *causa mortis* ou doação de quotas sociais e qual a repercussão das diferenças existentes entre as leis estaduais na tributação da herança que engloba participações societárias, de modo a determinar se a constituição da *holding* familiar para fins de planejamento sucessório pode alterar essa carga tributária.

Embora reconhecida amplamente pela doutrina de ambos, a interdisciplinaridade entre o direito sucessório e o direito tributário é ainda pouco explorada. Tal lacuna é ainda maior quando se trata de novos instrumentos de planejamento sucessório, como é o caso da *holding* familiar, não havendo até o momento um estudo sistematizado que analise a tributação da *holding* nas legislações de todos os

---

[3] PAULA, Fernanda de. *A tributação da herança sob um enfoque de justiça*: considerações e propostas para um correto aproveitamento tributário das heranças nos sistemas do ITCMD e do IRPF. Rio de Janeiro: Lumen Juris, 2019, p. 46.

Estados e do Distrito Federal, que tratam do ITCMD, o que justifica o aprofundamento do tema.

O livro está dividido em três partes. A primeira, mais teórica, trata dos novos ventos que sopram sobre o direito das sucessões desde a Constituição de 1988, tendo por referencial a obra da professora Daniele Chaves Teixeira, que aponta o planejamento sucessório como mecanismo relevante e necessário para a funcionalização do direito das sucessões, sendo a *holding* familiar apenas um de seus muitos instrumentos.

Na segunda parte, analisa-se a *holding* familiar e as principais vantagens apontadas pela doutrina para a constituição de uma pessoa jurídica com vistas ao planejamento sucessório, bem como os mitos frequentemente associados a essa figura na prática jurídica. Nesta parte, verifica-se como o direito empresarial lida com o falecimento do sócio e qual destino é dado às quotas sociais, o que evidencia a importância do planejamento. Ainda, são examinados os tributos que podem incidir no momento da constituição da *holding* e que devem ser considerados previamente pelos planejadores que tencionam utilizar a ferramenta.

A terceira – e mais longa – parte é dedicada ao ITCMD e nela se faz uma pesquisa legislativa que compara as legislações dos vinte e seis Estados e do Distrito Federal, com o objetivo de investigar aspectos específicos da tributação estadual da herança relacionados à *holding* familiar. Analisa-se como cada unidade federativa tributa a transmissão de quotas sociais e as diferenças existentes entre as leis estaduais, a partir de três recortes, cuja metodologia será detalhada a seguir.

A primeira análise comparativa tem como parâmetro a base de cálculo. Investiga-se quais os critérios estipulados nas legislações estaduais para a avaliação de quotas sociais e participações societárias em geral que compõem a base de cálculo sobre a qual incidirá o imposto. Examina-se o grau de clareza das legislações, critério que pode influenciar o planejamento sucessório no que toca à previsibilidade da tributação estadual.

O segundo recorte para a pesquisa legislativa é a alíquota vigente em cada unidade federada. Além de pesquisar o percentual adotado em cada legislação estadual e eventual progressividade, observa-se se há diferenciação de alíquota conforme seja a transmissão patrimonial por doação ou sucessão *causa mortis*. O objetivo, aqui, é averiguar se a legislação estadual incentiva ou não a realização de atos de liberalidade e planejamento em vida, em antecipação à sucessão *causa mortis*.

O terceiro aspecto analisado é a tributação do direito real de usufruto, instituto frequentemente utilizado no planejamento sucessório, por não transferir integralmente a titularidade do patrimônio à próxima geração. Investiga-se como cada unidade federativa tributa a instituição e a extinção do usufruto, o momento do recolhimento do imposto, eventual redução da base de cálculo do tributo e a existência de diferenças no tratamento do usufruto de bens móveis (entre os quais se incluem as quotas sociais) ou imóveis.

A pesquisa legislativa está separada por assunto e região. Optou-se por transcrever os artigos legais examinados, de modo a facilitar a consulta e análise individual pelo leitor. São apresentadas, ao final de cada tópico, conclusões parciais para o recorte e quadro-resumo comparativo.

Finalizada a pesquisa, constata-se que a utilização da *holding* familiar como instrumento de planejamento sucessório pode, sim, alterar a tributação que incide sobre a herança ou sobre as liberalidades praticadas em vida, considerando alguns dos aspectos analisados, como será detalhado na conclusão.

CAPÍTULO 1

UM NOVO TEMPO PARA O DIREITO DAS SUCESSÕES

Novos ventos sopram sobre o direito das sucessões. Esse ramo do direito civil que congrega os seus pilares fundamentais – família, propriedade e autonomia privada – e no qual deságuam as consequências jurídicas do fim da existência da pessoa natural, tem sido objeto de aprofundados estudos nos últimos anos, que apontam para a necessidade de sua adequação aos novos tempos.

Daniele Chaves Teixeira indica que há um enorme descompasso entre a sociedade atual e a legislação sucessória, pois o Código Civil de 2002 pouco inovou[4] em relação ao Código Civil de 1916, refletindo, ainda, um modelo de família hierarquizado, centrado na figura do patriarca, chefe da sociedade conjugal e preocupado com a preservação do casamento e do patrimônio familiar.[5]

De fato, parece que o tempo não passa da mesma forma quando se fala em direito das sucessões. Enquanto o direito de família reconhece a pluralidade das entidades familiares, admitindo as múltiplas configurações de família existentes na sociedade contemporânea, sejam elas homoafetivas, monoparentais, reconstituídas, entre outras, o direito das sucessões aparenta estar preso à concepção de família patriarcal e matrimonial.

---

[4] A alteração da ordem de vocação hereditária prevista no artigo 1.829 do Código Civil e o novo papel assumido pelo cônjuge são algumas das grandes inovações do Código de 2002. O próprio Miguel Reale, coordenador da comissão elaboradora do anteprojeto, deixou assentado que a inovação legislativa reconhece um novo papel a cada qual dos cônjuges e, sobretudo, à mulher, legitimando sua participação na formação do patrimônio familiar. (TEIXEIRA, Daniele Chaves. *Planejamento sucessório*: pressupostos e limites. 2. ed. Belo Horizonte: Fórum, 2019, p. 214, nota de rodapé 753).

[5] TEIXEIRA, Daniele Chaves. *Planejamento sucessório*: pressupostos e limites. 2. ed. Belo Horizonte: Fórum, 2019, p. 24.

Exemplo disso é o regime de sucessão previsto no artigo 1.790 do Código Civil de 2002, que estabeleceu regras diferenciadas para a sucessão hereditária do companheiro, em desigualdade de condições em relação ao cônjuge, muito embora a união estável tenha sido reconhecida pela Constituição Federal como entidade familiar e, como tal, também goze de especial proteção do Estado. Não fosse o Supremo Tribunal Federal declarar inconstitucional a distinção de regimes sucessórios entre cônjuges e companheiros, ainda seria distinta a sucessão da entidade familiar constituída por união estável daquela formada pelo casamento.[6]

A Constituição de 1988 inaugura uma mudança conceitual de família, que deixa de ser encarada como "instituição" e passa a ser vista de maneira instrumental, como meio para a realização pessoal e a promoção da dignidade dos seus membros.[7] Há uma "mudança de perspectiva de uma família abstrata para uma família real, com base no afeto que liga os integrantes do núcleo familiar".[8]

---

[6] Ementa: Direito constitucional e civil. Recurso extraordinário. Repercussão geral. Aplicação do artigo 1.790 do Código Civil à sucessão em união estável homoafetiva. Inconstitucionalidade da distinção de regime sucessório entre cônjuges e companheiros. 1. A Constituição brasileira contempla diferentes formas de família legítima, além da que resulta do casamento. Nesse rol incluem-se as famílias formadas mediante união estável, hetero ou homoafetivas. O STF já reconheceu a "inexistência de hierarquia ou diferença de qualidade jurídica entre as duas formas de constituição de um novo e autonomizado núcleo doméstico", aplicando-se a união estável entre pessoas do mesmo sexo as mesmas regras e mesmas consequências da união estável heteroafetiva (ADI 4277 e ADPF 132, Rel. Min. Ayres Britto, j. 05.05.2011) 2. Não é legítimo desequiparar, para fins sucessórios, os cônjuges e os companheiros, isto é, a família formada pelo casamento e a formada por união estável. Tal hierarquização entre entidades familiares é incompatível com a Constituição de 1988. Assim sendo, o art. 1790 do Código Civil, ao revogar as Leis nº 8.971/1994 e nº 9.278/1996 e discriminar a companheira (ou o companheiro), dando-lhe direitos sucessórios bem inferiores aos conferidos à esposa (ou ao marido), entra em contraste com os princípios da igualdade, da dignidade humana, da proporcionalidade como vedação à proteção deficiente e da vedação do retrocesso. 3. Com a finalidade de preservar a segurança jurídica, o entendimento ora firmado é aplicável apenas aos inventários judiciais em que não tenha havido trânsito em julgado da sentença de partilha e às partilhas extrajudiciais em que ainda não haja escritura pública. 4. Provimento do recurso extraordinário. Afirmação, em repercussão geral, da seguinte tese: "No sistema constitucional vigente, é inconstitucional a distinção de regimes sucessórios entre cônjuges e companheiros, devendo ser aplicado, em ambos os casos, o regime estabelecido no art. 1.829 do CC/2002". (BRASIL. Supremo Tribunal Federal. RE 646721 Relator: Marco Aurélio, Relator(a) p/ Acórdão: Roberto Barroso. Julgamento: 10/05/2017. Órgão Julgador: Tribunal Pleno. Publicação: Acórdão Eletrônico Repercussão Geral – Mérito DJe-204 Divulg 08/09/2017 Public 11/09/2017).

[7] TEIXEIRA, Daniele Chaves. *Planejamento sucessório*: pressupostos e limites. 2. ed. Belo Horizonte: Fórum, 2019, p. 48.

[8] TEIXEIRA, Daniele Chaves. *Planejamento sucessório*: pressupostos e limites. 2. ed. Belo Horizonte: Fórum, 2019, p. 183.

Em contrapartida, o direito das sucessões permanece ainda ancorado em rígidos critérios, que limitam o exercício da autonomia privada e lançam dúvidas sobre o modelo de família que esse ramo do direito visa proteger. Dentre eles, destaca-se o direito à legítima – que reserva metade do patrimônio do falecido aos herdeiros necessários – hodiernamente questionado pela doutrina por se pautar unicamente na proximidade do grau de parentesco, e não na função que deveria exercer, que é a solidariedade familiar.[9]

Não só as famílias mudaram. O direito de propriedade também não é mais o mesmo. Eroulths Cortiano Junior, ao dissecar o discurso proprietário da modernidade[10] e seus mecanismos de exclusão, destaca as transformações desse direito a partir da sua funcionalização e da repersonalização do direito privado. As rupturas do discurso proprietário aparecem como reação à excessiva abstração do modelo proprietário, pela insurgência de "homens concretos com suas concretas necessidades", e pelas "incongruências entre realidade social, sistema econômico e dado normativo", influenciando o tratamento jurídico da propriedade.[11] O princípio da função social consagrado na Constituição Federal é uma das rupturas do discurso proprietário que afeta a sua própria substância, constituindo-se no seu fundamento e justificação, ao abandonar a ideia de gozo para si.[12]

> Como a função social é um elemento essencial definidor do próprio direito de propriedade, e não uma técnica jurídica limitativa do exercício dos poderes proprietários, pode-se afirmar que não há propriedade sem função social. Equivale dizer: o proprietário que não faz cumprir a função social da propriedade não merece a tutela que é atribuída ao proprietário que utiliza sua propriedade de forma adequada ao interesse social.[13]

---

[9] TEIXEIRA, Daniele Chaves. *Planejamento sucessório*: pressupostos e limites. 2. ed. Belo Horizonte: Fórum, 2019, p. 81.

[10] CORTIANO JUNIOR, Eroulths. *O discurso jurídico da propriedade e suas rupturas*: uma análise do ensino do direito de propriedade. Rio de Janeiro: Renovar, 2002, p. 4-5.

[11] CORTIANO JUNIOR, Eroulths. *O discurso jurídico da propriedade e suas rupturas*: uma análise do ensino do direito de propriedade. Rio de Janeiro: Renovar, 2002, p. 132.

[12] CORTIANO JUNIOR, Eroulths. *O discurso jurídico da propriedade e suas rupturas*: uma análise do ensino do direito de propriedade. Rio de Janeiro: Renovar, 2002, p. 144-146.

[13] CORTIANO JUNIOR, Eroulths. *O discurso jurídico da propriedade e suas rupturas*: uma análise do ensino do direito de propriedade. Rio de Janeiro: Renovar, 2002, p. 184.

Além disso, a maneira como nos relacionamos com os bens tem se modificado gradualmente. No mundo digital contemporâneo, a ideia do "ter" é substituída pelo "fruir": a apropriação da coisa é colocada em segundo plano, quando o acesso e a fruição dos mais diversos tipos de bens (mesmo os imóveis) estão a apenas um clique de distância. As facilidades da tecnologia podem encontrar obstáculos intransponíveis após a morte, a começar por *logins* e senhas, até a própria inviolabilidade do direito à privacidade do falecido. Cada vez mais se fala em herança digital ou no tratamento jurídico *post mortem* do conteúdo digital, o que envolve não só questões patrimoniais, mas também existenciais, considerando as diferentes projeções da identidade favorecidas pela internet.[14]

Novos tempos reclamam novos direitos, e a doutrina contemporânea de direito sucessório clama por sua reestruturação.

1.1 O direito à herança na Constituição de 1988 e as promessas do constituinte

A relação entre tempo e direito é objeto de estudo por François Ost, que defende que o tempo é uma "construção social – e, logo, um desafio de poder, uma exigência ética e um objeto jurídico".[15] Embora o tempo possua uma dimensão objetiva, como a sucessão do dia e da noite, e uma dimensão subjetiva, baseada na consciência individual (um minuto no relógio pode ser uma eternidade para uns, ou um instante fulgurante para outros), ele é antes de tudo uma instituição social. Ost afirma que o direito é um discurso performativo, cuja função principal é contribuir para a instituição do social, no sentido de redizer o sentido e o valor da vida em sociedade. O direito é interrogado em sua capacidade de "instituição", compreendida como a capacidade de "atar o laço social e oferecer aos indivíduos as marcas necessárias para a sua identidade e sua autonomia".[16]

Também Norbert Elias, ao discorrer sobre as diferenças de ordem social na maneira de sentir e medir o tempo, o qualifica como uma instituição social de coerção humana universal e inelutável.[17]

---

[14] LEAL, Livia Teixeira. *Internet e morte do usuário*: propostas para o tratamento jurídico *post mortem* do conteúdo inserido na rede. 2. ed. Rio de Janeiro: GZ, 2020, p. 1.
[15] OST, François. *O tempo do direito*. Tradução de Élcio Fernandes. Bauru: EDUSC, 2005, p. 12.
[16] OST, François. *O tempo do direito*. Tradução de Élcio Fernandes. Bauru: EDUSC, 2005, p. 13.
[17] ELIAS, Norbert. *Sobre o tempo*. Rio de Janeiro: Jorge Zahar, 1998. p. 21.

Entre "a Temperança, que é a sabedoria do tempo, e a Justiça, que é a sabedoria do direito", François Ost busca refletir sobre a contribuição do direito para um "bom governo", para esta "justa medida que torna livres os cidadãos e harmoniosas as cidades". O autor estrutura seu pensamento através da exploração sistemática de quatro tempos, que seriam os "pontos cardeais do quadrante temporal": do lado do passado, a memória e o perdão; do lado do futuro, a promessa e o questionamento. Há uma interação dialética e profunda entre o direito e o tempo: "O direito afeta diretamente a temporalização do tempo, ao passo que, em troca, o tempo determina a força instituinte do direito. Ainda mais precisamente: o direito temporaliza, ao passo que o tempo institui".[18]

Para o autor, o desafio do direito está em conciliar esses dois tempos: o antigo e o novo, a ruptura e a constância; está em romper e durar simultaneamente. O tempo da promessa consiste na modalidade normativa que permite compreender o futuro jurídico; há um comprometimento que o sujeito impõe a si próprio, um compromisso que não representa um mero desejo ou prognóstico, mas uma norma.[19]

Ost considera a Constituição como o instrumento jurídico por excelência de ligação com o futuro, por ser o "receptáculo de todas as promessas que o corpo social pode fazer a si próprio", desde que compreendida como algo além de uma decisão única e instantânea do povo. "Da desordem insurrecional, a Constituição tem por vocação dar nascimento a uma nova ordem jurídica".[20]

E aqui se destaca o direito à herança, que, pela primeira vez na história constitucional brasileira, é erigido na Constituição de 1988 como direito fundamental.[21] O que isso significa? Quais os compromissos sociais assumidos pelo constituinte de 1988 ao garantir o direito de herança em seu art. 5º? Enquanto corolário do direito de propriedade, deve ele também ser exercido de acordo com sua função social? E como se concretizam essas promessas? Todos esses questionamentos afligem a doutrina de direito sucessório frente ao Código Civil que, muito se disse: "já nasceu velho".

---

[18] OST, François. *O tempo do direito*. Tradução de Élcio Fernandes. Bauru: EDUSC, 2005, p. 12-17.
[19] OST, François. *O tempo do direito*. Tradução de Élcio Fernandes. Bauru: EDUSC, 2005, p. 194.
[20] OST, François. *O tempo do direito*. Tradução de Élcio Fernandes. Bauru: EDUSC, 2005, p. 252-254.
[21] TEIXEIRA, Daniele Chaves. *Planejamento sucessório*: pressupostos e limites. 2. ed. Belo Horizonte: Fórum, 2019, p. 61.

Debruçando-se sobre a fundamentalidade do direito à herança, Judith Martins-Costa afirma que sua importância está na inamovibilidade por lei, por se constituir em cláusula pétrea constitucional.[22] Tem por destinatários os cidadãos (assegurando que os bens que integram o patrimônio de uma pessoa tenham um destino ordenado) e o próprio Estado (estabelecendo para este a vedação de abolir ou restringir excessivamente o direito sucessório). A autora aponta ainda sua eficácia no plano hermenêutico, pois concretiza o princípio da autodeterminação pessoal (ao assegurar ao particular o direito de planejar, ainda que limitadamente, a sucessão nos seus bens, em razão da morte) e da solidariedade econômica familiar (ao reservar parte da herança aos herdeiros necessários).[23]

Raphael Rego Borges Ribeiro defende que essa é uma alteração estrutural do fenômeno sucessório, que deixa de ser instituto jurídico do direito privado e passa a ser um direito fundamental, e, como tal, possui a natureza de cláusula pétrea.[24] Por isso, questiona, no contexto constitucional orientado especialmente à promoção da dignidade do ser humano, qual seria a função (ou quais as funções) da herança no ordenamento jurídico brasileiro.[25] O autor defende que o direito à herança deve ser adequado ao projeto de sociedade delineado pelo constituinte, e isso implica superar o foco excessivamente patrimonialista e individualista tradicionalmente associado ao direito das sucessões, trazendo para o fenômeno hereditário "uma inovadora perspectiva emancipadora, protetora e promovedora do pleno desenvolvimento da pessoa".[26]

---

[22] MARTINS-COSTA, Judith. O direito sucessório na Constituição: a fundamentalidade do direito à herança. *Revista do Advogado*, São Paulo, v. 31, n. 112, p. 85, jul. 2011.

[23] MARTINS-COSTA, Judith. O direito sucessório na Constituição: a fundamentalidade do direito à herança. *Revista do Advogado*, São Paulo, v. 31, n. 112, p. 81-82, jul. 2011.

[24] RIBEIRO, Raphael Rego Borges. *O direito das sucessões e a Constituição Federal de 1988*: reflexão crítica sobre os elementos do fenômeno sucessório à luz da metodologia civil-constitucional. 352 p. Tese (Doutorado em Direito) – Universidade Federal da Bahia, Faculdade de Direito, Salvador, 2019, p. 73.

[25] RIBEIRO, Raphael Rego Borges. *O direito das sucessões e a Constituição Federal de 1988*: reflexão crítica sobre os elementos do fenômeno sucessório à luz da metodologia civil-constitucional. 352 p. Tese (Doutorado em Direito) – Universidade Federal da Bahia, Faculdade de Direito, Salvador, 2019, p. 117.

[26] RIBEIRO, Raphael Rego Borges. *O direito das sucessões e a Constituição Federal de 1988*: reflexão crítica sobre os elementos do fenômeno sucessório à luz da metodologia civil-constitucional. 352 p. Tese (Doutorado em Direito) – Universidade Federal da Bahia, Faculdade de Direito, Salvador, 2019, p. 102.

Mas Ost adverte que a instituição, pelo direito, de um tempo social portador de sentido é obra frágil, constantemente ameaçada pela "destemporalização", ou seja, pela "saída do tempo comum instituinte".[27] A finitude do tempo, a recusa à mortalidade, a nostalgia da eternidade, a incapacidade de articular passado e futuro numa cultura que valoriza o presente, muitos são os riscos de destemporalização. Nas palavras de François Ost:

> É neste contexto de destemporalização, sempre ameaçador, que a questão da instituição jurídica de um tempo social portador de sentido assume toda sua acuidade. Uma instituição que, a nosso ver, é tanto ruptura quanto ligação. É preciso acentuá-lo claramente: é só apenas num segundo momento que as forças instituintes irão moldar-se nas formas instituídas que elas mesmas hão de requisitar, mais cedo ou mais tarde, que sejam desinstituídas por novos modelos instituintes. O tempo criador neguentrópico é marcado por esse ritmo feito de ligação e desligamento, de continuidade e de ruptura.[28]

É possivelmente nesse tempo criador de continuidade e ruptura que se situa o direito sucessório brasileiro, "naquele entrecruzar entre a Constituição e o Código Civil",[29] por muitos considerado anacrônico. Pelo menos em seu Livro V, o Código parece fora do "tempo comum instituinte", pois permanece essencialmente oitocentista, patrimonialista, individualista, voluntarista, conservador em matéria familiar e profundamente apegado a formalismos e abstrações.[30]

Convém recordar que o Código Civil de 2002 é fruto de anteprojeto iniciado em 23 de maio de 1969, com a criação da Comissão Revisora e Elaboradora do Código Civil, coordenada pelo professor Miguel Reale. A tramitação legislativa teve início em 10 de junho de 1975, com o envio da mensagem presidencial nº 160, assinada pelo presidente Ernesto Geisel, que encaminhou ao Congresso Nacional o Projeto de Lei nº 634, de 1975 – projeto este discutido, emendado e

---

[27] OST, François. *O tempo do direito*. Tradução de Élcio Fernandes. Bauru: EDUSC, 2005, p. 15.
[28] OST, François. *O tempo do direito*. Tradução de Élcio Fernandes. Bauru: EDUSC, 2005, p. 16.
[29] MARTINS-COSTA, Judith. O direito sucessório na Constituição: a fundamentalidade do direito à herança. *Revista do Advogado*, São Paulo, v. 31, n. 112, p. 80, jul. 2011.
[30] RIBEIRO, Raphael Rego Borges. O fracasso da constitucionalização do direito sucessório no Código Civil de 2002 e a necessidade de uma teoria crítica do direito das sucessões. *Civilistica.com*, Rio de Janeiro, v. 10, n. 1, p. 2, 2021. Disponível em: http://civilistica.com/o-fracasso-da-constitucionalizacao-do-direito-sucessorio/. Acesso em: 04 set. 2021.

finalmente aprovado após longos vinte e sete anos de tramitação, dando origem ao atual Código Civil de 2002.[31]

A tramitação do projeto do Código Civil se iniciou durante a ditatura militar, testemunhou o seu fim e vivenciou o período de redemocratização com a Constituição de 1988, que, verdadeiramente, inaugurou uma nova ordem jurídica e instituiu um novo tempo para o direito civil.

Para Caio Mário da Silva Pereira, a redemocratização do país e a entrada em vigor da nova Constituição deflagraram mudanças profundas no sistema jurídico pátrio, atingindo especialmente o direito privado. Na hermenêutica do Código Civil de 2002 destacam-se os princípios constitucionais e os direitos fundamentais, que se impõem às relações interprivadas.[32]

Maria Celina Bodin de Morais, em artigo datado de 1993 – ou seja, após a Constituição de 1988, mas antes do Código Civil de 2002 – alertava para as mudanças profundas pelas quais passava o direito civil, que não significavam uma mera invasão da esfera pública sobre a privada, mas uma estrutural transformação do seu conceito. Para a autora, o Código Civil não mais estava no centro das relações de direito privado, e sim a Constituição, base dos princípios fundamentais do ordenamento. Seriam os valores constitucionais os determinantes para as escolhas legislativas e interpretativas, conferindo unidade à ordem jurídica. "Defronte de tantas alterações, direito privado e direito público tiveram modificados seus significados originários: o direito privado deixou de ser o âmbito da vontade individual e o direito público não mais se inspira na subordinação do cidadão".[33] A disciplina civilista, em obediência aos enunciados da Constituição, volta-se para a realização de valores existenciais, e não unicamente patrimoniais. Os valores existenciais se tornam prioritários no âmbito do direito civil, cabendo ao intérprete, em virtude de uma espécie de "cláusula geral de tutela dos direitos da pessoa humana", privilegiar os valores existenciais sempre que confrontados com os valores patrimoniais.[34]

---

[31] PASSOS, Edilenice; LIMA, João Alberto de Oliveira. *Memória legislativa do Código Civil*. Brasília: Senado Federal, 2012. Disponível em: http://www2.senado.leg.br/bdsf/handle/id/242712. Acesso em: 02 set. 2021.

[32] PEREIRA, Caio Mário da Silva. *Instituições de direito civil*: direitos das sucessões. 15. ed. Rio de Janeiro: Forense, 2004, v. 6. p. x-xi.

[33] MORAES TEPEDINO, Maria Celina Bodin de. A caminho de um direito civil constitucional. *Revista de Direito Civil Imobiliario, Agrário e Empresarial*, São Paulo, v. 17, n. 65, p. 26, jul./set. 1993.

[34] MORAES TEPEDINO, Maria Celina Bodin de. A caminho de um direito civil constitucional. *Revista de Direito Civil Imobiliario, Agrário e Empresarial*, São Paulo, v. 17, n. 65, p. 28, jul./set. 1993.

Nos anos subsequentes à publicação do Código Civil de 2002, percebe-se esse movimento dialético de continuidade e ruptura, de ligação e desligamento, de leitura e releitura do Código Civil à luz dos dispositivos constitucionais. Família e propriedade assumem novas feições e adquirem novos contornos, amparados na dignidade humana, na função social e na solidariedade social. Mas aguarda-se, ainda, essa transformação estrutural no direito das sucessões, que de fato realize os valores e princípios constitucionais e os posicione em seu devido lugar.

Para Ana Luiza Maia Nevares, é de se questionar se "a proteção à família extraída da legislação sucessória está realmente em consonância com a proteção da família fundada na pessoa de cada um de seus membros", como determina o princípio da dignidade humana, já que estabelece critérios neutros e abstratos, sem nenhuma proteção especial a herdeiros vulneráveis, como crianças, incapazes e idosos.[35] Para a autora, a legislação sucessória deveria prever mecanismos adaptáveis às capacidades e singularidades dos herdeiros, "buscando concretizar na transmissão da herança um espaço de promoção da pessoa".[36]

O direito das sucessões apresenta-se, assim, como um ambiente fecundo de reflexão e pesquisa, renovado pelos novos ventos soprados pela Constituição Federal, que convidam o jurista a ultrapassar as fronteiras do Código Civil e a buscar as soluções que ele não mais (ou nem sempre) oferece. É preciso lembrar que os fundamentos teóricos do direito das sucessões estão sempre voltados à resolução de demandas práticas, decorrentes da crise que se abre nas relações jurídicas da pessoa falecida[37] e, por isso, esse é um ramo do direito civil

> (...) dotado de uma dinâmica pouco vista em outros setores do direito privado. Se dele já se disse ser estático e não autônomo, hoje a realidade perceptível é outra: as mudanças nas estruturas sociais que informam

---

[35] NEVARES, Ana Luiza Maia. A proteção da família no direito sucessório: necessidade de revisão? *IBDFAM*, 20 maio 2015. Disponível em: https://ibdfamorg.br/artigos/1033/ A+prote%C3%A7% C3%A3o+da+fam%C3%ADlia+no+Direito+Sucess%C3%B3rio%3A+n ecessidade+de+revis%C3%A3o%3F. Acesso em: 30 ago. 2021.

[36] NEVARES, Ana Luiza Maia. A proteção da família no direito sucessório: necessidade de revisão? *IBDFAM*, 20 maio 2015. Disponível em: https://ibdfamorg.br/artigos/1033/ A+prote%C3%A7% C3%A3o+da+fam%C3%ADlia+no+Direito+Sucess%C3%B3rio%3A+n ecessidade+de+revis%C3%A3o%3F. Acesso em: 30 ago. 2021.

[37] CORTIANO JUNIOR, Eroulths. Elementos para uma pesquisa sobre as dimensões econômicas da sucessão *causa mortis*. *Revista de Direito Público da Economia – RDPE*, Belo Horizonte, v. 13, n. 52, p. 101, out./dez. 2015.

suas próprias estruturas jurídicas tornam o direito das sucessões permeável pelos acontecimentos da organização social, econômica e política.[38]

O planejamento sucessório desponta, nessa conjuntura, como um importante instrumento que pode atender às aspirações constitucionais de funcionalização do direito das sucessões. É o que se verá no tópico adiante.

1.2 Planejamento sucessório e funcionalização da herança

No contexto da constitucionalização do direito sucessório, destaca-se a obra da professora Daniele Chaves Teixeira, que, tendo por referencial teórico a produção de Pietro Perlingieri, especialmente seu artigo intitulado *La funzione sociale del diritto sucessorio*, aponta o planejamento sucessório como um meio para a funcionalização do direito das sucessões.[39]

O autor italiano, em palestra sobre a aplicação das normas constitucionais às relações privadas, proferida durante passagem ao Brasil no ano de 1998, no Salão Nobre da Faculdade de Direito da UERJ,[40] destacou que a ciência jurídica é necessária para que sejam resolvidos os problemas civis e os problemas concretos dos seres humanos, razão pela qual os instrumentos da ciência jurídica, suas noções e definições, não são fins em si mesmos, mas sim instrumentos para o conhecimento desta realidade. Nas palavras do autor:

> O ponto de partida é este: cada instrumento, cada realidade deve ser sempre estudada em dois perfis, quais sejam, os perfis da estrutura da realidade e da função do instrumento do Direito. Quanto ao perfil da estrutura da realidade, este é mais individualmente considerável. Vejamos o caso do contrato, uma estrutura bilateral (duas partes elaboram um contrato). Mas a pergunta mais importante não é feita para

---

[38] CORTIANO JUNIOR, Eroulths. Elementos para uma pesquisa sobre as dimensões econômicas da sucessão *causa mortis*. *Revista de Direito Público da Economia – RDPE*, Belo Horizonte, v. 13, n. 52, p. 101-102, out./dez. 2015.
[39] TEIXEIRA, Daniele Chaves. *Planejamento sucessório*: pressupostos e limites. 2. ed. Belo Horizonte: Fórum, 2019, p. 25.
[40] Palestra publicada na íntegra em: PERLINGIERI, Pietro. Normas constitucionais nas relações privadas. *Civilistica.com*, Rio de Janeiro, v. 8, n. 1, 2019. Disponível em: https://civilistica.com/normas-constitucionais-nas-relacoes-privadas/. Acesso em: 05 nov. 2021.

saber a estrutura do instituto, mas sim a sua função. Para que ele serve? Por que é ele aplicado a esta realidade? Qual a sua razão justificativa? Qual a sua função? A estrutura e a função indicam a natureza dos instrumentos jurídicos.[41]

Daniele Chaves Teixeira afirma que o planejamento sucessório atende à funcionalização do direito das sucessões, na medida em que permite ao titular do patrimônio exercer, dentro da parte disponível, tanto a sua autonomia privada como a solidariedade familiar.[42] A autora se baseia nessa concepção funcional do direito e tem em consideração que a função primordial do direito das sucessões é estabelecer o destino das situações jurídicas transmissíveis do autor da herança, em conformidade com os ditames constitucionais.[43] Além de ampliar as possibilidades de se organizar com harmonia os diversos interesses patrimoniais do autor da herança, o planejamento sucessório permite conciliar os direitos individuais de liberdade com o dever de solidariedade entre os membros da família.[44]

Para a autora, o planejamento sucessório propicia uma melhor estruturação patrimonial para após a morte e permite democratizar e internalizar a vontade do autor da herança. Consiste em instrumento jurídico que proporciona a adoção de estratégias voltadas para a transferência eficaz e eficiente do patrimônio de uma pessoa. Tem por objetivo determinar a sucessão de maneira preventiva e planificar a transferência patrimonial de maneira racional e segura, respeitando os comandos legais.[45]

Pode se realizar por diversos meios, sejam eles os tradicionais, como o testamento e o codicilo; sejam os contemporâneos,[46] como a

---

[41] PERLINGIERI, Pietro. Normas constitucionais nas relações privadas. *Civilistica.com*, Rio de Janeiro, v. 8, n. 1, p. 1-2, 2019. Disponível em: https://civilistica.com/normas-constitucionais-nas-relacoes-privadas/. Acesso em: 05 nov. 2021.

[42] TEIXEIRA, Daniele Chaves. *Planejamento sucessório*: pressupostos e limites. 2. ed. Belo Horizonte: Fórum, 2019, p. 117.

[43] Amparando-se em: NEVARES, Ana Luiza Maia. *A função promocional do testamento*: tendências do direito sucessório. Rio de Janeiro: Renovar, 2009, p. 8.

[44] TEIXEIRA, Daniele Chaves. *Planejamento sucessório*: pressupostos e limites. 2. ed. Belo Horizonte: Fórum, 2019, p. 127.

[45] TEIXEIRA, Daniele Chaves. *Planejamento sucessório*: pressupostos e limites. 2. ed. Belo Horizonte: Fórum, 2019, p. 64-66.

[46] Aos institutos aqui mencionados, Luciana Pedroso Xavier acrescenta o *trust*, que pode figurar como alternativa, de forma isolada ou combinada, ao planejamento sucessório. Embora não haja recepção expressa do instituto no direito brasileiro, isso não significa que a legislação pátria o ignore, havendo previsão sobre a tributação de recursos advindos

previdência privada e a *holding* familiar, este último, objeto da presente pesquisa.

Há instrumentos jurídicos mais simples e outros mais complexos, que serão aplicados de acordo com as aspirações e soluções buscadas por cada um. É possível, inclusive, que sejam conjugados mais de um desses instrumentos, para atender a finalidades diversas. De toda sorte, planejar a sucessão se faz mediante o emprego da técnica jurídica, quando não seja necessário, concomitantemente, usar tecnologia contábil e administração empresarial.[47] Não é possível fazer um planejamento patrimonial e sucessório implantando as mesmas soluções para toda e qualquer situação – a cada família e para cada patrimônio será feito um planejamento individualizado, o que desafia frequentemente a rotina profissional do advogado.[48]

Os motivos para a realização do planejamento sucessório são muitos, razão pela qual o tema cresce em relevância e demanda. Entre eles, cita-se: as transformações das famílias e seus desdobramentos jurídicos; a valorização e fluidez dos bens; a possível economia no pagamento de impostos; o maior exercício da autonomia do autor da herança; a celeridade da sucessão; a prevenção de litígios futuros e de dilapidação do patrimônio.[49]

Daniele Chaves Teixeira se dedica a desconstituir dois falsos pressupostos que se diz acerca do planejamento sucessório: o de que ele serve apenas a grandes riquezas e o de que ele tem por objetivo fraudar a legítima. A autora defende que o planejamento sucessório serve a todos os tipos de patrimônio, atende à procura por organização e propicia que as pessoas enfrentem a dificuldade humana de lidar com a morte. Ainda, afirma que o planejamento deve necessariamente ser realizado nos estritos limites da legalidade, pois um dos seus objetivos

---

de *trust*. Hodiernamente, tem sido utilizado por famílias com patrimônios mais vastos, capazes de arcar com os custos de manutenção do *trust* no exterior. (XAVIER, Luciana Pedroso. O *trust* e suas potencialidades no planejamento sucessório. *In*: TEIXEIRA, Daniele Chaves (Coord.). *Arquitetura do planejamento sucessório*. Belo Horizonte: Fórum, 2022. Tomo III, p. 509-525).

[47] MAMEDE, Gladston, MAMEDE, Eduarda Cotta. *Planejamento sucessório*: introdução à arquitetura estratégica – patrimonial e empresarial – com vistas à sucessão *causa mortis*. São Paulo: Atlas, 2015, p. 4.

[48] MAMEDE, Gladston, MAMEDE, Eduarda Cotta. *Planejamento sucessório*: introdução à arquitetura estratégica – patrimonial e empresarial – com vistas à sucessão *causa mortis*. São Paulo: Atlas, 2015, p. 4-5.

[49] TEIXEIRA, Daniele Chaves. *Planejamento sucessório*: pressupostos e limites. 2. ed. Belo Horizonte: Fórum, 2019, p. 67.

é, justamente, evitar litígios jurídicos e a corrosão do patrimônio em demandas judiciais,[50] e não os provocar.

A autora reconhece que um grande limitador do planejamento sucessório é o direito à legítima e as restrições existentes no ordenamento para preservá-la,[51] o que leva a profundas reflexões sobre sua manutenção no ordenamento. Para Daniele Teixeira, a legítima deveria ser intangível em razão da função que deve exercer, considerando a solidariedade familiar. Por isso, defende sua flexibilização,[52] com a criação de critérios mais maleáveis do que a mera proximidade do grau de parentesco, que permitam dar atenção às necessidades individuais de cada pessoa.

O direito à legítima e a abstração da ordem de vocação hereditária prevista no art. 1.829 do Código Civil podem levar a desequilíbrios materiais na divisão do patrimônio – razão pela qual é tão criticado –, uma vez que a partilha da herança se dará em igualdade de condições considerando tão somente o parentesco com o falecido. No contexto de famílias recompostas, por exemplo, pode ocorrer a partilha de bens em igualdade de condições entre herdeiros menores que viviam sob a guarda do genitor falecido, e herdeiros adultos e financeiramente independentes, frutos de relacionamento anterior. Essa é a solução que o direito sucessório dá atualmente, sem considerar as particularidades da família e a dependência dos herdeiros em relação ao falecido ou ao seu patrimônio.

Para corrigir eventuais discrepâncias, seria necessário que o próprio autor da herança, ainda em vida, dispusesse de parte de seus bens em favor daqueles que, a seu ver, mais necessitassem. Ainda assim, estaria limitado ao gerenciamento da parte disponível de seu patrimônio, permanecendo intangível a parcela correspondente à legítima.

Por essas e outras situações, são crescentes os reclamos da doutrina por maior liberdade no direito sucessório e pela ampliação dos espaços de autonomia do autor da herança.

Projetando os futuros possíveis do direito das sucessões, Giselda Hironaka e João Aguirre defendem também uma revisão – e não a supressão – do direito à legítima, reconhecendo que sua manutenção se

---

[50] TEIXEIRA, Daniele Chaves. *Planejamento sucessório*: pressupostos e limites. 2. ed. Belo Horizonte: Fórum, 2019, p. 65-66.
[51] TEIXEIRA, Daniele Chaves. *Planejamento sucessório*: pressupostos e limites. 2. ed. Belo Horizonte: Fórum, 2019, p. 198.
[52] TEIXEIRA, Daniele Chaves. *Planejamento sucessório*: pressupostos e limites. 2. ed. Belo Horizonte: Fórum, 2019, p. 135.

justifica enquanto instrumento capaz de garantir a tutela da dignidade humana e a preservação do mínimo existencial a herdeiros em condição de vulnerabilidade.[53] Os autores entendem que a legítima deve se afastar do vultoso percentual de 50% do acervo patrimonial e ser reduzida até o ponto de se aproximar do denominado "patrimônio mínimo", conforme a lição de Luiz Edson Fachin, conferindo ao herdeiro necessário uma garantia patrimonial mínima, que lhe assegure o acesso a uma vida digna e ao mínimo existencial.[54]

Também Ana Carolina Brochado Teixeira e Simone Tassinari Cardoso Fleischmann, refletindo sobre o horizonte vindouro do direito das sucessões, propõem um repensar sobre o alcance da solidariedade familiar, enquanto princípio justificador da sucessão legítima. Afirmam as autoras que a tutela estatal somente se justifica em relações assimétricas, em que estejam presentes pessoas vulneráveis – como a criança, o adolescente, o jovem, o idoso e a pessoa com deficiência –, as quais devem ser priorizadas no núcleo familiar e merecem receber proteção patrimonial e existencial mais acentuada. Por outro lado, o ordenamento jurídico deve eliminar as barreiras à autonomia e permitir que pessoas livres e iguais façam suas escolhas, responsabilizando-se pelas suas consequências.[55]

Há outras relevantes discussões no direito sucessório que trilham o caminho da sua adequação à realidade contemporânea, da redução de amarras legislativas e da ampliação da liberdade testamentária do autor da herança – como a condição de herdeiro necessário do cônjuge, sua extensão ou não ao companheiro,[56] a proibição de pactos sucessórios, entre outras –, mas o aprofundamento dessas questões foge ao escopo deste livro.

Interessa aqui dizer que o planejamento sucessório se difundiu nos últimos anos por explorar os espaços de autonomia contidos no

---

[53] HIRONAKA, Giselda Maria Fernandes Novaes; AGUIRRE, João Ricardo Brandão. O direito sucessório brasileiro e o seu navegar (im)preciso. *In:* EHRHARDT JÚNIOR, Marcos (Coord.). *Direito civil*: futuros possíveis. Belo Horizonte: Fórum, 2022, p. 81.

[54] HIRONAKA, Giselda Maria Fernandes Novaes; AGUIRRE, João Ricardo Brandão. O direito sucessório brasileiro e o seu navegar (im)preciso. *In:* EHRHARDT JÚNIOR, Marcos (Coord.). *Direito civil*: futuros possíveis. Belo Horizonte: Fórum, 2022, p. 81.

[55] TEIXEIRA, Ana Carolina Brochado; FLEISCHMANN, Simone Tassinari. Futuros possíveis para o planejamento sucessório. *In:* EHRHARDT JÚNIOR, Marcos (Coord.). *Direito civil*: futuros possíveis. Belo Horizonte: Fórum, 2022, p. 92.

[56] XAVIER, Luciana Pedroso; XAVIER, Marília Pedroso. O planejamento sucessório colocado em xeque: afinal, o companheiro é herdeiro necessário? *In:* TEIXEIRA, Daniele Chaves (Coord.). *Arquitetura do planejamento sucessório*. 2. ed. Belo Horizonte: Fórum, 2019, p. 239-252.

ordenamento e por viabilizar, por meios diversos, a realização da vontade do titular do patrimônio. Enquanto não concretizadas as alterações legislativas que podem elevar o direito das sucessões a um outro patamar, o planejamento sucessório tem, de fato, consolidado-se como um meio para a funcionalização deste importante ramo do direito civil, para o qual convergem todos os demais.

1.3 Planejamento sucessório e pejotização das relações familiares

Um dos instrumentos de planejamento sucessório mais utilizados atualmente é a *holding* familiar, que, embora seja apenas uma das muitas ferramentas que podem ser adotadas, frequentemente é tratada na prática jurídica como sinônimo de planejamento, o que não é verdade:

> A constituição de *holding* familiar visa a assegurar a sucessão; é relevante destacar que a criação dessa *holding* não exclui a utilização de outros instrumentos jurídicos no planejamento. Também é importante assegurar que não se trata de pacto sucessório, ou seja, de disposição de herança futura, conforme o art. 426 do Código Civil. Para que a vontade do autor da herança seja aplicada o mais integralmente possível e para que uma maior segurança jurídica seja usufruída, é recomendável que a *holding* familiar seja complementada com outras ferramentas, principalmente com o testamento.[57]

Nos últimos anos, a *holding* familiar tem sido um instrumento muito buscado nos escritórios de advocacia. Ana Carolina Teixeira e Simone Tassinari apontam que cada vez mais clientes procuram a constituição de *holdings* para gerir seu patrimônio e para realizar operações por meio da sociedade. As autoras identificam, aí, uma tendência crescente à "pejotização familiar"[58] – neologismo importado do direito do trabalho e que designa a transformação do patrimônio familiar em pessoas jurídicas. Se, por um lado, essa procura é motivada

---

[57] TEIXEIRA, Daniele Chaves. *Planejamento sucessório*: pressupostos e limites. 2. ed. Belo Horizonte: Fórum, 2019, p. 163.

[58] TEIXEIRA, Ana Carolina Brochado; FLEISCHMANN, Simone Tassinari. Futuros possíveis para o planejamento sucessório. In: EHRHARDT JÚNIOR, Marcos (Coord.). *Direito civil*: futuros possíveis. Belo Horizonte: Fórum, 2022, p. 87-108. p. 98. Também utilizam o termo: MAMEDE, Gladston, MAMEDE, Eduarda Cotta. *Planejamento sucessório*: introdução à arquitetura estratégica – patrimonial e empresarial – com vistas à sucessão *causa mortis*. São Paulo: Atlas, 2015, p. 113.

por anúncios inadvertidos de benefícios ou por mero modismo, por outro, pode haver vantagens reais, como a redução da complexidade administrativa na transmissão patrimonial e a possível economia de tributos, a partir de um planejamento tributário adequado.[59]

Gladston Mamede e Eduarda Cotta Mamede indicam inúmeras vantagens para a *holding* familiar. Mas destacam que, de tempos em tempos, o ambiente empresarial é sacudido por modismos e tendências que se constituem em verdadeiras obrigações para os gestores empresariais, razão pela qual alertam que não é uma fórmula universal que aproveite a todos, mas uma solução específica que serve a determinados perfis de pessoas e de patrimônios.[60] Para os autores, haverá casos em que o melhor é recorrer à constituição de uma sociedade *holding*, em outros, o melhor é não o fazer.[61]

Sendo a economia de tributos um dos objetivos frequentemente almejados pelas partes que pretendem fazer um planejamento sucessório, justifica-se o estudo da tributação da *holding*.

A seguir, analisa-se a *holding* familiar e as principais vantagens apontadas pela doutrina para a sua constituição, bem como as consequências jurídicas e tributárias dessa operação. Serão abordados os dois impostos que podem incidir no momento da constituição da pessoa jurídica e que devem ser considerados previamente à opção por esse instrumento, bem como o imposto que incidirá após a pejotização, sobre as liberalidades a serem praticadas no planejamento sucessório.

---

[59] TEIXEIRA, Ana Carolina Brochado; FLEISCHMANN, Simone Tassinari. Futuros possíveis para o planejamento sucessório. *In:* EHRHARDT JÚNIOR, Marcos (Coord.). *Direito civil*: futuros possíveis. Belo Horizonte: Fórum, 2022, p. 99.

[60] MAMEDE, Gladston; MAMEDE, Eduarda Cotta. *Holding familiar e suas vantagens*: planejamento jurídico e econômico do patrimônio e da sucessão familiar. 8. ed. rev. e atual. São Paulo: Atlas, 2016, p. 1-5.

[61] MAMEDE, Gladston; MAMEDE, Eduarda Cotta. *Holding familiar e suas vantagens*: planejamento jurídico e econômico do patrimônio e da sucessão familiar. 8. ed. rev. e atual. São Paulo: Atlas, 2016, p. 10. Há situações que, inclusive, desaconselham a constituição da *holding*, como a possível incidência de tributos a que a pessoa natural não estaria submetida, como a Cofins e o PIS (idem, p. 94), tributos esses que não serão abordados na presente obra.

CAPÍTULO 2

A *HOLDING* FAMILIAR COMO INSTRUMENTO DE PLANEJAMENTO SUCESSÓRIO

A crescente utilização da *holding* familiar na prática jurídica coincide com um momento em que a doutrina de direito civil reclama a modernização do direito sucessório codificado, incapaz de refletir os anseios da sociedade contemporânea. Os novos instrumentos de planejamento sucessório exploram os espaços de autonomia contidos no rígido regramento civil e trazem outros interlocutores para dialogar com o direito das sucessões – no caso da *holding*, o direito empresarial.

Muito embora sua denominação tenha ares novidadeiros, a *holding* familiar não representa nenhuma inovação no ordenamento jurídico brasileiro. Ao contrário, a *holding* nada mais é do que uma pessoa jurídica, empresária ou não, constituída sob as formas já previstas na legislação brasileira. O termo *holding* vem do direito norte-americano e designa a sociedade que exerce o controle acionário de outras empresas e a administração dos seus bens, mas não corresponde a nenhum tipo específico de sociedade, nem a uma natureza específica, podendo adotar qualquer forma societária.[62] Pode ser constituída sob a forma simples ou empresária; pode ser contratual (por quotas) ou estatutária (por ações). Cabe ao especialista analisar as características da atividade negocial e da família para identificar qual o tipo societário será mais adequado. Já a expressão "familiar" designa apenas sua contextualização no âmbito das relações familiares e patrimoniais: "Sua marca característica

---

[62] FLEISCHMANN, Simone Tassinari Cardoso; TREMARIN JUNIOR, Valter. Reflexões sobre *holding* familiar no planejamento sucessório. *In:* TEIXEIRA, Daniele Chaves (Coord.). *Arquitetura do planejamento sucessório*. 2. ed. Belo Horizonte: Fórum, 2019. p. 610.

é o fato de se enquadrar no âmbito de determinada família e, assim, servir ao planejamento desenvolvido por seus membros".[63]

Com base nos seus objetivos, a *holding* pode ser classificada em três espécies: *holding* pura, *holding* patrimonial e *holding* mista.[64] A *holding* pura tem como único objetivo ser titular de quotas ou ações de outras sociedades, podendo ser de controle ou de mera participação, de acordo com os poderes que a titularidade das quotas lhe confere. A *holding* patrimonial é a que tem como único objetivo ser titular de patrimônio, o qual pode ser constituído de bens móveis e/ou imóveis. Já a *holding* mista é aquela que tem como objetivo ser titular tanto de quotas ou ações de outras sociedades, como também de outros bens, envolvendo, assim, a exploração de alguma atividade operacional.[65]

Aqui, não nos interessa detalhar todos os tipos societários e as configurações que a *holding* familiar pode assumir; interessa apenas compreender como a legislação societária disciplina o falecimento do sócio e como o ITCMD incidirá na ocasião.

Antes de adentrar no tema, convém apresentar alguns mitos que se propagaram na prática jurídica relativamente à *holding* familiar e que podem ter contribuído para a sua ampla difusão, inclusive entre famílias não-empresárias.

2.1 Mitos e verdades

A *holding* familiar tem sido frequentemente indicada como um dos melhores e mais vantajosos instrumentos de planejamento sucessório, por simplificar a sucessão e possibilitar significativa economia de tributos. Mas um exame acurado do instituto demonstra que não é bem assim. A constituição da *holding* envolve diversos tributos, e não necessariamente gera economia fiscal.

---

[63] MAMEDE, Gladston; MAMEDE, Eduarda Cotta. *Holding familiar e suas vantagens*: planejamento jurídico e econômico do patrimônio e da sucessão familiar. 8. ed. rev. e atual. São Paulo: Atlas, 2016, p. 12.

[64] FLEISCHMANN, Simone Tassinari Cardoso; GRAEFF, Fernando René. Contornos jurídicos da *holding* familiar como instrumento de planejamento sucessório. *In:* TEIXEIRA, Daniele Chaves (Coord.). *Arquitetura do planejamento sucessório*. Belo Horizonte: Fórum, 2021. Tomo II, p. 682.

[65] FLEISCHMANN, Simone Tassinari Cardoso; GRAEFF, Fernando René. Contornos jurídicos da *holding* familiar como instrumento de planejamento sucessório. *In:* TEIXEIRA, Daniele Chaves (Coord.). *Arquitetura do planejamento sucessório*. Belo Horizonte: Fórum, 2021. Tomo II, p. 683.

Simone Tassinari Cardoso Fleischmann e Valter Tremarin Junior alertam que a constituição da *holding* familiar nem sempre gerará benefícios aos envolvidos, havendo circunstâncias em que podem ser pagos tributos a maior.[66] Diversos impostos devem ser considerados previamente à sua constituição, e a utilização desse instituto pode não resultar em efetiva obtenção de vantagens fiscais,[67] ao contrário do que muitas vezes é propagandeado na prática advocatícia.

Somente uma análise criteriosa dos cenários fiscais pode resultar em efetiva (e lícita) economia de tributos – o que, para os autores, deve ser um objetivo secundário, e não primordial do planejamento sucessório:

> Apesar de ser um elemento de análise essencial, a eficiência tributária não pode ser considerada como um dos principais objetivos do planejamento sucessório, que não significa uma necessária economia de tributos. Haverá situações nas quais, do ponto de vista tributário, o planejamento sucessório será desaconselhável, mas aconselhável do ponto de vista de perpetuidade do patrimônio. Nessas situações, caberá à família decidir entre pagar mais tributos em um primeiro momento e ter maior segurança em relação à perpetuidade do patrimônio, ou simplesmente deixar de lado o planejamento sucessório.[68]

No mesmo sentido, Laerte Rosalem Júnior e Marina de Almeida Prado apontam como principal objetivo da constituição da *holding* a garantia da manutenção do patrimônio familiar e o sucesso de eventuais empresas da família, atravessando a geração fundadora e a atual.[69]

Para Gladston Mamede e Eduarda Cotta Mamede, a criação de uma *holding* possui inúmeras vantagens na perspectiva do planejamento patrimonial e familiar, que não perpassam necessariamente pela questão fiscal. Para os autores, o instrumento pode ser utilizado para acomodar novas gerações na organização empresarial; para distribuir

---

[66] FLEISCHMANN, Simone Tassinari Cardoso; TREMARIN JUNIOR, Valter. Reflexões sobre *holding* familiar no planejamento sucessório. *In:* TEIXEIRA, Daniele Chaves (Coord.). *Arquitetura do planejamento sucessório*. 2. ed. Belo Horizonte: Fórum, 2019, p. 607.
[67] FLEISCHMANN, Simone Tassinari Cardoso; TREMARIN JUNIOR, Valter. Reflexões sobre *holding* familiar no planejamento sucessório. *In:* TEIXEIRA, Daniele Chaves (Coord.). *Arquitetura do planejamento sucessório*. 2. ed. Belo Horizonte: Fórum, 2019, p. 615-616.
[68] FLEISCHMANN, Simone Tassinari Cardoso; TREMARIN JUNIOR, Valter. Reflexões sobre *holding* familiar no planejamento sucessório. *In:* TEIXEIRA, Daniele Chaves (Coord.). *Arquitetura do planejamento sucessório*. 2. ed. Belo Horizonte: Fórum, 2019, p. 625.
[69] ROSALEM JÚNIOR, Laerte; PRADO, Marina de Almeida. A tributação das sociedades *holdings* patrimoniais. *Revista dos Tribunais*, v. 976, p. 402, fev. 2017.

adequadamente as funções entre os membros da família, mesmo aqueles que não têm vocação para a atividade empresária; para a contenção de conflitos familiares que coloquem em risco os negócios; ou ainda, pode ser constituído com o propósito de centralizar a administração de diversas sociedades ou unidades produtivas, assumindo seu papel primordial de governo de toda a organização.[70]

Além da pretensa eficiência tributária, nem sempre verificada, outro mito frequentemente associado à figura da *holding* familiar é a desnecessidade de realização do processo de inventário, com a possibilidade de tratar a sucessão *causa mortis* exclusivamente sob o ponto de vista empresarial. É um mito, porque o inventário (judicial ou extrajudicial) é o instrumento processual imprescindível para efetivar a transmissão patrimonial do falecido e não pode ser dispensado em nenhuma hipótese – salvo se o falecido não deixar quaisquer bens.

Daniel Bucar vê nisso, inclusive, uma mitigação do princípio da *saisine*, pois não há a transferência direta e imediata da propriedade, como ocorre no direito francês, de onde deriva. No sistema brasileiro é obrigatória a chancela estatal da transmissão *causa mortis*, realizada através do processo de inventário, o que leva o autor a questionar se o *droit de saisine* efetivamente existe no direito pátrio.[71]

Simone Tassinari e Valter Tremarin Junior também desmistificam a questão, rechaçando a ideia de que a criação da *holding* familiar tem como consequência a dispensa do processo de inventário. Os autores afirmam que é falsa a ideia de "livrar-se" do inventário através da criação da *holding*, porque as quotas sociais pertencentes ao falecido devem ser incluídas no *monte mor*, partilhadas no processo de inventário e estão sujeitas à tributação, como qualquer outro bem do falecido. Se o autor da herança não deixar bens por ocasião do falecimento, as transferências de quotas realizadas em vida – por doação, cessão ou compra e venda – podem ser tornadas sem efeito pelo Poder Judiciário.[72] Ainda, alertam para a necessária observância às regras de direito

---

[70] MAMEDE, Gladston; MAMEDE, Eduarda Cotta. *Holding familiar e suas vantagens*: planejamento jurídico e econômico do patrimônio e da sucessão familiar. 8. ed. rev. e atual. São Paulo: Atlas, 2016, p. 64-74.

[71] BUCAR, Daniel. Existe o *droit de saisine* no sistema sucessório brasileiro? In: TEIXEIRA, Ana Carolina Brochado; NEVARES, Ana Luiza Maia. *Direito das sucessões*: problemas e tendências. Indaiatuba: Foco, 2022, p. 1-22.

[72] FLEISCHMANN, Simone Tassinari Cardoso; TREMARIN JUNIOR, Valter. Reflexões sobre *holding* familiar no planejamento sucessório. In: TEIXEIRA, Daniele Chaves (Coord.). *Arquitetura do planejamento sucessório*. 2. ed. Belo Horizonte: Fórum, 2019, p. 611, notas de rodapé 17 e 626.

sucessório para se fazer um planejamento cuidadoso, que evite conflitos futuros – e não os maximize: "De nada adianta a promessa de redução de impostos, de eliminação do inventário, minimização de custos se nenhuma destas é juridicamente possível, sem instrumento duvidoso".[73]

De fato, a criação da *holding* familiar pode simplificar procedimentos e reduzir a complexidade da sucessão hereditária, pois todos os bens do falecido passam a ser da mesma natureza, constituindo-se em quotas sociais. Mas isso não significa dizer que não haverá necessidade de realizar o inventário, que é o instrumento processual apto a efetivar a transmissão dos bens. Tendo o falecido deixado quotas sociais ou participações societárias, esses bens móveis serão inventariados, e é sobre eles que incidirá a tributação *causa mortis*, conforme critérios de apuração e avaliação que serão vistos adiante, na pesquisa legislativa. Mesmo que o contrato social estipule o destino das quotas sociais após o falecimento do titular, essa estipulação soluciona questões apenas no âmbito societário, mas isso não implica dizer que o inventário está dispensado. Portanto, não se sustenta a ideia de que a *holding* familiar desonera os herdeiros dos custos de um processo de inventário ou do recolhimento do imposto de transmissão.

Quanto às normas cogentes de direito sucessório, é preciso ter em mente que a doação de ascendentes para descendentes importa adiantamento de herança (art. 544 do Código Civil);[74] que o doador deve reservar parte dos bens para sua própria subsistência (art. 548 do Código Civil);[75] que é inoficiosa a doação que exceder parte disponível no momento da liberalidade (art. 549 do Código Civil);[76] que a compra e venda de ascendente a descendente deve ter anuência dos outros descendentes e do cônjuge, para que seja válida (art. 496 do Código Civil),[77] para citar alguns exemplos. Todas as limitações impostas pelo

---

[73] FLEISCHMANN, Simone Tassinari Cardoso; TREMARIN JUNIOR, Valter. Reflexões sobre *holding* familiar no planejamento sucessório. In: TEIXEIRA, Daniele Chaves (Coord.). *Arquitetura do planejamento sucessório*. 2. ed. Belo Horizonte: Fórum, 2019, p. 614.

[74] "Art. 544. A doação de ascendentes a descendentes, ou de um cônjuge a outro, importa adiantamento do que lhes cabe por herança."

[75] "Art. 548. É nula a doação de todos os bens sem reserva de parte, ou renda suficiente para a subsistência do doador."

[76] "Art. 549. Nula é também a doação quanto à parte que exceder à de que o doador, no momento da liberalidade, poderia dispor em testamento."

[77] "Art. 496. É anulável a venda de ascendente a descendente, salvo se os outros descendentes e o cônjuge do alienante expressamente houverem consentido. Parágrafo único. Em ambos os casos, dispensa-se o consentimento do cônjuge se o regime de bens for o da separação obrigatória."

direito sucessório à meação e à legítima devem ser observadas no planejamento sucessório que inclua a constituição da *holding* familiar, sob pena de configurar fraude.

Rolf Madaleno, Ana Carolina Carpes Madaleno e Rafael Madaleno advertem que a *holding*, quando se detém na finalidade de gerenciar e administrar o patrimônio familiar, certamente não frauda a lei, tampouco lesa direitos de meação ou sucessórios; mas o esvaziamento ou a redução da meação de uma esposa ou do marido, ou o beneficiamento de um herdeiro em detrimento de outros, não deixa de ser um ato simulado, fraudatório e abusivo[78] a ser reprimido pela ordem jurídica. As hipóteses de fraude – que não devem ser confundidas com o lícito planejamento sucessório – tornam cabível a utilização de expedientes processuais como a desconsideração da personalidade jurídica, inclusive na sua forma inversa:

> A desconsideração inversa da personalidade jurídica consiste no afastamento do princípio da autonomia da pessoa jurídica para responsabilizar a sociedade por obrigação do sócio que, para se desvencilhar de obrigações pessoais, transfere seus bens e suas riquezas para a sociedade, com a finalidade de retirar esses recursos da meação da esposa ou convivente, ou do alcance de seus herdeiros necessários.[79]

Para além das hipóteses de fraude, que revelam situações patológicas e indesejadas pelo ordenamento, convém destacar, como fazem Laerte Rosalem Júnior e Marina de Almeida Prado, que haverá a influência das normas de direito empresarial no ambiente familiar, que passará a se submeter também aos instrumentos específicos do direito societário, como a *affectio societatis*,[80] algo com que as partes envolvidas devem estar conscientes e de pleno acordo.

Gladston Mamede e Eduarda Cotta Mamede indicam que "a constituição de uma *holding* familiar implica a transmutação da natureza

---

[78] MADALENO, Rolf; MADALENO, Ana Carolina Carpes; MADALENO, Rafael. *Fraude no direito de família e sucessões*. Rio de Janeiro: Forense, 2021, p. 319.

[79] MADALENO, Rolf; MADALENO, Ana Carolina Carpes; MADALENO, Rafael. *Fraude no direito de família e sucessões*. Rio de Janeiro: Forense, 2021, p. 795.

[80] ROSALEM JÚNIOR, Laerte; PRADO, Marina de Almeida. A tributação das sociedades *holding*s patrimoniais. *Revista dos Tribunais*, v. 976, p. 403, fev. 2017. Para Rolf Madaleno *et al*, na sociedade familiar esse vínculo transcende a *affectio societatis* presente entre sócios, pois há relações de afeto e parentesco, e a sociedade representa uma "projeção material que corporifica um legado geracional". (MADALENO, Rolf; MADALENO, Ana Carolina Carpes; MADALENO, Rafael. *Fraude no direito de família e sucessões*. Rio de Janeiro: Forense, 2021, p. 314).

jurídica das relações mantidas entre os familiares"[81] e entendem como benéfica a ingerência das normas de direito societário às relações familiares, o que pode ser uma das grandes vantagens para a constituição de uma *holding*. No entender dos autores, a submissão dos familiares ao ambiente societário elimina parte da carga emocional e afetiva das relações pessoais e tem o condão de atribuir regras mínimas à convivência familiar, especialmente quanto aos aspectos patrimoniais e negociais. "Ao menos em relação aos bens e aos negócios, os parentes terão que atuar como sócios, respeitando as balizas erigidas não apenas pela lei, mas igualmente pelo contrato social ou estatuto social".[82] Ainda, poderão se servir de instrumentos fornecidos pelo direito societário para a solução de disputas familiares.

Mas é preciso considerar que a empresa é bem jurídico de caráter difuso, cuja importância para a sociedade – decorrente da geração de empregos, arrecadação de tributos e promoção de valores sociais do trabalho e da livre-iniciativa – extrapola os interesses patrimoniais individuais que os sócios ou seus herdeiros possam ostentar.[83]

A partir da constituição da pessoa jurídica, os interesses privados dos sócios deixam de ser prioritários e não devem se sobrepor aos interesses da empresa, a ser exercida de acordo com sua função social.

As partes devem estar conscientes, ainda, de que a alocação do patrimônio familiar para a integralização de uma *holding* afeta não só as relações familiares, mas também o próprio direito de propriedade, pois os envolvidos deixam de ser os donos, os efetivos proprietários dos bens. Uma das consequências da integralização do patrimônio no capital social de uma pessoa jurídica – cuja personalidade é distinta dos seus sócios, não custa lembrar – é a perda da titularidade sobre os bens, que passará a ser da *holding*, e não mais da pessoa física, algo para o qual os planejadores nem sempre estão preparados.[84]

---

[81] MAMEDE, Gladston; MAMEDE, Eduarda Cotta. *Holding familiar e suas vantagens*: planejamento jurídico e econômico do patrimônio e da sucessão familiar. 8. ed. rev. e atual. São Paulo: Atlas, 2016, p. 68.

[82] MAMEDE, Gladston; MAMEDE, Eduarda Cotta. *Holding familiar e suas vantagens*: planejamento jurídico e econômico do patrimônio e da sucessão familiar. 8. ed. rev. e atual. São Paulo: Atlas, 2016, p. 68.

[83] MAIA, Roberta Mauro Medina. Usufruto de quotas: desafios e peculiaridades. *In*: TEIXEIRA, Daniele Chaves (Coord.). *Arquitetura do planejamento sucessório*. Belo Horizonte: Fórum, 2022. Tomo III, p. 613-614.

[84] "A grande pergunta é: vocês estão preparados para serem sócios e não donos? Estão preparados para serem sócios e não pais, irmãos, primos etc.? No geral, todos gritam que sim. No cotidiano, não são todos os que revelam disposição e qualidades para

A crença nos mitos tratados acima poderia explicar a crescente utilização da *holding* familiar nos últimos anos, inclusive para a gestão do patrimônio de famílias não empresárias, mas não parece suficiente que seja esta a razão, já que a doutrina tem se dedicado a afastar as falácias que rodeiam a figura da *holding*.

Resta ainda uma questão: se o patrimônio a ser transmitido aos herdeiros, constituído pelas quotas sociais, deve ser levado a inventário como qualquer outro bem; se as normas de direito sucessório que restringem a disposição dos bens pessoais devem ser obedecidas; e se a tributação estadual incide, da mesma forma, sobre as quotas sociais por ocasião da transmissão *causa mortis*, o que torna a *holding* familiar um instrumento tão atrativo para o planejamento sucessório?

A seguir, aborda-se a disciplina do direito empresarial para a transmissão de quotas sociais e participações societárias em razão do falecimento do sócio, para tentar responder às questões que motivaram o estudo da tributação *causa mortis* da *holding* familiar.

2.2 Transmissão das quotas sociais em razão da morte

Vanderlei Luis Wildner afirma que o falecimento de um sócio é sempre um evento relevante, pois tanto pode atingir a atividade diária do desenvolvimento do negócio, como também a estrutura societária, que necessitará de adequação.[85] O fato morte ocasiona a ruptura do vínculo contratual associativo – já que a transmissão da herança não implica a transmissão da condição de sócio[86] – e possui consequências distintas para o direito societário, a depender das características da sociedade.

Na sociedade limitada com caráter de sociedade de pessoas, o evento morte do sócio inevitavelmente representará a quebra do liame constitutivo do vínculo societário, com maiores consequências para a continuidade do negócio. Já na sociedade com caráter de sociedade

---

tanto". (MAMEDE, Gladston, MAMEDE, Eduarda Cotta. *Holding familiar e suas vantagens*: planejamento jurídico e econômico do patrimônio e da sucessão familiar. 13. ed. São Paulo: Atlas, 2021, p. 153).

[85] WILDNER, Vanderlei Luis. A sucessão *causa mortis* e o direito empresarial. *In:* BOECKEL, Fabrício Dani de; ROSA, Karin Regina Rick. (Coord.). *Direito sucessório em perspectiva interdisciplinar*. Rio de Janeiro: Elsevier, 2011, p. 59.

[86] WILDNER, Vanderlei Luis. A sucessão *causa mortis* e o direito empresarial. *In:* BOECKEL, Fabrício Dani de; ROSA, Karin Regina Rick. (Coord.). *Direito sucessório em perspectiva interdisciplinar*. Rio de Janeiro: Elsevier, 2011, p. 66.

de capital, as consequências envolvem primordialmente questões financeiras, como a apuração de haveres e respectivo pagamento.[87]

A solução legislativa para a morte do sócio é a prevista no art. 1.028 do Código Civil,[88] que estabelece como regra a liquidação de suas quotas. A liquidação deve ser feita como se a sociedade estivesse sendo encerrada na data da abertura da sucessão, ou seja, "como se todo o ativo fosse liquidado para pagamento do passivo existente e, a partir daí, fosse distribuído entre os sócios apenas o saldo apurado".[89] Assim, os haveres são apurados de acordo com o patrimônio líquido da empresa na data da abertura da sucessão e distribuídos aos herdeiros na proporção da participação societária do falecido.[90]

Mas o contrato social pode dispor diferentemente, prevendo outros critérios para a apuração e o pagamento dos haveres. Pode, ainda, prever o ingresso dos herdeiros na sociedade, ocasião em que se entende que há uma aprovação antecipada dos sócios à participação,

---

[87] WILDNER, Vanderlei Luis. A sucessão *causa mortis* e o direito empresarial. In: BOECKEL, Fabrício Dani de; ROSA, Karin Regina Rick. (Coord.). *Direito sucessório em perspectiva interdisciplinar*. Rio de Janeiro: Elsevier, 2011, p. 63.

[88] "Art. 1.028. No caso de morte de sócio, liquidar-se-á sua quota, salvo: I – se o contrato dispuser diferentemente; II – se os sócios remanescentes optarem pela dissolução da sociedade; III – se, por acordo com os herdeiros, regular-se a substituição do sócio falecido."

[89] WILDNER, Vanderlei Luis. A sucessão *causa mortis* e o direito empresarial. In: BOECKEL, Fabrício Dani de; ROSA, Karin Regina Rick. (Coord.). *Direito sucessório em perspectiva interdisciplinar*. Rio de Janeiro: Elsevier, 2011, p. 65.

[90] O Superior Tribunal de Justiça decidiu recentemente que, na apuração de haveres, deve ser avaliado o valor patrimonial das quotas, como prevê o art. 1.031 do CC e o art. 606 do CPC, e não o valor econômico, obtido pela metodologia do "fluxo de caixa descontado". Ementa: RECURSO ESPECIAL. DIREITO EMPRESARIAL. SOCIEDADE EMPRESÁRIA LIMITADA. DISSOLUÇÃO PARCIAL. SÓCIO RETIRANTE. APURAÇÃO DE HAVERES. CONTRATO SOCIAL. OMISSÃO. CRITÉRIO LEGAL. ART. 1.031 DO CCB/2002. ART. 606 DO CPC/2015. VALOR PATRIMONIAL. BALANÇO ESPECIAL DE DETERMINAÇÃO. FUNDO DE COMÉRCIO. BENS INTANGÍVEIS. METODOLOGIA. FLUXO DE CAIXA DESCONTADO. INADEQUAÇÃO. EXPECTATIVAS FUTURAS. EXCLUSÃO. (...) 7. A doutrina especializada, produzida já sob a égide do Código de Processo Civil de 2015, entende que o critério legal (patrimonial) é o mais acertado e está mais afinado com o princípio da preservação da empresa, ao passo que o econômico (do qual deflui a metodologia do fluxo de caixa descontado), além de inadequado para o contexto da apuração de haveres, pode ensejar consequências perniciosas, tais como (i) desestímulo ao cumprimento dos deveres dos sócios minoritários; (ii) incentivo ao exercício do direito de retirada, em prejuízo da estabilidade das empresas, e (iii) enriquecimento indevido do sócio desligado em detrimento daqueles que permanecem na sociedade. 8. Recurso especial não provido. (BRASIL. Superior Tribunal de Justiça. REsp 1877331/SP. Relator: Min. Nancy Andrighi. Relator p/ Acórdão Ministro Ricardo Villas Bôas Cueva. Julgamento: 13/04/2021. Órgão Julgador: Terceira Turma. Publicação: DJe 14/05/2021).

na pessoa jurídica, dos sucessores do sócio falecido.[91] Nesta última hipótese, havendo previsão contratual de ingresso dos herdeiros, os sócios remanescentes não podem vetar seu ingresso na sociedade, cabendo-lhes apenas exercer o direito de retirada ou deliberar pela dissolução da sociedade. Não havendo acordo quanto à sucessão empresarial (seja prévio, seja posterior ao falecimento) entre herdeiros e sócios remanescentes, os sócios podem optar pela dissolução da sociedade, com a liquidação integral das quotas.

O art. 1.028 do Código Civil evidencia a importância do planejamento sucessório desde a própria constituição da *holding*, a começar pelo contrato social, cuja redação não deve ser genérica e protocolar, mas, sim, deve antever a possibilidade de falecimento dos sócios e refletir a vontade desses quanto à sucessão empresarial.

Havendo a substituição do falecido pelos seus herdeiros, devem ser feitas as alterações contratuais e registrais competentes, pois a "transferência da condição de sócio ou a mera alteração na participação no capital social implicam a alteração do instrumento de contrato social".[92]

Para a *holding* constituída sob a forma de sociedade por ações, há uma maior dinamicidade na alternância de sócios. As transferências de titularidade se realizam de maneira simplificada, sem alteração do ato constitutivo, mas por mera anotação nos livros da companhia, como o Livro de Registro de Ações Nominativas e o Livro de Transferências de Ações Nominativas, previstos na Lei nº 6.404, de 15 de dezembro de 1976 – a Lei das S/A.

Gladston Mamede e Eduarda Cotta Mamede advertem que essa simplificação pode não consistir em vantagem à *holding* familiar, pois "a lógica que marca a constituição e a existência dessas sociedades é a preocupação com a preservação de um patrimônio familiar, designadamente a unidade nas participações em outras sociedades"[93] e o seu

---

[91] WILDNER, Vanderlei Luis. A sucessão *causa mortis* e o direito empresarial. In: BOECKEL, Fabrício Dani de; ROSA, Karin Regina Rick. (Coord.). *Direito sucessório em perspectiva interdisciplinar*. Rio de Janeiro: Elsevier, 2011, p. 66.

[92] MAMEDE, Gladston; MAMEDE, Eduarda Cotta. *Holding familiar e suas vantagens*: planejamento jurídico e econômico do patrimônio e da sucessão familiar. 8. ed. rev. e atual. São Paulo: Atlas, 2016, p. 101-102.

[93] MAMEDE, Gladston; MAMEDE, Eduarda Cotta. *Holding familiar e suas vantagens*: planejamento jurídico e econômico do patrimônio e da sucessão familiar. 8. ed. rev. e atual. São Paulo: Atlas, 2016, p. 106. Uma desvantagem apontada pelos autores para a constituição de *holding* através de sociedade por ações é a necessidade de publicações dos atos sociais, que, além do seu elevado custo, mitigam o sigilo da escrituração contábil.

poder de controle sobre outras empresas do grupo empresarial. Por isso, quando a *holding* é constituída sob a forma de companhia, os autores indicam que sejam previstas cláusulas no estatuto que mitiguem o risco de se desfazer o controle familiar sobre as participações societárias, como a criação de um direito de preferência; contudo, isso deve ser feito com o cuidado de não esvaziar os principais atributos econômicos e sociais das ações, que se caracterizam pela livre circulação.[94]

Em todo caso, vale lembrar que a participação societária deverá ser incluída no processo de inventário. Mesmo nas sociedades por ações, cuja transmissão ocorre mediante simples averbação nos livros da companhia, sem necessidade de alteração do estatuto social, a legislação prevê que a transferência das ações somente se fará "à vista de documento hábil, que ficará em poder da companhia" (art. 31, §2º da Lei das S/A).[95] E, por documento hábil, há que se entender o formal de partilha ou a escritura pública de inventário extrajudicial, e não apenas a certidão de óbito, insuficiente para definir a partilha dos bens do falecido.

Importante destacar que, até que seja realizada a partilha, tem-se a constituição de condomínio provisório das quotas sociais ou ações, decorrente do que estabelece o parágrafo único do art. 1.791 do Código Civil.[96] Esse condomínio não atribui a todos os condôminos uma faculdade societária individual, que lhes permita participar da

---

[94] MAMEDE, Gladston; MAMEDE, Eduarda Cotta. *Holding familiar e suas vantagens*: planejamento jurídico e econômico do patrimônio e da sucessão familiar. 8. ed. rev. e atual. São Paulo: Atlas, 2016, p. 106-107. A livre negociação das ações deve ser preservada, ainda que se trate de companhias fechadas, que admitem a imposição de limitações à circulação das ações nominativas. O art. 36 da Lei 6.404/76 estabelece que o estatuto social deve regular minuciosamente tais limitações e não pode impedir a negociação, nem sujeitar o acionista ao arbítrio dos órgãos de administração da companhia ou da maioria dos acionistas.

[95] "Art. 31. A propriedade das ações nominativas presume-se pela inscrição do nome do acionista no livro de 'Registro de Ações Nominativas' ou pelo extrato que seja fornecido pela instituição custodiante, na qualidade de proprietária fiduciária das ações." (Redação dada pela Lei nº 10.303, de 2001)
§1º A transferência das ações nominativas opera-se por termo lavrado no livro de 'Transferência de Ações Nominativas', datado e assinado pelo cedente e pelo cessionário, ou seus legítimos representantes.
§2º A transferência das ações nominativas em virtude de transmissão por sucessão universal ou legado, de arrematação, adjudicação ou outro ato judicial, ou por qualquer outro título, somente se fará mediante averbação no livro de 'Registro de Ações Nominativas', à vista de documento hábil, que ficará em poder da companhia".

[96] "Art. 1.791. A herança defere-se como um todo unitário, ainda que vários sejam os herdeiros. Parágrafo único. Até a partilha, o direito dos co-herdeiros, quanto à propriedade e posse da herança, será indivisível, e regular-se-á pelas normas relativas ao condomínio."

vida social isoladamente: as faculdades sociais só podem ser exercidas pelo inventariante, que representa o espólio do sócio falecido, a teor do art. 1.056, §1º do Código Civil.[97] O condomínio não poderá ser recusado, nem mesmo nas sociedades contratuais *intuitu personae*, pois sua constituição decorre de previsão legal expressa.[98] Eventual recusa deve ser feita ao longo do procedimento de inventário ou arrolamento, o que pode conduzir à liquidação das quotas do *de cujus*, como mencionado acima.

Visto como se dá a transferência de quotas sociais em razão do falecimento do sócio, sob a perspectiva do direito sucessório e empresarial, passa-se a analisar os tributos que incidirão no momento da constituição da *holding* familiar, a saber, o imposto sobre a transmissão de bens imóveis (ITBI) e o imposto de renda sobre o ganho de capital (IRGC), cuja conformação auxiliará a compreender se a utilização do instituto para fins de planejamento sucessório possui efetiva vantajosidade fiscal.

2.3 Impostos a serem considerados previamente à constituição da *holding*

Embora não seja o único motivo para a realização de um planejamento sucessório, a economia tributária é uma das consequências almejadas pelos titulares de bens que arquitetam sua sucessão. A tributação é parte essencial do planejamento e repercute diretamente na preservação do patrimônio que será transmitido, razão pela qual um planejamento sucessório cuidadoso deve levar em consideração todos os tributos que incidirão sobre as operações praticadas.

Mas, como visto acima, nem sempre haverá uma redução efetiva de tributos, de modo que as partes deverão sopesar os custos fiscais frente aos demais propósitos do planejamento. O conhecimento prévio da sistemática de cada imposto permite simular esse custo e viabiliza uma tomada de decisão consciente e esclarecida, que esteja alinhada com os demais objetivos do planejamento.

---

[97] "Art. 1.056. (...) §1º No caso de condomínio de quota, os direitos a ela inerentes somente podem ser exercidos pelo condômino representante, ou pelo inventariante do espólio de sócio falecido."

[98] MAMEDE, Gladston; MAMEDE, Eduarda Cotta. *Holding familiar e suas vantagens*: planejamento jurídico e econômico do patrimônio e da sucessão familiar. 8. ed. rev. e atual. São Paulo: Atlas, 2016, p. 124.

Trata-se, a seguir, de dois tributos que devem ser considerados previamente à constituição da pessoa jurídica denominada *holding* familiar.

2.3.1 Imposto sobre a transmissão de bens imóveis

O primeiro tributo a ser considerado é o imposto sobre a transmissão de bens imóveis (ITBI), de competência dos Municípios, que poderá incidir quando da integralização de bens imóveis ao capital social da pessoa jurídica constituída.

O artigo 156, §2º, inciso I da Constituição Federal prevê, em regra, que o ITBI não incide sobre a transmissão de bens ou direitos incorporados ao patrimônio de pessoa jurídica em realização de capital, nem sobre a transmissão de bens ou direitos decorrente de fusão, incorporação, cisão ou extinção de pessoa jurídica. Para Sacha Calmon Navarro Coêlho, a imunidade prevista no referido dispositivo tem função própria:

> A regra colima facilitar a *mobilização* dos bens de raiz e a sua posterior *desmobilização*, de modo a facilitar a formação, a transformação, a fusão, a cisão e a extinção de sociedades civis e comerciais, não embaraçando com o ITBI a movimentação dos imóveis quando comprometidos com tais situações. [99]

O ITBI incidirá se, nesses casos, o adquirente dos bens tiver como "atividade preponderante" a compra e venda desses bens ou direitos, locação de bens imóveis ou arrendamento mercantil, como prevê a norma constitucional:

> Art. 156. (...) §2º O imposto previsto no inciso II:
> I – não incide sobre a transmissão de bens ou direitos incorporados ao patrimônio de pessoa jurídica em realização de capital, nem sobre a transmissão de bens ou direitos decorrente de fusão, incorporação, cisão ou extinção de pessoa jurídica, salvo se, nesses casos, a atividade preponderante do adquirente for a compra e venda desses bens ou direitos, locação de bens imóveis ou arrendamento mercantil;

---

[99] COÊLHO, Sacha Calmon Navarro. *Curso de direito tributário brasileiro*. 17. ed. Rio de Janeiro: Forense, 2020, p. 246, grifos no original.

O art. 37 do Código Tributário Nacional traz os requisitos para a definição da preponderância da atividade, a saber: a) quando mais de 50% (cinquenta por cento) da receita operacional da pessoa jurídica adquirente decorrer de transações locatícias ou de venda de imóveis, nos 2 (dois) anos anteriores e nos 2 (dois) anos subsequentes à aquisição (inciso I do art. 37 do CTN); ou b) se a pessoa jurídica adquirente iniciar suas atividades após a aquisição dos imóveis, ou menos de 2 (dois) anos antes dela, apurar-se-á a preponderância da atividade levando-se em conta os 3 (três) primeiros anos seguintes à data da aquisição (inciso II do art. 37 do CTN).

Simone Tassinari Cardoso Fleischmann e Fernando René Graeff alertam que não importa, para tal fim, a atividade descrita no objeto social do contrato da sociedade, mas sim a atividade efetivamente exercida pela pessoa jurídica.[100]

O tributo municipal estará presente, portanto, quando a atividade preponderante da pessoa jurídica for a compra e venda, a locação de bens imóveis ou arrendamento mercantil, o que pode ocorrer quando se tratar de *holding* patrimonial. O imposto compete ao Município da situação do bem, e a base de cálculo é o valor venal do imóvel definido pelo ente público, que não necessariamente coincide com o valor venal aplicável ao IPTU, consoante jurisprudência do Superior Tribunal de Justiça.[101] Não sendo a atividade da *holding* preponderantemente imobiliária, em regra, não será devido o ITBI.

Diz-se "em regra" porque houve importante julgamento do Supremo Tribunal Federal que definiu o alcance da imunidade do ITBI e que pode impactar as decisões tomadas no âmbito do planejamento sucessório. Trata-se do Tema nº 796, submetido à sistemática da repercussão geral, que visava delimitar o "Alcance da imunidade tributária do ITBI, prevista no art. 156, §2º, I, da Constituição, sobre

---

[100] FLEISCHMANN, Simone Tassinari Cardoso; GRAEFF, Fernando René. Contornos jurídicos da *holding* familiar como instrumento de planejamento sucessório. *In*: TEIXEIRA, Daniele Chaves (Coord.). *Arquitetura do planejamento sucessório*. Belo Horizonte: Fórum, 2021. Tomo II, p. 690.

[101] Por todos, cita-se o seguinte acórdão: "TRIBUTÁRIO. EXECUÇÃO FISCAL. ITBI. BASE DE CÁLCULO. VALOR VENAL. IPTU. VINCULAÇÃO. IMPOSSIBILIDADE. (...) 2. O entendimento de ambas as Turmas de Direito Público do STJ firmou-se no sentido de que não há ilegalidade na dissociação entre o valor venal do imóvel para fins de cálculo do ITBI e do IPTU, porquanto a apuração da base de cálculo e a modalidade de lançamento deles são diversas, não havendo, pois, vinculação de seus valores. (...)". (BRASIL. Superior Tribunal de Justiça. AgInt no REsp 1559834/SP. Relator: Min. Gurgel de Faria. Julgamento: 07/10/2019. Órgão Julgador: Primeira Turma. Publicação: DJe 16/10/2019).

imóveis incorporados ao patrimônio de pessoa jurídica, quando o valor total desses bens excederem o limite do capital social a ser integralizado".[102] Foi fixada a seguinte tese: "A imunidade em relação ao ITBI, prevista no inciso I do §2º do art. 156 da Constituição Federal, não alcança o valor dos bens que exceder o limite do capital social a ser integralizado".[103]

O STF definiu que a imunidade constitucional não alcança qualquer incorporação de bens ou direitos ao patrimônio da pessoa jurídica, mas exclusivamente o pagamento, em bens ou direitos, que o sócio faz para integralização do capital social subscrito. Com isso, o ITBI será devido sobre eventual diferença entre o valor dos bens imóveis e o capital subscrito a ser integralizado.

O acórdão está assim ementado:

EMENTA. CONSTITUCIONAL E TRIBUTÁRIO. IMPOSTO DE TRANSMISSÃO DE BENS IMÓVEIS – ITBI. IMUNIDADE PREVISTA NO ART. 156, §2º, I DA CONSTITUIÇÃO. APLICABILIDADE ATÉ O LIMITE DO CAPITAL SOCIAL A SER INTEGRALIZADO. RECURSO EXTRAORDINÁRIO IMPROVIDO. 1. A Constituição de 1988 imunizou a integralização do capital por meio de bens imóveis, não incidindo o ITBI sobre o valor do bem dado em pagamento do capital subscrito pelo sócio ou acionista da pessoa jurídica (art. 156, §2º,). 2. A norma não imuniza qualquer incorporação de bens ou direitos ao patrimônio da pessoa jurídica, mas exclusivamente o pagamento, em bens ou direitos, que o sócio faz para integralização do capital social subscrito. Portanto, sobre a diferença do valor dos bens imóveis que superar o capital subscrito a ser integralizado, incidirá a tributação pelo ITBI. 3. Recurso Extraordinário a que se nega provimento. Tema 796, fixada a seguinte tese de repercussão geral: "A imunidade em relação ao ITBI, prevista no inciso I do §2º do art. 156 da Constituição Federal, não alcança o valor dos bens que exceder o limite do capital social a ser integralizar".[104]

---

[102] BRASIL. Supremo Tribunal Federal. RE 796376. Relator: Marco Aurélio, Relator p/ Acórdão: Alexandre de Moraes. Julgamento: 05/08/2020. Órgão Julgador: Tribunal Pleno. Publicação: Processo Eletrônico Repercussão Geral – Mérito DJe-210 Divulg 24/08/2020 Public 25/08/2020.

[103] BRASIL. Supremo Tribunal Federal. RE 796376. Relator: Marco Aurélio, Relator p/ Acórdão: Alexandre de Moraes. Julgamento: 05/08/2020. Órgão Julgador: Tribunal Pleno. Publicação: Processo Eletrônico Repercussão Geral – Mérito DJe-210 Divulg 24/08/2020 Public 25/08/2020.

[104] BRASIL. Supremo Tribunal Federal. RE 796376. Relator: Marco Aurélio, Relator p/ Acórdão: Alexandre de Moraes. Julgamento: 05/08/2020. Órgão Julgador: Tribunal Pleno. Publicação: Processo Eletrônico Repercussão Geral – Mérito DJe-210 Divulg 24/08/2020 Public 25/08/2020.

O caso submetido à Corte Suprema se iniciou em demanda entre o Município de São João Batista, localizado no Estado de Santa Catarina, e a empresa Lusframa Participações Societárias Ltda., que litigavam a respeito da incidência do ITBI na integralização de imóveis ao capital social da pessoa jurídica. No caso, o capital social da empresa foi integralizado mediante incorporação de bens imóveis cujo valor era muito superior às quotas subscritas, e a diferença foi contabilizada pela pessoa jurídica como reserva de capital. Enquanto a empresa afirmava gozar da imunidade constitucional, o Município exigia o tributo sobre a diferença entre o valor dos imóveis (avaliados em R$802.724,00) e a quantia integralizada no capital social (no valor de R$24.000,00). Para o Ministro Marco Aurélio Mello, relator do recurso, a imunidade do ITBI estaria presente "ainda que o valor total dos bens exceda o limite do capital social a ser integralizado".[105] Entretanto, esse não foi o entendimento que prevaleceu, sendo decidido, por maioria, que a imunidade do ITBI está voltada ao valor destinado à integralização do capital social e, portanto, não alcança o valor dos bens que exceder o limite do capital.

O relator para o acórdão, Ministro Alexandre de Moraes, entendeu que é extensiva a interpretação que alberga a imunidade para a formação de reserva de capital, inadmitida pela legislação tributária, que prevê a interpretação literal na hipótese de outorga de isenção. O Ministro consignou que "nada impede que os sócios ou os acionistas contribuam com quantia superior ao montante por eles subscrito"[106] e reconheceu que essa operação se insere na autonomia de vontade dos subscritores. Mas isso não os dispensa da tributação, pois a destinação do imóvel para capitalização e desenvolvimento das empresas escapa da finalidade da norma imunizadora.[107]

Prevaleceu, portanto, o entendimento de que a imunidade constitucional está adstrita ao capital social a ser integralizado, incidindo o ITBI sobre o valor que exceder o capital. Tal interpretação pode aumentar o custo operacional no momento da constituição da *holding* e reduz as tradicionais vantagens associadas à pejotização do patrimônio familiar.[108] Cai por terra, mais uma vez, o mito da economia tributária.

---

[105] Inteiro teor do acórdão. Disponível em: https://portal.stf.jus.br/processos/downloadPeca.asp?id=15344140426&ext=.pdf. Acesso em: 12 fev. 2022, p. 7.

[106] Inteiro teor do acórdão. Disponível em: https://portal.stf.jus.br/processos/downloadPeca.asp?id=15344140426&ext=.pdf. Acesso em: 12 fev. 2022, p. 22-25.

[107] Inteiro teor do acórdão. Disponível em: https://portal.stf.jus.br/processos/downloadPeca.asp?id=15344140426&ext=.pdf. Acesso em: 12 fev. 2022, p. 22-25.

[108] TEIXEIRA, Ana Carolina Brochado; FLEISCHMANN, Simone Tassinari. Futuros possíveis para o planejamento sucessório. *In*: EHRHARDT JÚNIOR, Marcos (Coord.). *Direito civil*: futuros possíveis. Belo Horizonte: Fórum, 2022, p. 99.

Necessário aqui fazer um parêntese em relação à recente decisão do STF. Em seu voto, o Ministro Alexandre de Moraes consignou que a exceção prevista na parte final do §2º do art. 156 da CF (ausência de imunidade do ITBI quando a atividade preponderante é imobiliária) não guardaria relação com a primeira parte do dispositivo, somente com a segunda. Seguindo a lição de Eduardo Moraes Sabbag, o Ministro entendeu que a imunidade para os bens incorporados ao patrimônio de pessoa jurídica em realização de capital é incondicionada e independente da atividade desenvolvida pela pessoa jurídica, sendo aplicável a exceção apenas para as hipóteses de fusão, incorporação, cisão ou extinção da pessoa jurídica, previstas na segunda parte do dispositivo constitucional (já que este menciona "salvo se, nesses casos").

A tese favorece as *holdings* patrimoniais e imediatamente gerou grande discussão, mas não se pode afirmar, pelo menos até o momento, que se trata de entendimento consolidado, já que a matéria não chegou a ser enfrentada diretamente no Tema nº 796.

Para Ricardo Almeida Ribeiro da Silva, trata-se de um argumento lateral do voto, e "em momento algum se almejou discutir e muito menos afastar a preponderância do faturamento em relação às empresas que recebem imóveis para fins de integralização do capital social".[109] Por isso, afirma o autor que não houve alteração do entendimento do STF quanto à exigência da não preponderância das atividades imobiliárias para a fruição concreta da imunidade do ITBI. Tal requisito está previsto não só na Constituição Federal, mas também no artigo 37 do Código Tributário Nacional, jamais declarado inconstitucional.[110]

Entende-se prudente considerar válida a exigência do ITBI, enquanto não declarado expressamente o contrário pelo Supremo Tribunal Federal. Assim, os planejadores não serão surpreendidos com sua cobrança, pelos Municípios, sobre a integralização de bens imóveis ao capital social de pessoa jurídica cuja atividade preponderante seja imobiliária.

Por fim, acerca da integralização de capital pela transferência de bens, vale citar o que dizem Gladston Mamede e Eduarda Cotta Mamede:

---

[109] SILVA, Ricardo Almeida Ribeiro da. O STF e a sua recente decisão sobre o ITBI. *Revista Consultor Jurídico*, 20 set. 2021. Disponível em: https://www.conjur.com.br/2021-set-20/ricardo-almeida-stf-recente-decisao-itbi. Acesso em: 13 fev. 2022.

[110] SILVA, Ricardo Almeida Ribeiro da. O STF e a sua recente decisão sobre o ITBI. *Revista Consultor Jurídico*, 20 set. 2021. Disponível em: https://www.conjur.com.br/2021-set-20/ricardo-almeida-stf-recente-decisao-itbi. Acesso em: 13 fev. 2022.

(...) a regra elementar é que o capital social não pode ser integralizado por meio da transferência de bens cujo valor de mercado (valor venal) seja inferior ao valor das quotas ou ações a serem integralizadas. Isso atende ao *princípio da realidade* do capital social, também chamado de princípio da subscrição integral: o capital social não pode ser uma ficção, uma afirmação retórica; deve ser real e, portanto, precisa ter sido efetivamente investido na sociedade.[111]

A decisão do Tema nº 796 está em consonância com o mencionado princípio ao estipular que a imunidade em relação ao ITBI alcança apenas o valor suficiente para a integralização do capital social subscrito. Como visto acima, o valor dos bens que serão integralizados no capital social da pessoa jurídica pode até ser superior ao valor das quotas, formando uma reserva de capital, mas isso não dispensa os sócios do recolhimento do imposto municipal sobre o excedente.

2.3.2 Imposto de renda sobre o ganho de capital

Não é só em relação ao ITBI que o valor dos bens integralizados ao capital social da pessoa jurídica adquire relevância. Outro tributo que deve ser considerado previamente à constituição da *holding* familiar, e que pode influenciar a opção por esse instrumento de planejamento sucessório, é o imposto de renda sobre o ganho de capital (IRGC).

O imposto incide sobre a diferença entre o valor de alienação de um bem ou direito e o seu custo de aquisição: havendo diferença a maior entre o valor constante na última declaração de imposto de renda do falecido e o valor lançado na declaração do herdeiro ou do legatário, incidirá o imposto de renda pelo ganho de capital. Caso a transmissão seja lançada na declaração dos sucessores pelo mesmo valor constante na última declaração do falecido, não haverá ganho de capital, não incidindo o imposto.[112]

No caso da *holding* familiar, o imposto é devido sobre a diferença entre o valor da aquisição dos bens e o valor de sua incorporação ao capital social da pessoa jurídica. Pode ser calculado de duas maneiras:

---

[111] MAMEDE, Gladston; MAMEDE, Eduarda Cotta. *Holding familiar e suas vantagens*: planejamento jurídico e econômico do patrimônio e da sucessão familiar. 8. ed. rev. e atual. São Paulo: Atlas, 2016, p. 115 (grifos no original).

[112] ROSA, Karin Regina Rick. Ganho de capital na sucessão. *In:* TEIXEIRA, Daniele Chaves (Coord.). *Arquitetura do planejamento sucessório*. Belo Horizonte: Fórum, 2022. Tomo III, p. 111-113.

sobre o valor de mercado ou sobre o valor declarado na última declaração de imposto de renda da pessoa física (DIRPF), previamente à incorporação.

Na primeira hipótese, deverá ser recolhido o imposto de renda com alíquotas que variam de 15% (quinze por cento) a 22,5% (vinte e dois e meio por cento), como prevê o art. 21 da Lei nº 8.891/1995, alterado pela Lei nº 13.259/2016. O imposto incide sobre o acréscimo patrimonial decorrente da diferença entre o custo da aquisição do bem e o valor pelo qual está sendo integralizado na pessoa jurídica. Na segunda hipótese (se a integralização se der pelo mesmo valor constante da DIRPF), não incidirá o imposto de renda sobre o ganho de capital, pois não haverá o acréscimo patrimonial.[113]

Nem sempre será mais vantajoso optar pelo valor declarado na DIRPF, embora, à primeira vista, pareça mais lógico.[114] É certo que não haverá incidência do imposto de renda sobre o ganho de capital, mas o contribuinte perde a possibilidade de se beneficiar dos percentuais de redução previstos no art. 18 da Lei nº 7.713/1988, benefício que só pode ser aproveitado na transferência do bem imóvel da pessoa física para a pessoa jurídica, e não posteriormente, quando a própria *holding* quiser alienar o bem. Os percentuais de redução podem variar de 5% (cinco por cento) até 100% (cem por cento) e são aplicáveis a aquisições ou incorporações de bens imóveis ocorridas até o ano de 1988.

Simone Tassinari Cardoso Fleischmann e Fernando René Graeff alertam para o fato de que o imóvel a ser integralizado receberá novo tratamento tributário após o ingresso na *holding* familiar. Por isso, previamente à constituição da pessoa jurídica devem ser avaliadas as duas modalidades de tributação, ambas possíveis e lícitas, pois, ao ingressar na sociedade, o bem passará a ser capital na sua integralidade.[115]

---

[113] ROSALEM JÚNIOR, Laerte; PRADO, Marina de Almeida. A tributação das sociedades *holdings* patrimoniais. *Revista dos Tribunais*, v. 976, p. 404, fev. 2017. Os autores advertem ainda que a transferência de bens pela pessoa física à pessoa jurídica, a título de integralização de capital, deverá ser lastreada, sendo devidamente informada na declaração correspondente ao exercício em que se efetuou a transferência dos bens.

[114] FLEISCHMANN, Simone Tassinari Cardoso; GRAEFF, Fernando René. Contornos jurídicos da *holding* familiar como instrumento de planejamento sucessório. In: TEIXEIRA, Daniele Chaves (Coord.). *Arquitetura do planejamento sucessório*. Belo Horizonte: Fórum, 2021. Tomo II, p. 691.

[115] FLEISCHMANN, Simone Tassinari Cardoso; GRAEFF, Fernando René. Contornos jurídicos da *holding* familiar como instrumento de planejamento sucessório. In: TEIXEIRA, Daniele Chaves (Coord.). *Arquitetura do planejamento sucessório*. Belo Horizonte: Fórum, 2021. Tomo II, p. 692.

No momento da venda do bem pela *holding*, o imposto de renda a ser pago sobre o ganho de capital poderá ser maior do que aquele que seria pago pela pessoa física, caso a integralização fosse feita pelo valor de mercado e fossem aplicáveis as reduções acima mencionadas.

Valter Tremarin Júnior e Simone Tassinari detalham:

> Sobre este item específico, a falta de cuidados na integralização dos bens conduz a torná-los "capital da *holding*", logo, a venda de quaisquer destes bens por parte da própria empresa caracterizará ganho de capital – pois o imóvel que anteriormente pertencia à pessoa física e como tal era considerado na natureza jurídica de bem imóvel somente, com o ganho de capital vinculado a quantia a maior a ser recebida em caso de venda, agora, impacta 100%. Todo o bem imóvel é capital da empresa, logo, a partir da escolha do regime de tributação – se lucro real ou presumido – pode-se, na venda, ter de recolher imposto de renda sobre todo o capital.[116]

Há outros aspectos da tributação da pessoa jurídica que devem ser sopesados, como a escolha do regime de tributação pelo lucro real ou presumido, mencionado acima pelos autores. Embora seja relevante essa definição, o aprofundamento de tais questões extrapola o alcance e os objetivos desta obra.

Em suma, o que se pretende destacar é que a decisão de constituir ou não a *holding* para a gestão do patrimônio familiar deve ser precedida de prévio estudo, que considere a possível incidência dos impostos aqui mencionados (ITBI e IRGC), que, aliados ao ITCMD, podem impactar sobremaneira a economia tributária almejada pelos planejadores.

2.4 *Holding* familiar e as decisões no planejamento

Após a constituição da *holding* familiar, outros instrumentos jurídicos devem ser agregados ao planejamento sucessório para a concretização da vontade do autor da herança, como visto no item anterior. É possível a disposição do patrimônio ainda em vida ou a formalização de testamento para destinar a parte disponível do patrimônio – constituído apenas de quotas sociais – para aquele que o autor da herança pretender beneficiar.

---

[116] FLEISCHMANN, Simone Tassinari Cardoso; TREMARIN JUNIOR, Valter. Reflexões sobre *holding* familiar no planejamento sucessório. In: TEIXEIRA, Daniele Chaves (Coord.). *Arquitetura do planejamento sucessório*. 2. ed. Belo Horizonte: Fórum, 2019, p. 618.

Nenhuma das hipóteses exclui a necessidade de realizar o inventário, nem escapa à tributação, vale repetir. Se o autor da herança desejar dispor de seu patrimônio ainda em vida, fazendo a doação de quotas aos herdeiros, não pode fazê-lo em sua integralidade, pois deve reservar para si bens necessários à própria subsistência. Uma alternativa é a transmissão da nua-propriedade das quotas sociais a seus herdeiros, reservando para si o usufruto. Se eleger a via testamentária, para que o planejamento produza efeitos somente após a sua morte, o titular do patrimônio terá deixado apenas as quotas sociais da *holding* – que devem ser inventariadas, como já se disse, incidindo sobre elas a tributação.

Em todas as possibilidades acima aventadas, haverá a incidência do imposto eleito como central na pesquisa: o imposto sobre a transmissão *causa mortis* e doações de quaisquer bens e direitos (ITCMD).

Mas cabe aqui a indagação: se após a constituição da *holding* devem ser adotados outros mecanismos do direito sucessório para disciplinar o destino das quotas sociais, será que é a pejotização do patrimônio, em si, que impacta a tributação da herança, ou são as decisões tomadas no âmbito do planejamento sucessório? A criação da *holding* modifica, de alguma forma, a tributação do ITCMD? Ou são as decisões sobre o destino do patrimônio que importam? Afinal, a mera utilização da *holding* familiar para planejar a sucessão pode alterar a tributação da herança, ou não?

Para responder a essas indagações, analisa-se a seguir a dinâmica do imposto na Constituição Federal e nas leis estaduais que o instituem e regulamentam.

HOLDING FAMILIAR E A TRIBUTAÇÃO *CAUSA MORTIS*

Um dos principais tributos a ser considerado no planejamento sucessório é o imposto sobre a transmissão *causa mortis* e doações de quaisquer bens ou direitos, conhecido comumente como ITCMD, mas também designado pelas siglas ITCM, ITCD ou simplesmente ITD. Tal imposto está previsto no art. 155, inciso I da Constituição Federal, sendo de competência dos Estados e do Distrito Federal, e incide por ocasião da sucessão *causa mortis* ou sobre os atos de planejamento em vida que importem a transmissão gratuita de bens ou direitos.

Cada unidade federada possui autonomia para instituir e disciplinar o tributo no âmbito do seu território, obedecidas as regras de competência fixadas pelo constituinte no §1º do art. 155. O imposto compete ao local da situação do bem, relativamente à tributação de bens imóveis e respectivos direitos (inciso I do §1º do art. 155); ao local do processamento do inventário ou arrolamento (ou do domicílio do doador, no caso da doação), compete o imposto relativamente a bens móveis, títulos e créditos (inciso II do §1º do art. 155). Se houver um elemento relevante de conexão com o exterior, como o domicílio do doador ou do falecido, o processamento do inventário no exterior ou a existência de bens do falecido em território estrangeiro, a competência para instituir o tributo será regulada por lei complementar (inciso III do §1º do art. 155).[117]

---

[117] Recentemente o Supremo Tribunal Federal decidiu que, na falta da lei complementar de que trata o dispositivo acima mencionado, os Estados-membros não podem fazer uso de sua competência legislativa plena, prevista no art. 24, §3º da Constituição, sendo-lhes vedado instituir e cobrar o ITCMD nas hipóteses de conexão relevante com o exterior.

O constituinte previu, ainda, que o imposto terá suas alíquotas máximas fixadas pelo Senado Federal, que o fez através da Resolução nº 9, de 05 de maio de 1992, vigente até a publicação desta edição. O Senado Federal estipulou a alíquota máxima de 8% (oito por cento), aplicável a partir de 1º de janeiro de 1992, e permitiu, ainda, a adoção da alíquota progressiva.

Esse é o delineamento dado pela Constituição Federal para a instituição e cobrança do imposto estadual incidente sobre heranças e doações.

Ao analisar o modelo eleito pelo constituinte, Fernanda de Paula destaca que um dos fundamentos mais importantes para a escolha da herança como base tributária é a necessidade de regulação dos efeitos cumulativos da sucessão hereditária, que possui grande repercussão nos níveis de concentração de renda na sociedade.[118] A autora aponta que as sucessivas transmissões hereditárias realizadas de geração em geração, desacompanhadas de um esquema de regulação estatal desses eventos, podem aumentar sobremaneira as desigualdades entre ricos e pobres,[119] razão pela qual a dimensão extrafiscal desse tributo se sobressai em relação à sua finalidade meramente arrecadatória (até porque, historicamente, esse imposto sempre possuiu um baixo percentual de arrecadação quando comparado à tributação total do país).[120]

Para Daniel Bucar e Caio Ribeiro Pires, a tributação da herança concretiza o princípio da função social da propriedade, pois promove a redistribuição de parte da riqueza recebida de maneira gratuita pelo herdeiro, possibilitando a alocação dos recursos em benefício de direitos sociais, como educação, moradia e saúde.[121]

A questão foi apreciada no Tema nº 825, em que restou fixada o seguinte: "É vedado aos estados e ao Distrito Federal instituir o ITCMD nas hipóteses referidas no art. 155, §1º, III, da Constituição Federal sem a intervenção da lei complementar exigida pelo referido dispositivo constitucional". (BRASIL. Supremo Tribunal Federal. RE 851108. Relator: Dias Toffoli. Julgamento: 01/03/2021. Órgão Julgador: Tribunal Pleno. Publicação: Processo Eletrônico Repercussão Geral – Mérito DJe-074 Divulg 19/04/2021 Public 20/04/2021).

[118] PAULA, Fernanda de. *A tributação da herança sob um enfoque de justiça*: considerações e propostas para um correto aproveitamento tributário das heranças nos sistemas do ITCMD e do IRPF. Rio de Janeiro: Lumen Juris, 2019, p. 59.

[119] PAULA, Fernanda de. *A tributação da herança sob um enfoque de justiça*: considerações e propostas para um correto aproveitamento tributário das heranças nos sistemas do ITCMD e do IRPF. Rio de Janeiro: Lumen Juris, 2019, p. 67.

[120] No Brasil, esse percentual foi de 0,24% em 2013; 0,25% em 2014 e 0,34%, em 2015. (PAULA, Fernanda de. *A tributação da herança sob um enfoque de justiça*: considerações e propostas para um correto aproveitamento tributário das heranças nos sistemas do ITCMD e do IRPF. Rio de Janeiro: Lumen Juris, 2019, p. 76).

[121] BUCAR, Daniel; PIRES, Caio Ribeiro. Sucessão e tributação: perplexidades e proposições equitativas. In: TEIXEIRA, Daniele Chaves (Coord.). *Arquitetura do planejamento sucessório*. 2. ed. Belo Horizonte: Fórum, 2019, p. 92.

Em 2021, a Organização para a Cooperação e Desenvolvimento Econômico (OCDE) publicou relatório que destaca esse caráter extrafiscal do imposto incidente sobre as heranças e doações e recomenda que os países-membros aprimorem o seu funcionamento. A partir de uma avaliação comparativa da tributação sucessória nos países da OCDE e da evolução das riquezas e heranças das famílias, a entidade concluiu que o imposto sobre a herança pode desempenhar importante papel no aumento de receitas públicas, no combate às desigualdades sociais e na melhoria das transferências de riqueza.[122]

Apesar da reconhecida relevância do imposto sobre a transmissão *causa mortis* e doações para a redução de desigualdades, o modelo adotado pelo ordenamento pátrio está longe de ser o ideal.

Para Daniel Bucar e Caio Ribeiro Pires, o regime tributário que atualmente incide sobre a sucessão *causa mortis* é insuficiente para atender aos valores constitucionais, sendo necessário revisar de forma crítica a carga tributária para que atinja os maiores patrimônios.[123] Umas das distorções apontadas pelos autores, que se amparam nas ideias do economista Thomas Piketty, é que os encargos fiscais incidentes sobre o patrimônio são, em geral, menores do que os incidentes sobre o consumo e a renda. "Em outras palavras, o valor que se extrai de um ordenamento posto como tal revela ser ontologicamente mais relevante a posição do herdeiro, em detrimento do trabalhador e consumidor".[124]

Bucar e Pires propõem, como contributo para equilibrar as distorções tributárias em matéria sucessória, por um lado, a adoção pelos Estados da progressividade de alíquota, que pode ser objetiva (em razão do monte) e/ou subjetiva (em razão do parentesco); por outro, uma ampliação das hipóteses legais de isenção, que considerem a essencialidade do bem transmitido, garantindo aos herdeiros um patrimônio mínimo.[125]

---

[122] ORGANISATION FOR ECONOMIC CO-OPERATION AND DEVELOPMENT (OECD). Inheritance Taxation in OECD Countries. *OECD Tax Policy Studies*, Paris, n. 28, 11 maio 2021. Disponível em: https://wwwoecd-ilibraryoorg/taxation/inheritance-taxation-in-oecd-countries_e2879a7d-en. Acesso em: 24 out. 2021.

[123] BUCAR, Daniel; PIRES, Caio Ribeiro. Sucessão e tributação: perplexidades e proposições equitativas. *In:* TEIXEIRA, Daniele Chaves (Coord.). *Arquitetura do planejamento sucessório*. 2. ed. Belo Horizonte: Fórum, 2019, p. 95.

[124] BUCAR, Daniel; PIRES, Caio Ribeiro. Sucessão e tributação: perplexidades e proposições equitativas. *In:* TEIXEIRA, Daniele Chaves (Coord.). *Arquitetura do planejamento sucessório*. 2. ed. Belo Horizonte: Fórum, 2019, p. 97.

[125] BUCAR, Daniel; PIRES, Caio Ribeiro. Sucessão e tributação: perplexidades e proposições equitativas. *In:* TEIXEIRA, Daniele Chaves (Coord.). *Arquitetura do planejamento sucessório*. 2. ed. Belo Horizonte: Fórum, 2019, p. 98-104.

Como se verá adiante, na pesquisa legislativa, diversos Estados brasileiros adotam a progressividade em razão do valor dos bens transmitidos, mas ainda há discrepâncias na estruturação do imposto em termos de justiça fiscal, pois Estados que concentram grandes riquezas ainda possuem alíquotas fixas e bem inferiores ao percentual máximo estipulado pelo Senado Federal, como é o caso de São Paulo e Paraná (que adotam alíquota fixa de 4%) e de Minas Gerais (cuja alíquota é de 5%).

Vistos os contornos dados pela Constituição Federal para a tributação das heranças e doações, passa-se a examinar como o imposto é cobrado na hipótese de constituição da *holding* familiar para a gestão do patrimônio e da sucessão.

3.1 Pejotização do patrimônio e suas consequências para a tributação da herança

A presente obra se propõe a investigar se a constituição da *holding* familiar tem o condão de alterar a tributação incidente sobre a herança, a partir da constatação de que essa ferramenta é cada vez mais buscada e utilizada na prática jurídica. A *holding* familiar tem sido adotada para planejar a sucessão de diversas famílias nos últimos anos, o que fez com que a doutrina perceba uma tendência à pejotização do patrimônio familiar.[126]

Após afastados os mitos frequentemente associados à *holding*, resta ainda questionar se a sua constituição possibilita a efetiva economia de tributos no que tange ao ITCMD, já que a tributação incidirá sobre as quotas sociais, em vida ou *post mortem*, conforme a decisão tomada durante o planejamento sucessório.

A primeira indagação que se faz é se a mera constituição da *holding* familiar para planejar a sucessão pode ou não alterar a tributação da herança. Analisando as regras de competência tributária definidas pelo constituinte, é possível afirmar que sim, a constituição da *holding* familiar pode alterar a tributação que incide sobre a herança.

---

[126] TEIXEIRA, Ana Carolina Brochado; FLEISCHMANN, Simone Tassinari. Futuros possíveis para o planejamento sucessório. *In*: EHRHARDT JÚNIOR, Marcos (Coord.). *Direito civil*: futuros possíveis. Belo Horizonte: Fórum, 2022, p. 98. Também utilizam o termo: MAMEDE, Gladston, MAMEDE, Eduarda Cotta. *Planejamento sucessório*: introdução à arquitetura estratégica – patrimonial e empresarial – com vistas à sucessão *causa mortis*. São Paulo: Atlas, 2015, p. 113.

Isso porque a pejotização familiar confere mobilidade ao patrimônio da família: todos os bens integralizados na *holding*, sejam eles móveis ou imóveis, passam a compor o capital social da pessoa jurídica e, portanto, passam a ser bens móveis. Como visto acima, o art. 155, §1º da Constituição Federal estabelece em seus incisos regra de competência tributária que varia conforme a natureza dos bens: tratando-se de bens imóveis e respectivos direitos, o imposto competirá ao Estado da situação do bem, ou ao Distrito Federal (inciso I), e em se tratando de bens móveis, títulos e créditos, o imposto caberá ao Estado (ou ao Distrito Federal) onde se processar o inventário ou arrolamento, ou onde tiver domicílio o doador (inciso II). Com a integralização de bens imóveis ao capital social de pessoa jurídica, o patrimônio do titular deixa de ser formado propriamente pelos imóveis integralizados e passa a ser constituído pelas quotas sociais da *holding* – portanto, somente por bens móveis.

Significa dizer que o titular do patrimônio se submeterá à tributação do Estado em que tiver domicílio, se fizer uma doação em vida, ou ao Estado em que se processar o inventário ou o arrolamento, após sua morte, e não ao Estado em que situados os bens de raiz. Essa questão pode se revelar particularmente problemática para os Estados brasileiros, pois implica a arrecadação de receita pública por unidade federativa diversa da qual estão localizados os bens imóveis.

Para compreender o problema é preciso elucidar as regras de competência para o processamento do inventário e partilha de bens.

É competente para o inventário judicial, em regra, o foro de domicílio do autor da herança; quando o falecido não possuía domicílio certo, será competente o foro de situação dos bens imóveis ou, na falta destes, o foro do local de qualquer dos bens do espólio, conforme prevê o art. 48 do Código de Processo Civil. No caso do inventário extrajudicial, o Conselho Nacional de Justiça estipula, através da Resolução nº 35, de 24 de abril de 2007, que "é livre a escolha do tabelião de notas, não sendo aplicáveis as regras de competência do Código de Processo Civil".[127] Tal previsão existe desde a redação original de 24 de abril de 2007, quando se regulamentava a Lei nº 11.441/07, que possibilitou a realização de inventário, partilha, separação e divórcio pela via administrativa, e persiste até o presente momento, em que a hipótese é regulada pelo art. 610 e seguintes do Código de Processo Civil.

---

[127] O mesmo prevê o art. 8º da Lei nº 8.935, de 18 de novembro de 1994, a chamada Lei dos Cartórios: "Art. 8º É livre a escolha do tabelião de notas, qualquer que seja o domicílio das partes ou o lugar de situação dos bens objeto do ato ou negócio".

Ao definir que é livre a escolha do tabelião de notas para a lavratura dos atos notariais relacionados ao inventário e partilha, o Conselho Nacional de Justiça firma o entendimento de que as regras de competência previstas no art. 48 do Código de Processo Civil se aplicam apenas para o inventário judicial, que ocorrerá somente quando houver interessado incapaz ou divergência entre os herdeiros.

Nem mesmo a existência de testamento é impeditivo para realizar o inventário na via extrajudicial, como estabelece a literalidade do art. 610, *caput*, do CPC, já que o Superior Tribunal de Justiça entende ser possível realizar o inventário extrajudicialmente, ainda que exista testamento, desde que este tenha sido registrado judicialmente e haja expressa autorização do juízo competente.[128]

Portanto, sendo todos os herdeiros maiores, capazes e concordes em relação à partilha dos bens, as partes podem eleger o foro do inventário extrajudicial conforme sua livre escolha e, também, poderão escolher o local em que se submeterão à tributação estadual.

Para ilustrar a dificuldade, considera-se a sucessão *causa mortis* de cotas de uma *holding* patrimonial constituída no Estado de São Paulo, em que foram integralizados ao seu capital social diversos imóveis situados neste e em outros Estados, como no Rio de Janeiro, em Minas

---

[128] RECURSO ESPECIAL. CIVIL E PROCESSO CIVIL. SUCESSÕES. EXISTÊNCIA DE TESTAMENTO. INVENTÁRIO EXTRAJUDICIAL. POSSIBILIDADE, DESDE QUE OS INTERESSADOS SEJAM MAIORES, CAPAZES E CONCORDES, DEVIDAMENTE ACOMPANHADOS DE SEUS ADVOGADOS. ENTENDIMENTO DOS ENUNCIADOS 600 DA VII JORNADA DE DIREITO CIVIL DO CJF; 77 DA I JORNADA SOBRE PREVENÇÃO E SOLUÇÃO EXTRAJUDICIAL DE LITÍGIOS; 51 DA I JORNADA DE DIREITO PROCESSUAL CIVIL DO CJF; E 16 DO IBDFAM. 1. Segundo o art. 610 do CPC/2015 (art. 982 do CPC/73), em havendo testamento ou interessado incapaz, proceder-se-á ao inventário judicial. Em exceção ao *caput*, o §1º estabelece, sem restrição, que, se todos os interessados forem capazes e concordes, o inventário e a partilha poderão ser feitos por escritura pública, a qual constituirá documento hábil para qualquer ato de registro, bem como para levantamento de importância depositada em instituições financeiras. 2. O Código Civil, por sua vez, autoriza expressamente, independentemente da existência de testamento, que, "se os herdeiros forem capazes, poderão fazer partilha amigável, por escritura pública, termo nos autos do inventário, ou escrito particular, homologado pelo juiz" (art. 2.015). Por outro lado, determina que "será sempre judicial a partilha, se os herdeiros divergirem, assim como se algum deles for incapaz" (art. 2.016) – bastará, nesses casos, a homologação judicial posterior do acordado, nos termos do art. 659 do CPC. 3. Assim, de uma leitura sistemática do *caput* e do §1º do art. 610 do CPC/2015, c/c os arts. 2.015 e 2.016 do CC/2002, mostra-se possível o inventário extrajudicial, ainda que exista testamento, se os interessados forem capazes e concordes e estiverem assistidos por advogado, desde que o testamento tenha sido previamente registrado judicialmente ou haja a expressa autorização do juízo competente. (...) 6. Recurso especial provido. (BRASIL. Superior Tribunal de Justiça. REsp 1808767/RJ. Relator: Min. Luis Felipe Salomão. Julgamento: 15/10/2019. Órgão Julgador: Quarta Turma. Publicação: DJe 03/12/2019).

Gerais e no Espírito Santo. Suponha-se que, exercendo a faculdade prevista no art. 1º da Resolução CNJ nº 35/2007, os herdeiros decidem lavrar a escritura pública de inventário no Estado de Minas Gerais. A legislação mineira, que será analisada adiante, prevê que a base de cálculo do imposto não será inferior ao valor venal atualizado dos bens imóveis, quando o capital da sociedade tiver sido integralizado mediante incorporação de bens imóveis ou de direitos a eles relativos, em prazo inferior a cinco anos. Com isso, a autoridade fazendária deverá, para determinar a base de cálculo do tributo, avaliar todos os bens imóveis que foram integralizados ao capital da empresa nos cinco anos anteriores ao fato gerador – não só os bens imóveis situados no seu território, Minas Gerais, mas também aqueles situados nos Estados de São Paulo, Rio de Janeiro e Espírito Santo.

E qual deve ser o critério para a avaliação dos bens? Aqueles adotados pela legislação mineira? Ou são os parâmetros definidos pelas legislações estaduais em que situados os imóveis? Este não seria um efetivo empecilho para a apuração do tributo, pois mediante convênio ou intercâmbio de informações, a autoridade fazendária mineira poderia avaliar os bens imóveis situados em outras unidades federadas. O que pode se revelar problemático é um possível desequilíbrio na arrecadação de receitas públicas, pois a tributação incidente sobre os bens imóveis – tornados móveis pela *holding* – será arrecadada por unidade federada diversa da que seria originalmente destinada, considerando as regras de competência tributária definidas pelo constituinte. A receita pública que, inexistindo a *holding* familiar, seria destinada ao Estado dos bens de raiz será arrecadada por outra unidade federativa – aquela eleita pelo contribuinte para a realização do processo de inventário, o que pode, inclusive, provocar uma guerra fiscal entre os Estados quanto ao ITCMD.

E não se pode invocar, na hipótese, o art. 123 do Código Tributário Nacional,[129] que dispõe sobre a responsabilidade pelo pagamento de tributos, uma vez que não há modificação do sujeito passivo da obrigação tributária decorrente de convenções particulares, e sim a modificação do seu sujeito ativo – a pessoa jurídica de direito público, titular da competência para exigir o cumprimento da obrigação tributária.

---

[129] "Art. 123. Salvo disposições de lei em contrário, as convenções particulares, relativas à responsabilidade pelo pagamento de tributos, não podem ser opostas à Fazenda Pública, para modificar a definição legal do sujeito passivo das obrigações tributárias correspondentes."

Conclui-se, assim, que a mera utilização da *holding* familiar como instrumento de planejamento sucessório pode impactar a tributação que incide sobre a herança, pois confere mobilidade ao patrimônio familiar e amplia o leque de possibilidades a serem avaliadas pelo contribuinte no seu planejamento tributário. A pejotização do patrimônio familiar tem o potencial de alterar significativamente a tributação do ITCMD, pois pode submeter as partes à tributação em Estado diverso do qual situados os bens de raiz, mas de acordo com o foro eleito para a realização do inventário.

Ultrapassada essa questão, passa-se a investigar em que medida ocorre essa variação. Para tanto, foi realizada a pesquisa legislativa que analisa as legislações dos vinte e seis Estados e do Distrito Federal, com o objetivo de explorar os aspectos da tributação estadual da herança relacionados à *holding* familiar.

É preciso dizer que não só a constituição da *holding*, mas também as decisões que serão tomadas no planejamento sucessório podem afetar a tributação estadual. As regras específicas de cada Estado poderão determinar a opção por uma ou outra forma de planejamento, a depender dos tributos incidentes sobre os negócios jurídicos praticados. A diferença de alíquotas entre a doação e a transmissão *causa mortis*, por exemplo, existente em algumas unidades federadas, pode estimular a opção pela realização de doações em vida.

Analisa-se, a seguir, como cada unidade federativa tributa a transmissão de quotas sociais e as diferenças existentes entre as leis estaduais, a partir dos recortes metodológicos abaixo detalhados, de modo a vislumbrar como as suas dessemelhanças podem impactar a tributação da herança transmitida através da *holding* familiar.

3.2 As legislações estaduais sobre o ITCMD: uma pesquisa comparativa

A pesquisa comparativa das legislações dos Estados e do Distrito Federal sobre o ITCMD tem como enfoque três aspectos relacionadas à tributação da *holding* familiar, a saber: 1) os critérios adotados pelo legislador estadual para avaliação de quotas sociais e participações societárias em geral; 2) as alíquotas adotadas em cada unidade federativa e eventual diferenciação de alíquota para a doação ou a transmissão *causa mortis*; e 3) a forma de tributação para a instituição de usufruto.

Antes de qualquer análise comparativa, foi realizada, primeiramente, uma pesquisa para identificar a legislação vigente em cada unidade federada, a partir de informações colhidas nos endereços eletrônicos das Secretarias de Estado da Fazenda, em página própria destinada a esclarecimentos sobre o ITCMD, quando existente, ou em página relativa à legislação tributária estadual.

No decorrer da pesquisa de legislação, localizou-se o chamado "Mapa do ITCMD",[130] elaborado pelo Grupo de Institutos, Fundações e Empresas (GIFE) em parceria com a Coordenadoria de Pesquisa Jurídica Aplicada da Escola de Direito de São Paulo da Fundação Getúlio Vargas (FGV Direito SP) e o Instituto de Pesquisa Econômica Aplicada (IPEA). O mencionado "Mapa do ITCMD" possui objeto diverso da presente pesquisa, pois investiga as normas tributárias aplicáveis a doações para organizações da sociedade civil e as hipóteses legais de isenção previstas em cada unidade federativa, e tem como marco temporal as legislações estaduais vigentes até 12 de fevereiro de 2018.[131] Por isso, foi utilizado apenas como ferramenta de apoio para a pesquisa legislativa nas próprias bases de dados das Secretarias Estaduais de Fazenda, ora facilitando a busca da lei estadual aplicável e das normas regulamentadoras, ora confirmando a vigência de legislações cuja ancianidade deixava margem a dúvidas.

Constatou-se que, em alguns Estados, a regulamentação do imposto é explicitada em decreto regulamentador; em outros, é feita através de resolução ou ato normativo da lavra do Secretário de Estado da Fazenda. Optou-se por analisar primordialmente a lei de regência (complementar ou ordinária), sendo mencionado o decreto (ou outra norma regulamentadora) apenas quando traz disposição diversa e complementar à lei estadual. Portanto, quando não mencionado o decreto regulamentador (ou outros atos normativos infralegais) é porque, no aspecto analisado, o decreto simplesmente reproduz as normas previstas na legislação de regência.

Após o levantamento dos atos normativos aplicáveis ao ITCMD nas unidades federadas, passou-se a investigar os aspectos eleitos para a pesquisa comparativa.

A primeira análise tem como parâmetro a base de cálculo na transmissão de quotas sociais. Investiga-se quais os critérios

---

[130] Disponível em: https://gifeorg.br/osc/itcmd/. Acesso em: 10 out. 2021.
[131] Nota técnica sobre a metodologia da pesquisa que deu origem aos dados. Disponível em: https://gifeorg.br/wp/media/2018/10/NOTA-MAPA-ITCMD_20181002.pdf. Acesso em: 10 out. 2021.

estipulados nas legislações estaduais para a avaliação de quotas sociais e participações societárias em geral, que compõem a base de cálculo sobre a qual incidirá o imposto. Examina-se o grau de clareza das legislações, critério que pode influenciar o planejamento sucessório no que toca à previsibilidade da tributação.

A segunda análise investiga a alíquota vigente em cada unidade federativa, o percentual adotado e eventual progressividade (em razão do valor da transmissão ou do parentesco). Busca-se identificar se há diferenciação de alíquota conforme a transmissão patrimonial, seja por doação ou sucessão *causa mortis*. O objetivo, aqui, é verificar se a legislação estadual incentiva ou não a realização de atos de liberalidade e planejamento em vida.

O terceiro aspecto analisado é a tributação do direito real de usufruto. A instituição ou reserva de usufruto é frequentemente utilizada no planejamento sucessório, por não transferir integralmente a titularidade do patrimônio à próxima geração e por assegurar a subsistência do doador, atendendo ao que dispõe o art. 548 do Código Civil. Investiga-se como cada unidade federativa tributa a instituição e a extinção do usufruto, o momento do recolhimento do imposto, eventual redução da base de cálculo do tributo e a existência de diferença no tratamento do usufruto de bens móveis (entre os quais se incluem as quotas sociais) ou imóveis.

A seguir, apresenta-se o resultado da pesquisa legislativa sobre cada um desses aspectos, separados por assunto e por região, contendo, ao final, conclusões e quadro-resumo.

3.3 Transmissão de quotas sociais e sua respectiva base de cálculo: como apurar?

Como explicitado em tópico anterior, a constituição da *holding* familiar não implica a desnecessidade do inventário, tampouco desonera as partes da tributação. Só não haverá necessidade do inventário se o autor da herança vier a falecer sem deixar patrimônio. Deixando o falecido as quotas sociais da *holding* familiar, são as quotas que serão inventariadas e sobre elas incidirá a tributação.

Questão tormentosa é saber como serão avaliadas as quotas sociais da *holding*, uma vez que cada Estado da Federação possui autonomia para fixar, em suas respectivas legislações estaduais, os critérios para a definição da base de cálculo do tributo. Neste item, são investigados os critérios adotados por cada unidade federativa para a apuração da base de cálculo no caso da transmissão de ações e quotas sociais.

Para a pesquisa aqui apresentada foram utilizadas palavras-chave ("quota", "cota", "sociedade", "ações") para a busca e identificação do dispositivo legal específico, aplicável em cada ato normativo estadual. Quando a pesquisa por palavras-chave e suas variações resultou negativa, realizou-se a leitura dos capítulos que tratam da incidência e da base de cálculo do imposto, de modo a identificar possíveis regras gerais a serem aplicadas ao tema.

Constatou-se que todas as legislações pesquisadas trazem alguma previsão legal a respeito, mas enquanto alguns Estados preveem somente regras gerais, que estabelecem que a base de cálculo é o valor venal dos bens transmitidos ou doados, outras leis estaduais trazem critérios específicos, detalhando quais elementos serão considerados na apuração do valor venal das quotas sociais. Entende-se que, quanto mais detalhada a legislação, maior a previsibilidade do contribuinte quanto aos critérios a serem considerados na tributação estadual.

Confira-se abaixo como cada legislação regula a determinação da base de cálculo na transmissão – por doação ou herança – de quotas sociais.

3.3.1 Região Norte

Entre todas as legislações estaduais pesquisadas, a do Estado do Acre é a mais recente lei publicada acerca do imposto sobre a transmissão *causa mortis* e doações de quaisquer bens e direitos: trata-se da Lei Complementar nº 373, de 11 de dezembro de 2020, que revoga integralmente a anterior, a Lei Complementar nº 271, de 27 de dezembro de 2013. A lei revogada estipulava, como base de cálculo do imposto, o valor venal dos bens ou direitos transmitidos a ser apurado em procedimento administrativo de avaliação, mas não especificava os critérios a serem adotados pela autoridade fazendária para a apuração.

Já a novel legislação, além de ser a mais recente lei sobre o ITCMD editada no país, descreve de maneira pormenorizada os critérios para a determinação da base de cálculo do imposto na transmissão de quotas sociais.

O art. 21 da lei complementar acreana estabelece regra geral sobre a base de cálculo do imposto, que é o valor de mercado dos bens ou direitos transmitidos ou doados a ser apurado prioritariamente mediante avaliação administrativa. Os critérios específicos para a avaliação de quotas e participações societárias são detalhados a partir do seu §7º, havendo a diferenciação de requisitos, conforme a existência ou não de negociação em bolsa de valores.

Na transmissão de ações negociadas em bolsa de valores, a base de cálculo do imposto será determinada pela cotação na data da avaliação, ou na data imediatamente anterior, quando não houver pregão ou negociação nesta data, podendo regredir até o máximo de 180 (cento e oitenta) dias, caso necessário para a apuração.

Na transmissão de títulos representativos do capital social que não sejam negociados em bolsa de valores (ou que não tenham sido negociados nos últimos 180 dias), a base de cálculo do imposto será determinada pelo valor patrimonial real na data da avaliação, apurado por balanço patrimonial devidamente atualizado.

O contribuinte deverá apresentar à Fazenda Pública balanço patrimonial especialmente levantado para esse fim, avaliando o ativo imobilizado pelo valor real de mercado, sendo vedada a avaliação das quotas pelo valor nominal (valor descrito no estatuto social da pessoa jurídica) ou pelo valor patrimonial contábil (apuração do patrimônio líquido que considera o valor nominal), conforme conceitos definidos na própria lei. O valor nominal será considerado na determinação da base de cálculo apenas quando o patrimônio líquido indicar valor negativo.

Finalmente, a lei acreana prevê que a autoridade fiscal poderá ajustar a avaliação de acordo com as normas e práticas contábeis aplicáveis à apuração de haveres e à avaliação patrimonial real, quando constatar que o valor do patrimônio líquido não corresponde ao valor de mercado. Em todo caso, é assegurada ao contribuinte a contestação do valor apurado pelo Fisco, na forma e no prazo previstos em regulamento.

Eis o teor da legislação (Lei Complementar nº 373/2020), no que se aplica à análise aqui realizada:

> Art. 21. A base de cálculo do ITCMD é o valor de mercado do bem ou direito, transmitidos ou doados:
>
> I – determinada, prioritariamente, mediante avaliação administrativa procedida pela Fazenda Pública;
>
> II – determinada, secundariamente, por avaliação judicial, nos casos em que haja irreversível discordância entre o valor apurado pela Fazenda Pública e o declarado pelo contribuinte.
>
> (...)
>
> §7º A base de cálculo do imposto é:

I – na transmissão de ação negociada em bolsa de valores, a respectiva cotação na data da correspondente avaliação ou na imediatamente anterior, quando não houver pregão ou quando essas ações não tiverem sido negociadas naquele dia, regredindo-se, se for o caso, até o máximo de 180 (cento e oitenta) dias;

II – na transmissão de qualquer título representativo do capital de sociedade que não seja objeto de negociação em bolsa de valores ou não tiver sido negociado nos últimos 180 (cento e oitenta) dias, o respectivo valor patrimonial real na data da avaliação, apurado por meio de balanço patrimonial devidamente atualizado;

III – na transmissão de acervo patrimonial de sociedade simples ou empresário individual, o valor total da soma dos bens e direitos da pessoa física e da pessoa jurídica, deduzida as obrigações.

§8º Quando o valor do patrimônio líquido não corresponder ao valor de mercado, a autoridade fiscal poderá proceder aos ajustes necessários à sua determinação, conforme as normas e práticas contábeis aplicáveis à apuração de haveres e à avaliação patrimonial real.

§9º Quando o patrimônio líquido indicar valor negativo será considerado, para fins de base de cálculo do imposto, o valor nominal das ações, quotas, participações ou quaisquer títulos representativos de capital social.

§10. Para efeitos desta Lei Complementar, o patrimônio da pessoa natural e a do empresário individual ou sociedade simples são unos.

§11. Para apuração da base de cálculo prevista no inciso II deste artigo, o contribuinte ou responsável legal apresentará à Fazenda Pública balanço patrimonial especialmente levantado para esse fim, avaliando o ativo imobilizado pelo valor real de mercado.

§12. A quota ou título que a represente, descrito no inciso II deste artigo, será avaliada pelo valor patrimonial real, vedada a avaliação pelo valor nominal ou valor patrimonial contábil.

§13. Para efeitos desta Lei Complementar, considera-se:

I – valor nominal: o valor para cada ação no momento de sua emissão, descrito no estatuto social da pessoa jurídica;

II – valor patrimonial contábil: o resultado da divisão do patrimônio líquido da pessoa jurídica pelo número de quotas em que se fraciona o capital social desta, levando-se em conta o valor nominal;

III – valor patrimonial real: o resultado da divisão do patrimônio líquido da pessoa jurídica pelo número de quotas em que se fraciona o capital social, levando-se em conta o valor e os preços atualizados de mercado dos ativos e passivos da empresa.

(...)

Art. 39. O regulamento deverá definir a forma e os prazos para contestação do valor apurado ou arbitrado pelo Fisco, concedendo ao contribuinte ou responsável legal o contraditório e a ampla defesa.

No Estado do Amapá, o imposto está disciplinado entre os artigos 72 a 95 do Código Tributário Estadual, aprovado pela Lei Estadual nº 400, de 22 de dezembro de 1997, e é regulamentado pelo Decreto nº 3601, de 29 de dezembro de 2000.

A base de cálculo do imposto é o valor venal dos bens transmitidos ou doados, determinado por avaliação da Secretaria de Estado da Fazenda, mas não há a especificação de critérios a serem adotados pela autoridade fazendária para a avaliação de quotas ou participações societárias nem na lei, nem no decreto regulamentador.

O Código Tributário do Estado do Amapá (Lei nº 0400/1997) assim prevê a respeito da base de cálculo do imposto:

> Art. 77. A base de cálculo do imposto é o valor venal dos bens ou direitos, objetos da transmissão ou doação no momento da avaliação fiscal procedida pela Fazenda Pública Estadual.
>
> §1º Quanto aos títulos ou créditos, transmitidos ou doados, a base de cálculo do imposto será o valor dos mesmos.
>
> §2º Discordando o contribuinte da avaliação fiscal, proceder-se-á avaliação contraditória, nos termos dos artigos 84 desta lei.
>
> (...)
>
> Art. 83. O valor venal do imóvel será estimado com base nas suas características e condições peculiares, levando-se em conta, entre outros fatores, sua forma, dimensões, utilidade, localização, estado de construção, valores das áreas vizinhas ou situadas em zonas economicamente equivalentes, custo unitário da construção tributável e os valores auferidos no mercado imobiliário.

O decreto regulamentador do Amapá (Decreto nº 3.601/2000) prevê critérios específicos apenas para a avaliação de bens imóveis, nada dispondo a respeito de quotas sociais:

> Art. 6º A base de cálculo do imposto é:
>
> I – o valor do título ou do crédito;
>
> II- o valor venal do bem ou direito a ele relativo, determinado por avaliação da Secretaria de Estado da Fazenda.
>
> (...)
>
> §4º Para os efeitos da avaliação de que trata o inciso II deste artigo, considerar-se-á:
>
> I – Na hipótese de bem imóvel;
>
> a) dimensão e localização do imóvel;

b) existência de edificação, sua área construída, tipo e estado de conservação;

c) valor de imóveis vizinhos.

II – na hipótese de bem móvel, sua cotação no mercado do Estado do Amapá;

§5º O resultado da avaliação de que trata o parágrafo anterior será expresso em real e será atualizado pela SELIC na data de seu pagamento.

No Estado do Amazonas, o tributo está previsto nos artigos 113 a 147 do Código Tributário Estadual, instituído pela Lei Complementar nº 19, de 29 de dezembro de 1997. No artigo 114 do diploma estadual, há a previsão de incidência do imposto sobre a incorporação de bens móveis ou imóveis ao patrimônio de pessoa jurídica, em decorrência de sucessão *causa mortis* ou por doação; bem como sobre a transferência gratuita de bens e direitos do patrimônio de pessoa jurídica para o patrimônio de seus sócios, acionistas ou dos respectivos sucessores.

Entretanto, ao tratar da base de cálculo, o legislador amazonense não especifica os critérios a serem adotados para a avaliação de quotas sociais transmitidas a título de herança ou doação. Segue-se a regra geral de apuração do imposto de acordo com o valor venal dos bens ou direitos, estando a declaração do contribuinte sujeita à aprovação ou avaliação pela Fazenda Pública Estadual.

Eis os dispositivos do Código Tributário do Estado do Amazonas (Lei Complementar nº 19/1997), que tratam do tema:

> Art. 114. O imposto incide também sobre as seguintes e principais modalidades de transmissão:
>
> I – incorporação de bem móvel ou imóvel ao patrimônio de pessoa física ou jurídica em decorrência de transmissão *causa mortis* ou doação;
>
> II – transferência gratuita de bens ou direitos do patrimônio de pessoa jurídica para o de qualquer dos seus sócios, acionistas ou dos respectivos sucessores;
>
> (...)
>
> Art. 120. A base de cálculo do imposto é o valor venal dos bens e direitos transmitidos na data da declaração ou da avaliação pela Fazenda Pública Estadual, atualizado até a data do pagamento.
>
> §1º O valor venal do bem transmitido, declarado pelo contribuinte, está sujeito à aprovação pela Fazenda Pública Estadual.
>
> §2º O valor estabelecido na forma deste artigo, prevalece pelo prazo de 90 (noventa) dias, findo o qual, sem o pagamento do imposto far-se-á nova avaliação.

§3º A base de cálculo terá o seu valor revisto ou atualizado, sempre que a Fazenda Pública Estadual constatar alteração do valor venal dos bens ou direitos transmitidos, ou vício na avaliação anteriormente realizada.

Art. 121. Nos casos abaixo especificados, a base de cálculo é:

I – na transmissão por sucessão legítima ou testamentária, o valor venal dos bens ou direitos no momento da avaliação do inventário ou do arrolamento;

II – na arrematação ou leilão e na adjudicação de bens penhorados, o valor da avaliação judicial para a primeira ou única praça, ou o preço pago, se este for maior;

III – na transmissão por sentença declaratória de usucapião, o valor da avaliação judicial;

IV – na transmissão não onerosa de bem imóvel, com reserva ao transmitente de direito real, 50% do valor venal do bem;

V – na extinção de usufruto, com a consolidação da propriedade na pessoa do nu-proprietário, 50% do valor venal do bem;

VI – na transmissão de direito real reservado ao transmitente em transmissão anterior, nos termos do inciso IV deste artigo, 50% do valor venal do bem.

No Estado do Pará, o ITCMD é disciplinado pela Lei Estadual nº 5.529, de 5 de janeiro de 1989, e pelo Decreto nº 2.150, de 4 de abril de 2006, que dispõe sobre procedimentos relativos à avaliação e à base de cálculo do imposto. A legislação estadual prevê regras específicas para a avaliação de quotas e ações representativas do capital de sociedade, diferenciadas conforme a existência ou não de negociação em bolsa de valores.

Para ações negociadas em bolsa de valores, a base de cálculo do imposto será determinada pela cotação média na bolsa na data da transmissão, ou na data imediatamente anterior, quando não houver pregão ou quando as ações não tiverem sido negociadas naquele dia. A lei admite a regressão em até 180 (cento e oitenta) dias, caso necessário, para a verificação da cotação média.

Observa-se que a norma do Estado do Pará se assemelha àquela prevista na legislação do Estado do Acre, com uma diferença: aqui é considerada a cotação na data da ocorrência do fato gerador (a doação ou a transmissão *causa mortis*), enquanto a lei complementar do Acre fixa como marco temporal a data da avaliação pela Fazenda Pública Estadual. Tal previsão está em consonância com o que estabelece a Súmula nº 113 do Supremo Tribunal Federal, que diz: "O imposto de transmissão *causa mortis* é calculado sobre o valor dos bens na data da avaliação".

No caso de quotas ou participações societárias não negociadas em bolsa de valores (ou que não tenham sido negociadas nos últimos 180 dias), a base de cálculo do imposto será o valor patrimonial na data da transmissão, a ser determinado nos termos do regulamento. Este, por sua vez, exige a apresentação do balanço patrimonial e da declaração de imposto de renda da pessoa jurídica, relativos ao período de apuração mais próximo da data da transmissão. O Fisco poderá, ainda, exigir documentos complementares ou determinar diligências para o esclarecimento de quaisquer aspectos relativos ao fato gerador do imposto.

Por fim, a legislação paraense prevê importante regra a ser considerada quando o planejamento sucessório envolve a constituição de *holding* patrimonial. Prevê a lei que a base de cálculo do imposto de transmissão não será inferior ao valor venal atualizado de bens imóveis, na hipótese em que o capital da sociedade tiver sido integralizado mediante incorporação desses bens ou de direitos a eles relativos, em prazo inferior a cinco anos. Isso significa que, ocorrendo a doação das quotas ou o falecimento do titular em período inferior a cinco anos, desde a integralização do capital social, o valor atualizado dos bens imóveis integralizados será o mínimo considerado na apuração da base de cálculo do imposto. Essas regras devem ser conhecidas e consideradas num planejamento patrimonial e sucessório, pois podem determinar ou corroborar a escolha do modelo societário a ser adotado.

Eis o que estabelece a Lei Estadual nº 5.529/1989 do Pará:

> Art. 9º A base de cálculo do imposto é o valor venal dos bens ou direitos ou o valor do título ou crédito, transmitido ou doado, na data do ato da transmissão ou doação. (...)
>
> (Acrescidos os §§5º, 6º, 7º, 8º, 9º e 10 ao art. 9º pela Lei nº 8.868/19, com efeitos a partir de 10.09.19).
>
> §6º Em se tratando de ações representativas do capital de sociedade, a base de cálculo é determinada por sua cotação média na Bolsa de Valores na data da transmissão, ou na imediatamente anterior quando não houver pregão ou quando essas não tiverem sido negociadas naquele dia, regredindo-se, se for o caso, até o máximo de cento e oitenta dias.
>
> §7º No caso em que a ação, quota, participação ou qualquer título representativo do capital de sociedade não for objeto de negociação ou não tiver sido negociado nos últimos cento e oitenta dias, admitir-se-á seu valor patrimonial na data da transmissão, nos termos do regulamento.

§8º Na hipótese em que o capital da sociedade tiver sido integralizado em prazo inferior a cinco anos, mediante incorporação de bens imóveis ou de direitos a eles relativos, a base de cálculo do imposto não será inferior ao valor venal atualizado dos referidos bens imóveis ou direitos.

O decreto regulamentador (Decreto nº 2.150/2006), por sua vez, assim dispõe:

Art. 3º Em se tratando de ações representativas do capital de sociedade, a base de cálculo será determinada por sua cotação média na Bolsa de Valores na data da transmissão, ou na imediatamente anterior quando não houver pregão ou quando essas não tiverem sido negociadas naquele dia, regredindo-se, se for o caso, até o máximo de 180 (cento e oitenta) dias.

§1º No caso em que a ação, quota, participação ou qualquer título representativo do capital de sociedade não seja objeto de negociação ou não tiver sido negociado nos últimos 180 (cento e oitenta) dias, a base de cálculo será o seu valor patrimonial na data da transmissão, observado o disposto no §2º deste artigo.

§2º O valor patrimonial da ação, quota, participação ou qualquer título representativo do capital de sociedade será obtido do balanço patrimonial e da respectiva declaração do imposto de renda da pessoa jurídica entregue à Secretaria da Receita Federal, relativos ao período de apuração mais próximo da data de transmissão, facultado ao fisco efetuar o levantamento de bens, haveres e obrigações.

Art. 4º O contribuinte deverá apresentar à Coordenação Executiva Especial de Administração Tributária de IPVA e ITCD-CEEAT-IPVA/ITCD, até o vencimento do prazo para pagamento do imposto, Declaração de Bens e Direitos, conforme modelo a ser instituído por ato do Secretário Executivo de Estado da Fazenda, contendo a totalidade dos bens e direitos transmitidos, atribuindo individualmente os respectivos valores, acompanhada dos seguintes documentos:

(...)

IX – no caso de transmissão de ação, quota, participação ou qualquer título representativo do capital de sociedade, cópia do balanço patrimonial relativo ao período de apuração mais próximo da data de transmissão.

(...)

§2º É facultado ao fisco exigir outros documentos além dos mencionados no caput deste artigo e determinar diligência para fins de esclarecimento de quaisquer aspectos relativos ao fato gerador do imposto.

No Estado de Rondônia, o imposto está previsto na Lei Estadual nº 959, de 28 de dezembro de 2000, e no Decreto nº 15.474, de 29 de outubro de 2010, que estabelecem critérios específicos para a avaliação de participações societárias. Para títulos, valores mobiliários e quaisquer outros direitos negociados em bolsa de valores, a base de cálculo do imposto será o valor da cotação média na data do fato gerador ou na data imediatamente anterior, quando não houver pregão ou quando a mesma não tiver sido negociada naquele dia, podendo regredir até 180 (cento e oitenta) dias anteriores ao fato gerador, caso necessário. Quando o título não tiver sido negociado nos últimos 180 (cento e oitenta) dias, admite-se a apuração conforme o respectivo valor patrimonial.

Para a avaliação de quotas sociais, a legislação de Rondônia adota critérios distintos, a depender do tipo de atividade desenvolvido pela sociedade, se empresária ou não (tal diferenciação também está presente no regulamento do ITCMD do Estado de Santa Catarina, que será examinado adiante).

Tratando-se de sociedade empresária, ou seja, que exerce atividade de empresa (definida pelo art. 966 do Código Civil como a "atividade econômica organizada para a produção ou a circulação de bens ou de serviços"), será considerado o último balanço patrimonial para a determinação da base de cálculo do imposto. Já para as sociedades de participação e administração de bens e para as sociedades simples, a lei diz que a base de cálculo do imposto será apurada a partir do inventário dos seus bens, direitos e obrigações.

É o que prevê a Lei Estadual nº 959/2000 de Rondônia:

> Art. 4º-A. O valor venal do bem ou direito transmitido será declarado pelo contribuinte, ficando sujeito a homologação pela Fazenda Estadual. (Nota: Acrescentado pela Lei nº 2228/09 – efeitos a partir de 28.12.09)
>
> Parágrafo único. Não concordando a Fazenda com o valor declarado pelo contribuinte para o bem ou direito, instaurar-se-á o respectivo processo administrativo tributário para fins de lançamento de ofício do tributo devido e aplicação da penalidade cabível.
>
> (...)
>
> Art. 4º-C. O valor dos títulos, valores mobiliários, direitos, índices ou quaisquer outros negociáveis nas Bolsas de Valores será determinado segundo a sua cotação média alcançada na Bolsa de Valores na data da ocorrência do fato gerador, ou na imediatamente anterior, quando não houver pregão ou quando a mesma não tiver sido negociada naquele dia, regredindo-se, se for o caso, até o máximo de 180 (cento e oitenta) dias. (Nota: Acrescentado pela Lei nº 2228/09 – efeitos a partir de 28.12.09)

Parágrafo único. Nos casos em que o título, valor mobiliário, direito, índice ou qualquer outro não tenha sido negociado nos últimos 180 (cento e oitenta) dias, admitir-se-á o respectivo valor patrimonial.

Art. 4º-D. O valor das cotas de participação em sociedades ou do patrimônio do empresário será: (Nota: Acrescentado pela Lei nº 2228/09 – efeitos a partir de 28.12.09)

I – o do último balanço patrimonial, para as sociedades empresárias; e

II – o do inventário de bens, direitos e obrigações, para os empresários, sociedades empresárias de participação e administração de bens e para as sociedades simples.

No Estado de Roraima, o tributo é disciplinado no Código Tributário Estadual, aprovado pela Lei nº 59, de 28 de dezembro de 1993, entre os artigos 73 a 95. A base de cálculo do imposto está prevista nos artigos 77 e 78, que não trazem regras específicas para a avaliação de quotas sociais, estipulando apenas que será apurado o valor venal dos bens e direitos mediante avaliação da autoridade fiscal competente. Eis o que estabelece o Código Tributário de Roraima:

> Art. 77. A base de cálculo do imposto é o valor venal dos bens ou direitos, ou o valor do título ou do crédito, transmitido ou doado, no momento da ocorrência do fato gerador, apurado mediante avaliação procedida pela autoridade competente.
>
> §1º Não concordando com o valor estimado pelo fisco, será facultado ao contribuinte, dentro do prazo de recolhimento, solicitar uma segunda avaliação.
>
> §2º A Secretaria da Fazenda poderá solicitar o auxílio de técnicos estaduais habilitados, sempre que essa medida se torne imprescindível à referida avaliação.
>
> §3º O valor estimado pelo fisco prevalecerá pelo prazo de 60 (sessenta) dias, findo o qual, sem o pagamento do imposto, será feita nova avaliação.
>
> §4º A base de cálculo do imposto terá seu valor revisto e atualizado, sempre que o fisco constatar alteração no valor venal dos bens ou direitos transmitidos ou vício na avaliação realizada anteriormente.
>
> Art. 78. Para os casos abaixo indicados, a base de cálculo do imposto é:
>
> I – na transmissão por sucessão legítima ou testamentária, o valor venal dos bens ou direitos no momento da avaliação do inventário ou arrolamento;
>
> II – na transmissão do domínio útil, o valor do imóvel aforado;
>
> III – na arrematação ou leilão e na adjudicação de bens penhorados, o valor da avaliação judicial, ou do preço pago, se este for maior; e

IV – na instituição e na extinção do usufruto, o valor venal do imóvel usufruído.

No Estado do Tocantins, o ITCMD está disciplinado a partir do artigo 53 até o artigo 67-C do Código Tributário Estadual, aprovado pela Lei nº 1.287, de 28 de dezembro de 2001, e é regulamentado pelo Decreto nº 5.425, de 4 de maio de 2016.

A legislação prevê critérios específicos para a apuração da base de cálculo do imposto na hipótese de transmissão de quotas ou participações societárias, conforme a negociação ou não em bolsa de valores. Quando negociadas em bolsa, a base de cálculo das ações será o valor da cotação média na data do fato gerador. No caso de ações não negociadas em bolsas, quotas sociais ou outros títulos, será considerado o valor patrimonial na data da ocorrência do fato gerador. Em todo caso, o valor declarado pelo contribuinte será submetido ao procedimento de avaliação e homologação pelo Fisco Estadual.

Eis o que prevê o Código Tributário do Estado de Tocantins (Lei nº 1.287/2001):

> Art. 60. A base de cálculo do ITCD é o valor venal dos bens ou direitos, ou o valor dos títulos ou créditos, transmitidos ou doados. (Redação dada pela Lei 3.019 de 30.09.15, efeitos a partir de 1º de janeiro de 2016).
>
> §1º Considera-se valor venal o valor do bem ou direito transmitido ou doado, na data da avaliação.
>
> (...)
>
> §3º O valor do bem ou direito transmitido, declarado pelo contribuinte, expresso em moeda nacional, deve ser submetido ao procedimento de avaliação e homologação pelo Fisco Estadual, na conformidade do regulamento.
>
> (...)
>
> §5º No caso de valores mobiliários, ativos financeiros e outros bens negociados em bolsa, considera-se valor venal o da cotação média publicada na data do fato gerador. (Redação dada pela Lei 2.253 de 16.12.09).
>
> §6º No caso de ações não negociadas em bolsas, quotas ou outros títulos de participação em sociedades comerciais ou civis de objetivos econômicos, considera-se valor venal o seu valor patrimonial na data da ocorrência do fato gerador. (Redação dada pela Lei 2.253 de 16.12.09).

O decreto regulamentador do Tocantins (Decreto nº 5.425/2016) acrescenta que o contribuinte deverá apresentar o "Balanço Patrimonial

Ajustado acrescido do aviamento", assinado pelo sócio administrador e contador responsável, para possibilitar a determinação da base de cálculo do imposto pela autoridade fazendária. O aviamento consiste na capacidade de um estabelecimento empresarial de produzir lucro; mas é um lucro potencial, uma expectativa de retorno financeiro fundada em diversas características da empresa, que podem lhe render bons resultados.[132] O art. 7º do Decreto regulamentador assim prevê:

> Art. 7º Na transmissão de acervo patrimonial de sociedade simples e de empresário individual ou de ações de sociedades de capital fechado ou de quotas de empresa individual de responsabilidade limitada e de sociedade limitada, o contribuinte deve apurar o Balanço Patrimonial Ajustado acrescido do aviamento, assinado pelo sócio administrador e contador responsável, de acordo com o disposto em ato do Secretário da Fazenda, para fins de determinação da base de cálculo do ITCD.

3.3.2 Região Nordeste

No Estado de Alagoas, o imposto está previsto a partir do artigo 162 da Lei Estadual nº 5.077, de 12 de junho de 1989, que institui o Código Tributário do Estado de Alagoas, e é regulamentado pelo Decreto nº 10.306, de 24 de fevereiro de 2011.

O Código Tributário alagoano prevê que a base de cálculo do imposto é o valor venal ou comercial dos bens ou direitos transmitidos ou doados, a ser apurado mediante avaliação administrativa, mas não especifica os seus critérios:

> Art. 167. A base de cálculo do imposto é o valor venal ou comercial dos bens ou direitos transmitidos ou doados.
>
> §1º Nas transmissões *causa mortis*, o imposto será calculado sobre o valor atribuído pelo inventariante e, após a avaliação administrativa, sobre a parcela que resultar a maior.
>
> §2º Nas doações, o imposto será calculado sobre o valor declarado pelo doador ou pelo donatário e, após a avaliação administrativa, sobre parcela que resultar a maior.
>
> §3º As avaliações administrativas de que tratam os parágrafos precedentes serão expressados pelos índices oficiais que venham a ser instituídos pelo Governo Federal.

---

[132] AQUINO, Leonardo Gomes de. Goodwill ou aviamento. *Estado de Direito*, 04 fev. 2016. Disponível em: http://estadodedireito.com.br/goodwill-ou-aviamento/. Acesso em: 28 fev. 2022.

É o decreto regulamentador que disciplina como se dará a avaliação pela autoridade fazendária, estipulando que a base de cálculo será o valor patrimonial na data da transmissão, para quotas ou participações societárias não negociadas em bolsa de valores. O contribuinte deverá apresentar o balanço patrimonial e a declaração do imposto de renda da pessoa jurídica entregue à Receita Federal do Brasil, relativos ao período de apuração mais próximo da data de transmissão. Entretanto, pode o Fisco efetuar o levantamento de bens, direitos e obrigações para determinar a base de cálculo do imposto, aplicando-se aqui a regra já vista quanto à incorporação de bens imóveis no patrimônio da pessoa jurídica, qual seja: a utilização do valor venal atualizado dos bens imóveis que foram integralizados ao capital social em período inferior a cinco anos.

Essa regra possui especial relevância quando se trata de *holding* patrimonial, pois o valor atualizado dos bens imóveis integralizados nos últimos cinco anos será o valor mínimo considerado na apuração da base de cálculo do imposto. Quando a doação das quotas ou o falecimento do titular ocorrer em período inferior a cinco anos, desde a integralização dos bens ao capital social, o valor atualizado desses bens será o considerado pela autoridade fazendária.

Para ações ou participações com negociação em bolsa, será considerada a cotação média na data da transmissão, ou em data anterior, admitindo-se a regressão em até 180 (cento e oitenta dias), como ocorre em outras legislações analisadas.

Eis o que prevê o regulamento do ICTMD no Estado de Alagoas (Decreto nº 10.306/2011):

> Art. 9º Tratando-se de ações representativas do capital de sociedade, a base de cálculo é determinada por sua cotação média na Bolsa de Valores na data da transmissão, ou na imediatamente anterior quando não houver pregão ou quando essas não tiverem sido negociadas naquele dia, regredindo-se, se for o caso, até o máximo de 180 (cento e oitenta) dias.
>
> §1º No caso em que a ação, quota, participação ou qualquer título representativo do capital de sociedade não seja objeto de negociação ou não tiver sido negociado nos últimos 180 (cento e oitenta) dias, a base de cálculo será o seu valor patrimonial na data da transmissão, observado o disposto nos §§2º a 4º.
>
> §2º O valor patrimonial da ação, quota, participação ou qualquer título representativo do capital de sociedade será obtido do balanço patrimonial e da respectiva declaração do imposto de renda da pessoa jurídica entregue à Secretaria da Receita Federal, relativos ao período de

apuração mais próximo da data de transmissão, observado o disposto no §4º, facultado ao Fisco efetuar o levantamento de bens, direitos e obrigações.

§3º O valor patrimonial apurado na forma do §2º será atualizado segundo a variação da UPFAL, da data do balanço patrimonial até a data prevista na legislação tributária para o recolhimento do imposto.

§4º Na hipótese em que o capital da sociedade a que se refere o §1º tenha sido integralizado em prazo inferior a 5 (cinco) anos, mediante incorporação de bens imóveis ou de direitos a eles relativos, a base de cálculo do imposto não será inferior ao valor venal atualizado dos referidos bens imóveis ou direitos.

No Estado da Bahia, o imposto está previsto na Lei Estadual nº 4.826, de 27 de janeiro de 1989, e no Decreto nº 2.487, de 16 de junho de 1989, que regulamenta a sua cobrança. O art. 10 da lei estadual prevê que a base de cálculo é o valor venal dos bens transmitidos, apurado mediante avaliação da Secretaria de Estado da Fazenda, com base nos valores de mercado. Entretanto, não especifica os critérios a serem utilizados pela autoridade administrativa para a determinação do valor de quotas sociais:

> Art. 10. A base de cálculo do imposto é o valor venal dos bens ou direitos à época da ocorrência do fato gerador, apurado mediante avaliação de iniciativa da Secretaria da Fazenda, com base nos valores de mercado correspondente ao bem, ressalvado ao contribuinte o direito de requerer avaliação contraditória administrativa ou judicial.

O regulamento do ITCMD do Estado da Bahia prevê que a transmissão de quotas de sociedade está compreendida nas hipóteses de incidência do imposto, mas, assim como a lei, não especifica de maneira expressa quais os critérios a serem utilizados para a avaliação de iniciativa do Fisco. O decreto prevê somente que, nas transmissões de bens e direitos com cotação em bolsa de valores ou de mercadorias, a base de cálculo será o valor da cotação. Esses são os dispositivos do decreto regulamentador baiano (Decreto nº 2.487/1989) que tratam do assunto:

> Art. 2º Compreendem-se na definição das hipóteses de incidência do ITD: (...)
> VII – a transmissão de ações, quotas de sociedade e dos valores apurados na dissolução ou liquidação das sociedades, por motivo de

falecimento, bem como dos haveres, decorrentes de apuração, existentes em quaisquer sociedades;

(...)

12. A base de cálculo do imposto é: (...)

VIII – nas transmissões *causa mortis*, o valor de todos os bens ou direitos, homologado pela SEFAZ em inventário ou arrolamento; (...)

X – nas transmissões, sujeitas ao imposto de bens ou direitos com cotação em bolsa de valores ou de mercadorias, o valor da cotação.

(...)

§4º O aumento do valor que tiverem os bens de quaisquer natureza e os direitos desde a morte do testado ou intestado, até a época do pagamento do imposto, será atendido a favor da Fazenda Pública Estadual, para sobre ele se calcular o imposto devido, bem como será em prejuízo da mesma Fazenda a perda do valor, no caso de ruína total ou parcial dos bens e direitos do que se compuser a herança, podendo os interessados requerer nova avaliação para apurar a variação do valor.

Art. 13. O valor venal, salvo os casos expressamente consignados neste Regulamento, será apurado em avaliação de iniciativa da Secretaria da Fazenda, ressalvado ao contribuinte o direito de requerer avaliação contraditória, administrativa ou judicial.

§1º Revogado.

§2º A Secretaria da Fazenda poderá utilizar os valores das pautas fiscais editadas para cobrança do ICMS, como piso mínimo, para uso interno, para cálculo do ITD.

No Estado do Ceará, o imposto sobre a transmissão *causa mortis* e doações é regulamentado pela Lei Estadual nº 15.812, de 20 de julho de 2015, e pelo Decreto nº 32.082, de 11 de novembro de 2016, que contém regras específicas para a avaliação de quotas sociais.

A legislação do Estado prevê que a base de cálculo do imposto será determinada pela cotação média na bolsa de valores na data da transmissão, na hipótese de ações representativas do capital da sociedade que sejam negociadas em bolsa de valores. No caso de ações, quotas, participação societária ou qualquer título representativo do capital de sociedade que não sejam negociados em bolsa, ou que não tenham sido objeto de negociação nos últimos 180 (cento e oitenta) dias anteriores à transmissão, será apurado o seu valor patrimonial.

Observa-se que a legislação do Estado do Ceará estipula regra – também prevista em outras unidades federativas – a ser considerada no planejamento sucessório que envolve *holding* de cunho patrimonial.

Como se vê no §4º do art. 13, na hipótese em que o capital da sociedade tenha sido integralizado mediante incorporação de bens móveis e imóveis ou direitos a eles relativos, em prazo inferior a cinco anos, a base de cálculo do imposto não será inferior ao valor venal atualizado dos bens integralizados ao capital social. Ou seja, ocorrendo o falecimento do titular ou a doação das quotas em prazo inferior a cinco anos desde a incorporação de bens móveis e imóveis ao patrimônio da sociedade, o valor atualizado desses bens será considerado para a determinação da base de cálculo do imposto. Nota-se que a lei cearense trata da incorporação de bens móveis ou imóveis (enquanto outros Estados se referem somente a imóveis, como é o caso do Pará e o de Alagoas, vistos acima).

É o que estipula o art. 13 da Lei Estadual nº 15.812/2015 cearense:

> Art.13. No caso de bem móvel ou direito não abrangido pelo disposto nos arts.11 e 12 desta Lei, a base de cálculo é o valor corrente de mercado do bem, título, crédito ou direito, na data da constituição do crédito tributário.
>
> §1º Na falta do valor de que trata este artigo, admitir-se-á o que for declarado pelo interessado, ressalvada a revisão do lançamento pela autoridade competente, nos termos do art. 149 do Código Tributário Nacional – CTN, e do art. 14 desta Lei.
>
> §2º Em se tratando de ações representativas do capital de sociedade, a base de cálculo é determinada por sua cotação média na Bolsa de Valores na data da transmissão, ou na data imediatamente anterior quando não houver pregão ou quando estas não tiverem sido negociadas naquele dia, regredindo-se, se for o caso, até o máximo de 180 (cento e oitenta) dias.
>
> §3º No caso em que a ação, quota, participação ou qualquer título representativo do capital de sociedade não tenha sido objeto de negociação nos últimos 180 (cento e oitenta) dias, admitir-se-á seu valor patrimonial na data da transmissão, nos termos do regulamento.
>
> §4º Na hipótese em que o capital da sociedade tiver sido integralizado em prazo inferior a 5 (cinco) anos, mediante incorporação de bens móveis e imóveis ou de direitos a eles relativos, a base de cálculo do imposto não será inferior ao valor venal atualizado dos referidos bens e direitos.

A lei prevê ainda que, em caso de falecimento do sócio ou doação de quotas sociais, a pessoa jurídica deve disponibilizar à autoridade fazendária os haveres apurados do sócio falecido (ou do doador) por meio de balanço patrimonial ou outros documentos exigidos pela fiscalização, que possam auxiliar na determinação da base de cálculo do tributo. É o que estabelece o art. 38:

Art.38. A pessoa jurídica cujo sócio venha a falecer disponibilizará à autoridade fazendária os haveres apurados do sócio falecido, por meio de balanço patrimonial ou outros documentos exigidos pela fiscalização.
Parágrafo único. O disposto no *caput* deste artigo aplica-se, ainda, nos casos de doação de quotas ou ações.

O decreto regulamentador cearense repete as regras estipuladas pela lei instituidora do tributo, acrescentando somente que "na hipótese de dissolução ou alteração da sociedade, a base de cálculo do imposto corresponderá ao valor devido decorrente da apuração dos haveres" (Decreto nº 32.082/2016, art. 24, §6º).

No Estado do Maranhão, o imposto está previsto na Lei Estadual nº 7.799, de 19 de dezembro de 2002, que dispõe sobre o Sistema Tributário do Estado do Maranhão, regulando o ITCD entre os artigos 105 e 120. A legislação prevê que a base de cálculo do imposto é o valor venal do bem ou direito transmitido ou doado, a ser apurado mediante avaliação fiscal; entretanto, não há critérios específicos para a determinação da base de cálculo do tributo incidente sobre quotas societárias. Serão utilizados os elementos de que dispuser a administração tributária e, ainda, os declarados pelo contribuinte, desde que suficientemente comprovados. É o que prevê o art. 108 da lei maranhense:

Art. 108. A base de cálculo do imposto é:
I – o valor venal do bem ou direito;
II – o valor do título ou do crédito.
(...)
§1º O valor de que trata o inciso I será determinado pela Secretaria de Estado da Fazenda, mediante avaliação feita com base nos elementos de que dispuser e ainda nos declarados pelo sujeito passivo, quando comprovados ou feita por instituição especializada credenciada pelo Poder Executivo.
§2º Entende-se por valor venal o valor corrente de mercado do bem ou direito.
§3º Compete à Unidade Central de Administração do ITCD da Secretaria de Estado da Fazenda proceder à avaliação e homologação dos bens localizados em todo território do Estado, podendo o Secretário de Estado da Fazenda, no interesse da melhor prestação dos serviços, designar outras unidades para a realização de tais atividades, observada a legislação específica. (NR Lei nº 11.387/20, com efeitos a partir de 21.03.21).

No Estado da Paraíba, o imposto é regulamentado pela Lei Estadual nº 5.123, de 27 de janeiro de 1989, e pelo Decreto nº 33.341, de 27 de setembro de 2012. A lei prevê critérios específicos para a apuração da base de cálculo do tributo na transmissão do patrimônio de pessoas jurídicas, previstos no art. 8º-A, acrescentado pela Lei Estadual nº 11.301, de 13 de março de 2019. Oportuno destacar que a redação anterior do art. 8º previa regras semelhantes para a determinação da base de cálculo de quotas sociais, também pautadas no patrimônio líquido da pessoa jurídica.

Na transmissão de ações de sociedade anônima de capital aberto, a base de cálculo do imposto será determinada pela cotação média na bolsa de valores na data da declaração ou da avaliação ou na data imediatamente anterior. Quando não tiverem sido negociadas nessas datas, pode-se regredir, se for o caso, até o máximo de 180 (cento e oitenta) dias, ou realizar a avaliação por levantamento de balanço especial.

Já na transmissão de ações de sociedades de capital fechado ou de quotas de sociedades simples ou empresária, o valor da quota será obtido por meio do patrimônio líquido ajustado, para aferir a avaliação e determinação do laudo fiscal, na data da declaração ou da avaliação.

À semelhança do Ceará, o Estado da Paraíba prevê que a incorporação de bens móveis e imóveis ao capital social de pessoa jurídica, no prazo inferior a cinco anos, faz com que a base de cálculo do imposto não possa ser inferior ao valor venal atualizado dos referidos bens. Nessa hipótese, o valor venal dos bens incorporados ao patrimônio da sociedade será determinante para a apuração da base de cálculo do imposto, nos cinco anos subsequentes.

A legislação da Paraíba prevê ainda que a autoridade fiscal procederá aos ajustes necessários à avaliação, conforme as normas e práticas contábeis aplicáveis à apuração de haveres e à avaliação patrimonial, quando o valor do patrimônio líquido não corresponder ao valor de mercado das quotas sociais.

Eis o que prevê o art. 8º-A da Lei Estadual nº 5.123/1989, da Paraíba:

> Art. 8º-A. No caso de bem móvel ou direito não abrangido pelo disposto no art. 8º desta Lei, a base de cálculo é o valor corrente de mercado do bem, título, crédito ou direito, na data da constituição do crédito tributário.
>
> §1º Na falta do valor de que trata o *caput* deste artigo, admitir-se-á o que for declarado pelo interessado, ressalvada a revisão do lançamento pela

autoridade competente, nos termos do art. 149 do Código Tributário Nacional – CTN, e do art. 8º desta Lei.

§2º No caso de bens e direitos relativos ao patrimônio vinculado a pessoas jurídicas, a base de cálculo é:

I – em relação ao acervo patrimonial de empresário individual, o valor do patrimônio líquido ajustado, para aferir a avaliação e determinação do laudo fiscal, na data da declaração ou da avaliação;

II – na transmissão de ações de sociedades de capital fechado ou de quotas de sociedades simples ou empresária, o valor da ação da quota obtido por meio do patrimônio líquido ajustado, para aferir a avaliação e determinação do laudo fiscal, na data da declaração ou da avaliação;

III – na transmissão de ações de sociedade anônima de capital aberto, o valor de sua última cotação na Bolsa de Valores na data da declaração ou da avaliação, ou na imediatamente anterior quando não houver pregão ou quando essas não tiverem sido negociadas naquele dia, regredindo-se, se for o caso, até o máximo de 180 (cento e oitenta) dias, ou por levantamento de balanço especial, realizado na data da declaração ou da avaliação.

§3º No caso em que a ação, quota, participação ou qualquer título representativo do capital de sociedade não tenha sido objeto de negociação nos últimos 180 (cento e oitenta) dias, admitir-se-á seu valor patrimonial na data da transmissão, nos termos do regulamento.

§4º Na hipótese em que o capital da sociedade tiver sido integralizado em prazo inferior a 5 (cinco) anos, mediante incorporação de bens móveis e imóveis ou de direitos a eles relativos, a base de cálculo do imposto não será inferior ao valor venal atualizado dos referidos bens e direitos.

§5º Quando o valor do patrimônio líquido de que trata o §2º deste artigo não corresponder ao valor de mercado, a autoridade fiscal deverá proceder aos ajustes necessários à sua determinação, conforme as normas e práticas contábeis aplicáveis à apuração de haveres e à avaliação patrimonial.

No Estado de Pernambuco, o imposto está previsto na Lei Estadual nº 13.974, de 16 de dezembro de 2009, regulamentada pelo Decreto nº 35.985, de 13 de dezembro de 2010. Na transmissão de ações negociadas em bolsa de valores, a base de cálculo será a cotação das ações na data da avaliação ou em data anterior, regredindo-se até o máximo de 180 (cento e oitenta) dias. Note-se que o termo fixado para a cotação é a data da avaliação (como também estabelece a lei complementar do Acre e a legislação do Estado da Paraíba, que prevê a data da avaliação ou da declaração prestada ao fisco), e não a data da transmissão ou do fato gerador, como previsto em outros Estados já analisados.

Para a transmissão de quotas de sociedade que não seja objeto de negociação em bolsa de valores, a base de cálculo do tributo será o valor patrimonial na data da avaliação, apurado através de balanço patrimonial atualizado, desde que represente seu valor com base em levantamento de bens, direitos e obrigações.

É o que prevê o art. 5º da Lei Estadual nº 13.974/2009:

> Art. 5º A base de cálculo do imposto é o valor venal dos bens ou direitos, transmitidos ou doados:
>
> I – determinado mediante avaliação judicial, no caso de inventário judicial;
>
> II – determinado mediante avaliação administrativa, nos termos de portaria da SEFAZ;
>
> III – declarado pelo contribuinte do imposto, em substituição àquele previsto no inciso II, a critério da SEFAZ.
>
> (...)
>
> §5º A base de cálculo do imposto é: (Lei nº 14.882/2012)
>
> I – na transmissão de ação negociada em bolsa de valores, a respectiva cotação na data da correspondente avaliação ou na imediatamente anterior, quando não houver pregão ou quando essas ações não tiverem sido negociadas naquele dia, regredindo-se, se for o caso, até o máximo de 180 (cento e oitenta) dias; (Lei nº 14.882/2012)
>
> II – na transmissão de qualquer título representativo do capital de sociedade que não seja objeto de negociação em bolsa de valores ou não tiver sido negociado nos últimos 180 (cento e oitenta) dias, o respectivo valor patrimonial na data da avaliação, apurado por meio de balanço patrimonial devidamente atualizado, desde que represente o valor de realização com base em levantamento de bens, direitos e obrigações; e (Lei nº 14.882/2012)
>
> III – na transmissão de acervo patrimonial de empresário individual, o valor do patrimônio líquido ajustado, na data da declaração ou da avaliação. (Lei nº 14.882/2012)
>
> §6º O valor venal do bem ou direito é o seu respectivo valor de mercado, determinado conforme disposto no *caput*. (Lei nº 14.882/2012)

No Estado do Piauí, o tributo é disciplinado pela Lei Estadual nº 4.261, de 01 de fevereiro de 1989, que possui regramento específico para a avaliação de quotas sociais transmitidas por sucessão *causa mortis* ou doação, semelhante a outros Estados analisados.

Há a previsão de avaliação conforme a cotação média em bolsa de valores, para as ações assim negociadas, na data da avaliação ou em data anterior, regredindo-se em até 180 (cento e oitenta dias), caso necessário.

Para ação, quota, participação ou qualquer título representativo do capital de sociedade que não seja objeto de negociação ou não tenha sido negociado nos últimos 180 (cento e oitenta dias), a apuração será feita de acordo com o valor patrimonial das quotas na data da avaliação, em conformidade com a mencionada Súmula nº 113 do STF, também adotada em outros Estados.

Ainda, a lei piauiense prevê o prazo de cinco anos desde a integralização de bens imóveis ao capital da sociedade, para que o valor venal atualizado dos bens seja considerado como valor mínimo para a base de cálculo do imposto. Eis o que estipulam o art. 9º e o art. 11 da Lei Estadual nº 4.261/1989:

> Art. 9º A base de cálculo do imposto é o valor venal dos bens ou direitos transmitidos, na data da avaliação, atualizada até a data do pagamento.
>
> §1º Entende-se por valor venal o valor corrente de mercado do bem ou direito.
>
> (...)
>
> Art. 11. Em se tratando de ações representativas do capital de sociedade, a base de cálculo é determinada por sua cotação média na Bolsa de Valores, na data da avaliação, ou na imediatamente anterior, quando não houver pregão ou quando essas não tiverem sido negociadas naquele dia, regredindo-se, se for o caso, até o máximo de 180 (cento e oitenta) dias.
>
> §1º Nos casos em que a ação, a quota, a participação ou qualquer título representativo do capital de sociedade não for objeto de negociação ou não tiver sido negociado nos últimos 180 (cento e oitenta) dias, a base de cálculo será o seu valor patrimonial na data da avaliação, observado o disposto no §2º deste artigo.
>
> §2º Na hipótese em que o capital da sociedade a que se refere o §1º tiver sido integralizado em prazo inferior a cinco anos, mediante incorporação de bens imóveis ou de direitos a eles relativos, a base de cálculo do imposto não será inferior ao valor venal atualizado dos referidos bens imóveis ou direitos.

No Estado do Rio Grande do Norte, o imposto está disciplinado na Lei Estadual nº 5.887, de 15 de fevereiro de 1989, e no Decreto nº 22.063, de 07 de dezembro de 2010. A lei estadual não estabelece regra específica para a apuração da base de cálculo de ações e quotas societárias, prevendo apenas que a base de cálculo do imposto é o valor venal dos bens, a ser apurado segundo estimativa fiscal. Eis o que prevê a lei potiguar:

> Art. 5º A base de cálculo do imposto é o valor venal dos bens, direitos e créditos, no momento da ocorrência do fato gerador, segundo estimativa fiscal.
>
> Art. 6º Não concordando com a estimativa fiscal, será facultado ao contribuinte, dentro do prazo de recolhimento, solicitar uma segunda avaliação, mediante requerimento formal dirigido à autoridade competente.
>
> Parágrafo único – Findo o prazo de validade da estimativa fiscal aceita pelo contribuinte e não recolhido o imposto, a repartição fazendária competente procederá a nova avaliação.
>
> (...)
>
> Art. 20 – Nenhuma sociedade anônima, com sede neste Estado, averbará transferência de ações sem a prova do pagamento do imposto, se devido, sob pena de multa.
>
> Art. 21 – No inventário ou arrolamento por morte de sócio de sociedade fins lucrativos, a pessoa jurídica fica obrigada a por à disposição da Fazenda Pública os haveres apurados do sócio ou acionista falecido.

É o decreto regulamentador que detalha os critérios a serem utilizados pela autoridade fazendária, estabelecendo que o valor das ações representativas do capital de sociedades é determinado de conformidade com a cotação da bolsa de valores, referente ao dia da ocorrência da transmissão. Quando não negociada em bolsa de valores, a ação, quota ou participação societária será avaliada conforme o seu valor patrimonial. Para tanto, a autoridade responsável se fundamentará em demonstrativos contábeis apresentados pelo contribuinte e em outros dados de que dispuser, como prevê o art. 14 do Decreto nº 22.063/2010:

> Art. 14. No caso de bem móvel ou direito não abrangido pelo disposto no artigo 13, a base de cálculo é o valor corrente de mercado do bem, título, crédito ou direito, avaliado no dia da transmissão ou do ato translativo, ou quando impossível esta avaliação para referida data, usar-se-á a média aritmética do mês respectivo.
>
> §1º Na impossibilidade de autoridade fiscal avaliar o bem, título, crédito ou direito de que trata este artigo, poderá se admitir o valor declarado pelo interessado, ressalvado direito a revisão do lançamento, nos termos deste Regulamento.
>
> §2º O valor das ações representativas do capital de sociedades é determinado de conformidade com a cotação da Bolsa de Valores, referente ao dia da ocorrência da transmissão.

§3º Nos casos em que a ação, quota, participação ou qualquer título representativo do capital social não for objeto de negociação ou não tiver sido cotado no dia ou no mês da transmissão, adotar-se-á o respectivo valor do patrimônio, conforme análise a ser feita pela autoridade tributária competente, que se fundamentará em demonstrativos contábeis apresentados pelo contribuinte, conforme previsão estabelecida neste Regulamento ou em ato normativo da Secretaria de Estado da Tributação, e em outros dados que dispuser.

No Estado de Sergipe, o imposto está previsto na Lei Estadual nº 7.724, de 08 de novembro de 2013, e no Decreto nº 29.994, de 04 de maio de 2015, que aprova o regulamento do ITCMD no Estado.

Os critérios previstos na legislação de Sergipe se diferenciam conforme o tipo de participação societária, como acontece em outros Estados da federação. Para ações negociadas em bolsa de valores, a base de cálculo será a cotação média alcançada na bolsa na data da transmissão ou em data anterior, limitada a regressão a 180 (cento e oitenta) dias. Alternativamente, admite-se o valor obtido em levantamento de balanço especial, sendo considerado sempre o maior valor. Na transmissão de ações não negociadas em bolsa (ou não negociadas em 180 dias), a base de cálculo será apurada com base no patrimônio líquido registrado no balanço patrimonial anual do exercício anterior ao fato gerador.

A legislação de Sergipe estabelece uma metodologia de cálculo que não encontra correspondente em nenhuma outra unidade federada: quando a empresa possuir bens imóveis em seu patrimônio, para se chegar ao patrimônio líquido, deve ser somado o valor venal dos bens imóveis – não inferior ao valor atribuído pelo Município para o ITBI ou, quando rural, ao valor declarado para fins de ITR – ao valor do patrimônio líquido, e subtraído o valor dos imóveis constante no último balanço anterior à ocorrência do fato gerador. Com isso, o patrimônio imobiliário da pessoa jurídica é avaliado de acordo com as regras adotadas pelo Fisco para a avaliação de bens imóveis em geral, e não conforme o valor declarado no balanço patrimonial.

Em todo caso, a autoridade fiscal poderá proceder aos ajustes necessários à determinação da base de cálculo do imposto de modo a apurar o valor de mercado dos bens, aplicando as normas e práticas contábeis relativas à apuração de haveres e à avaliação patrimonial.

São esses os dispositivos legais aplicáveis ao Estado de Sergipe (Lei nº 7.724/2013):

Art. 11. Na transmissão de ações representativas do capital de sociedades e de outros bens e direitos negociados em Bolsa de Valores, a base de cálculo será determinada segundo a cotação média alcançada na Bolsa na data da transmissão, ou na imediatamente anterior quando não houver pregão ou os mesmos não tiverem sido negociados naquele dia, regredindo-se, se for o caso, até o máximo de cento e oitenta dias, ou alternativamente, o valor obtido em levantamento de balanço especial, sendo considerado sempre o maior valor.

§1º No caso em que a ação, quota, participação ou qualquer título representativo do capital de sociedade não for objeto de negociação ou não tiver sido negociado nos últimos cento e oitenta (180) dias, admitir-se-á o valor do respectivo patrimônio líquido na data da transmissão.

§2º Quando a empresa possuir no seu patrimônio bens imóveis, para se chegar ao patrimônio líquido, deverá ser somado a este o valor do(s) imóvel(is) na época do fato gerador, não podendo ser inferior aos valores determinados nos incisos I e II do §4º do art. 10 desta Lei, subtraído o valor referente ao(s) imóvel(is) constante(s) no último balanço anterior a ocorrência do fato gerador.

Art. 12. Em se tratando de transmissão de quotas de sociedade, a base de cálculo deve ser o valor destas na data da transmissão, o qual, na ausência de legislação específica, deve ser aferido em conformidade com as normas estabelecidas pelo Conselho Federal de Contabilidade – CFC.

(...)

Art. 13-B. Na transmissão de ações não negociadas em bolsas, quotas ou outros títulos de participação em sociedade simples ou empresária, a base de cálculo será apurada conforme o valor de mercado da sociedade, com base no montante do patrimônio líquido registrado no balanço patrimonial anual do exercício imediatamente anterior ao do fato gerador.

§1º Quando o valor do patrimônio líquido não corresponder ao valor de mercado, a autoridade fiscal poderá proceder aos ajustes necessários à sua determinação, conforme as normas e práticas contábeis aplicáveis à apuração de haveres e à avaliação patrimonial.

§2º Aplica-se o disposto neste artigo, no que couber, à transmissão de acervo patrimonial de empresário individual. (...)

3.3.3 Região Centro-Oeste

No Distrito Federal, o imposto está previsto na Lei Estadual nº 3.804, de 08 de fevereiro de 2006, e regulamentado pelo Decreto nº 34.982, de 19 de dezembro de 2013. O critério para avaliação de quotas societárias está previsto no §6º do art. 7º, acrescentado pela Lei Estadual nº 5.452, de 18 de fevereiro de 2015.

Em sendo a atividade empresária operacional (comercial, industrial ou de serviços), a avaliação das quotas para fins de apuração da base de cálculo do ITCMD considerará o balanço patrimonial da sociedade. Já para as sociedades empresárias de participação e administração de bens, o critério aplicável é o inventário dos bens, direitos e obrigações. Eis o que prevê a lei distrital:

> Art. 7º (...)
>
> §6º O valor das quotas de participação em sociedade é apurado:
>
> I – com base no último balanço patrimonial, para as sociedades empresárias comerciais, industriais e de prestação de serviços;
>
> II – com base no inventário de bens, direitos e obrigações, para os empresários, as sociedades empresárias de participação e administração de bens e as sociedades simples sem fins lucrativos.

No Estado de Goiás, o imposto está previsto no Código Tributário Estadual, aprovado pela Lei Estadual nº 11.651, de 26 de dezembro de 1991, a partir do seu artigo 72, e regulamentado pelo Decreto nº 4.852, de 29 de dezembro de 1997, que trata do ITCMD a partir do art. 373. O Código Tributário Estadual de Goiás prevê regras específicas para a apuração de quotas sociais (que também constam do regulamento).

Para as ações de sociedade anônima de capital aberto, será considerada a cotação média na bolsa de valores na data da transmissão ou na imediatamente anterior, quando não houver pregão ou quando não tiverem sido negociadas naquele dia, regredindo-se, se for o caso, até 180 (cento e oitenta) dias. Na falta de cotação em bolsa, o valor será obtido por meio do patrimônio líquido ajustado ao valor de mercado, verificado em balanço especialmente levantado, na data da declaração ou da avaliação, acrescido de aviamento.

Para ações de sociedades de capital fechado, quotas de sociedade empresária, de sociedade simples ou acervo patrimonial de empresário individual, será considerado o patrimônio líquido ajustado a valor de mercado, verificado em balanço especialmente levantado, na data da declaração ou da avaliação, acrescido de aviamento.

Os critérios adotados pelo Estado de Goiás são bastante complexos, pois além do patrimônio líquido e do balanço patrimonial, existente na legislação de diversos Estados, exige-se que seja acrescido o aviamento. Como visto acima, o aviamento corresponde ao lucro potencial, a uma expectativa de retorno financeiro fundada nas características da empresa, que sinalizam que ela pode render bons resultados.[133] A legislação estadual prevê algumas hipóteses em que o aviamento não será acrescido, a saber: quando se tratar de empresa individual; de empresa em início de atividade, que não tenha possibilidade de projetar seus lucros; de empresa cujo ramo de atividade seja volátil e de grande risco; ou de empresa com prejuízos ascendentes, em razão da atividade operacional.

Essa multiplicidade de elementos que carregam um certo grau de subjetividade fazem com que a legislação do Estado de Goiás seja a mais intrincada nesse quesito, entre todos os atos normativos aqui analisados. Confira-se abaixo o que diz a legislação goiana (Lei nº 11.651/1991):

> Art. 77-B. Nos seguintes casos específicos, considera-se base de cálculo: (Redação acrescida pela Lei nº 18.002 – vigência: 03.08.13)
>
> I – na transmissão de acervo patrimonial de sociedade simples ou de empresário individual, o valor do patrimônio líquido ajustado a valor de mercado, verificado em balanço especialmente levantado, na data da declaração ou da avaliação, acrescido de aviamento; (Redação acrescida pela Lei nº 18.002 – vigência: 03.08.13)
>
> II – na transmissão de ações de sociedades de capital fechado ou de quotas de sociedade empresária, o valor da ação ou quota obtido por meio do patrimônio líquido ajustado a valor de mercado, verificado em balanço especialmente levantado, na data da declaração ou da avaliação, acrescido de aviamento; (Redação acrescida pela Lei nº 18.002 – vigência: 03.08.13)
>
> III – na transmissão de ações de sociedade anônima de capital aberto, o valor de sua cotação média na Bolsa de Valores na data da transmissão, ou na imediatamente anterior quando não houver pregão ou quando essas não tiverem sido negociadas naquele dia, regredindo-se, se for o caso, até o máximo de cento e oitenta dias, ou o valor obtido por meio do patrimônio líquido ajustado a valor de mercado, verificado em balanço especialmente levantado, na data da declaração ou da avaliação, acrescido de aviamento; (Redação acrescida pela Lei nº 18.002 – vigência: 03.08.13)
>
> (...)
>
> §4º O aviamento não será acrescido ao Patrimônio Líquido Ajustado quando se tratar de empresa: (Redação acrescida pela Lei nº 18.002 – vigência: 03.08.13)

---

[133] AQUINO, Leonardo Gomes de. Goodwill ou aviamento. *Estado de Direito*, 04 fev. 2016. Disponível em: http://estadodedireito.com.br/goodwill-ou-aviamento/. Acesso em: 28 fev. 2022.

I – individual; (Redação acrescida pela Lei nº 18.002 – vigência: 03.08.13)

II – que comprove prejuízos ascendentes em razão da atividade operacional; (Redação acrescida pela Lei nº 18.002 – vigência: 03.08.13)

III – que comprove que o ramo de atividade seja volátil e de grande risco no mercado; (Redação acrescida pela Lei nº 18.002 – vigência: 03.08.13)

IV – em início de atividade, que não seja possível fazer projeção futura dos lucros ascendentes. (Redação acrescida pela Lei nº 18.002 – vigência: 03.08.13)

Art. 77-C. A base de cálculo do ITCD deve ser: (Redação acrescida pela Lei nº 18.002 – vigência: 03.08.13)

I – atualizada monetariamente, a partir da data da avaliação administrativa ou judicial até a data do vencimento; (Redação acrescida pela Lei nº 18.002 – vigência: 03.08.13)

II – reavaliada pela Fazenda Pública Estadual, antes do pagamento do imposto, caso tenha decorrido o prazo de 3 (três) anos da data da avaliação administrativa ou judicial. (Redação acrescida pela Lei nº 18.002 – vigência: 03.08.13)

Parágrafo único. Na hipótese de reavaliação não se aplica a atualização monetária prevista no inciso I. (Redação acrescida pela Lei nº 18.002 – vigência: 03.08.13)

Art. 77-D. Considera-se estabelecimento todo complexo de bens organizado, para exercício da empresa, por empresário, ou por sociedade empresária.

No Estado do Mato Grosso, o imposto é disciplinado pela Lei Estadual nº 7.850, de 18 de dezembro de 2002, e pelo Decreto nº 2.125, de 11 de dezembro de 2003, que aprova o regulamento do ITCMD no Estado.

O critério adotado pela legislação do Mato Grosso é o valor da cotação média na data do fato gerador, para ativos negociados em bolsa de valores, ou o valor patrimonial na data da ocorrência do fato gerador, quando não negociadas em bolsa, conforme preveem os artigos 16 e 17 da Lei Estadual nº 7.850/2002:

> Art. 16. No caso de valores mobiliários, ativos financeiros e outros bens negociados em bolsa, considera-se valor venal o da cotação média publicada na data do fato gerador.
>
> Art. 17. No caso de ações não negociadas em bolsas, quotas ou outros títulos de participação em sociedades comerciais ou civis de objetivos econômicos, considera-se valor venal o seu valor patrimonial na data da ocorrência do fato gerador.

No regulamento do ITCMD do Mato Grosso, consta ainda que a autoridade fiscal poderá realizar ajustes na avaliação com base em normas e práticas contábeis aplicáveis à apuração de haveres e à avaliação patrimonial, quando o valor patrimonial das quotas não corresponder ao valor de mercado. É o que estipula o parágrafo único do art. 16 do decreto:

> Art. 16. No caso de ações não negociadas em bolsas, quotas ou outros títulos de participação em sociedades comerciais ou civis de objetivos econômicos, considera-se valor venal o seu valor patrimonial na data da ocorrência do fato gerador. Parágrafo único. Na hipótese de o valor patrimonial não corresponder ao de mercado, a autoridade fiscal poderá realizar ajustes com base em normas e práticas contábeis aplicáveis à apuração de haveres e à avaliação patrimonial. (Acrescentado pelo Dec. 1.395/18, efeitos a partir de 16.03.18)

No Estado do Mato Grosso do Sul, o tributo está previsto a partir do artigo 121 do Código Tributário Estadual, aprovado pela Lei Estadual nº 1.810, de 22 de dezembro de 1997, e é regulamentado pelo Decreto nº 5.087, de 4 de maio de 1989. A legislação estadual prevê que a base de cálculo do imposto é o valor venal dos bens transmitidos, a ser apurado mediante avaliação judicial ou administrativa. Entretanto, não há a especificação (nem na Lei, nem no mencionado Decreto) dos critérios a serem adotados para a avaliação administrativa das quotas sociais:

> Art. 127. A base de cálculo do ITCD é o valor venal dos bens ou direitos objeto de transmissão legítima ou testamentária ou de doação, apurada e calculada nas formas a seguir especificadas:
>
> I – na transmissão por sucessão legítima e testamentária, processada:
>
> a) mediante inventário, o valor dos bens ou direitos fixados por avaliação judicial;
>
> b) sob o rito do arrolamento ou realizada por escritura pública, o valor dos bens ou direitos, fixados por avaliação administrativa; (Alínea b: nova redação dada pela Lei nº 4.425, de 7 de novembro de 2013. Efeitos a partir de 08.11.2013.)
>
> II – na transmissão testamentária pura e simples, o valor dos bens ou direitos, estabelecidos em avaliação administrativa;
>
> III – na doação, o valor venal dos bens ou direitos apurados por avaliação administrativa e/ou estimativa fiscal; (...)

3.3.4 Região Sudeste

No Estado do Espírito Santo, o ITCMD está previsto na Lei Estadual nº 10.011, de 20 de maio de 2013, e disciplinado pelo Decreto nº 3.469-R, de 19 de dezembro de 2013. Embora a legislação preveja a sua incidência sobre a transmissão de títulos ou direitos representativos do patrimônio ou capital de sociedade e companhia, tais como ações e quotas sociais (art. 3º, inciso II, alínea "b"), não há a especificação de critérios para a determinação da sua base de cálculo.

Os artigos 10 e 11 da lei estadual preveem que a base de cálculo do imposto é o valor venal do bem e que este será determinado pela Secretaria de Estado da Fazenda, com base nas declarações do contribuinte e demais elementos de que dispuser. Entretanto, não especifica os critérios de apuração do valor venal de quotas sociais, tal como ocorre em relação a bens imóveis, como se vê no §5º do art. 10:

> Art. 10. A base de cálculo do imposto é o valor venal dos bens ou direitos ou o valor do título ou crédito, transmitidos ou doados.
>
> (...)
>
> §4º O valor mínimo dos bens e direitos para efeito de base de cálculo poderá ser estabelecido pela Sefaz, por meio de pautas de valores.
>
> §5º A Sefaz poderá estabelecer que, para efeito de base de cálculo, seja utilizado valor não inferior ao:
>
> I – fixado para o lançamento do Imposto sobre a Propriedade Predial e Territorial Urbana (IPTU), em se tratando de imóvel urbano ou de direito a ele relativo;
>
> II – valor do imóvel informado pelo contribuinte para efeito do Imposto sobre a Propriedade Territorial Rural (ITR), em se tratando de imóvel rural ou de direito a ele relativo.
>
> (...)
>
> Art. 11. A base de cálculo a que se refere o art. 10 será determinada pela Sefaz, com base nos elementos de que dispuser e, ainda, naqueles declarados pelo contribuinte.
>
> Parágrafo único. O contribuinte que discordar do valor atribuído pela Sefaz poderá impugná-lo administrativamente, na forma e no prazo estabelecidos em regulamento.

No Estado de Minas Gerais, o imposto é regulado pela Lei Estadual nº 14.941, de 29 de dezembro de 2003, e pelo Decreto nº 43.981, de 3 de março de 2005. A lei especifica como critério para a avaliação de ações a cotação média na bolsa de valores por ocasião da transmissão.

No caso de ações ou quotas sociais, participação societária ou qualquer título representativo do capital de sociedade que não tenham sido negociados em bolsa, a lei admite que a base de cálculo seja apurada de acordo com seu valor patrimonial.

Ainda, a legislação mineira estabelece que a base de cálculo do imposto não será inferior ao valor venal atualizado de bens móveis e imóveis, na hipótese em que o capital da sociedade tiver sido integralizado mediante incorporação de bens móveis e imóveis ou direitos a eles relativos, como ocorre em outros Estados. A lei estipula também o prazo de cinco anos desde a integralização dos bens para aplicação dessa regra, de modo que, ocorrendo o falecimento do titular ou a doação das quotas sociais em cinco anos desde a integralização dos bens ao capital social da pessoa jurídica, a base de cálculo do imposto não será inferior ao valor venal atualizado desses bens.

Eis o teor dos dispositivos legais (Lei nº 14.941/2003):

> Art. 5º Em se tratando de ações representativas do capital de sociedade, a base de cálculo é determinada por sua cotação média na Bolsa de Valores na data da transmissão, ou na imediatamente anterior quando não houver pregão ou quando essas não tiverem sido negociadas naquele dia, regredindo-se, se for o caso, até o máximo de cento e oitenta dias.
>
> §1º No caso em que a ação, quota, participação ou qualquer título representativo do capital de sociedade não for objeto de negociação ou não tiver sido negociado nos últimos cento e oitenta dias, admitir-se-á seu valor patrimonial na data da transmissão, nos termos do regulamento. (Efeitos a partir de 1º/01/2006 – Redação dada pelo art. 2º e vigência estabelecida pelo art. 6º, ambos da Lei nº 15.958, de 29/12/2005)
>
> §2º Na hipótese em que o capital da sociedade tiver sido integralizado em prazo inferior a cinco anos, mediante incorporação de bens móveis e imóveis ou de direitos a eles relativos, a base de cálculo do imposto não será inferior ao valor venal atualizado dos referidos bens ou direitos. (Efeitos a partir de 1º/08/2013 – Redação dada pelo art. 22 e vigência estabelecida pelo art. 30, ambos da Lei nº 20.824, de 31/07/2013)

O regulamento mineiro esmiúça as regras previstas na lei estadual, estabelecendo que o valor patrimonial das quotas será apurado de acordo com o balanço patrimonial e a declaração de imposto de renda da pessoa jurídica relativos ao período de apuração mais próximo da data de transmissão. É facultado ao Fisco exigir outros documentos que possam auxiliar na determinação da base de cálculo – a exemplo do balanço de determinação, quando dispensada a sociedade de apresentar balanço patrimonial, segundo as regras da Secretaria da Receita Federal.

Confira-se os dispositivos previstos no Decreto nº 43.981/2005 do Estado de Minas Gerais:

> Art. 13. Em se tratando de ações representativas do capital de sociedade, a base de cálculo é determinada por sua cotação média na Bolsa de Valores na data da transmissão, ou na imediatamente anterior quando não houver pregão ou quando essas não tiverem sido negociadas naquele dia, regredindo-se, se for o caso, até o máximo de 180 (cento e oitenta) dias.
>
> §1º No caso em que a ação, quota, participação ou qualquer título representativo do capital de sociedade não seja objeto de negociação ou não tiver sido negociado nos últimos 180 (cento e oitenta) dias, a base de cálculo será o seu valor patrimonial na data da transmissão, observado o disposto nos §§2º a 4º deste artigo.
>
> §2º O valor patrimonial da ação, quota, participação ou qualquer título representativo do capital de sociedade será obtido do balanço patrimonial e da respectiva declaração do imposto de renda da pessoa jurídica entregue à Secretaria da Receita Federal, relativos ao período de apuração mais próximo da data de transmissão, observado o disposto no §4º deste artigo, facultado ao Fisco efetuar o levantamento de bens, direitos e obrigações. (Efeitos a partir de 09/06/2006 – Redação dada pelo art. 1º e vigência estabelecida pelo art. 3º, ambos do Dec. nº 44.317, de 08/06/2006)
>
> §3º O valor patrimonial apurado na forma do §2º deste artigo será atualizado segundo a variação da UFEMG, da data do balanço patrimonial até a data prevista na legislação tributária para o recolhimento do imposto.
>
> §4º Na hipótese em que o capital da sociedade tiver sido integralizado em prazo inferior a cinco anos, mediante incorporação de bens móveis e imóveis ou de direitos a eles relativos, a base de cálculo do imposto não será inferior ao valor venal atualizado dos referidos bens ou direitos. (Efeitos a partir de 14/02/2014 – Redação dada pelo art. 1º e vigência estabelecida pelo art. 2º, ambos do Dec. nº 46.441, de 13/02/2014)
>
> Art. 31. (...)
>
> §2º É facultado ao Fisco:
>
> I – exigir outros documentos além dos mencionados no *caput* deste artigo, inclusive balanço de determinação, no caso de transmissão de ação, quota ou participação de sociedade dispensada de balanço patrimonial segundo as regras da Secretaria da Receita federal; (Efeitos a partir de 09/06/2006 – Acrescido pelo art. 1º e vigência estabelecida pelo art. 3º, ambos do Dec. nº 44.317, de 08/06/2006)

No Estado do Rio de Janeiro, o imposto está disciplinado na Lei Estadual nº 7.174, de 28 de dezembro de 2015. Para bens e direitos negociados em bolsa de valores, a legislação prevê que a base de cálculo será apurada conforme o valor de cotação média do pregão realizado na data do fato gerador, nas transmissões *causa mortis*, ou do último pregão realizado antes da data de lançamento, nos casos de doação. Não havendo pregão na data do fato gerador, a base de cálculo será o valor da cotação média do último pregão realizado anteriormente.

Para ações não negociadas em bolsa de valores, quotas ou outros títulos de participação em sociedade simples ou empresária, o critério para a avaliação é o valor de mercado da sociedade, a ser apurado com base no montante do patrimônio líquido registrado no balanço patrimonial anual do exercício imediatamente anterior ao do fato gerador.

A legislação prevê ainda que a autoridade fiscal poderá proceder a ajustes na avaliação, quando o valor do patrimônio líquido não corresponder ao valor de mercado, utilizando-se das normas e práticas contábeis aplicáveis à apuração de haveres e à avaliação patrimonial.

Eis o que estabelece o art. 22 da Lei fluminense nº 7.174/2015:

> Art. 21. A base de cálculo, na transmissão de:
>
> I – bens e direitos negociados em bolsa de valores, é o valor de cotação média do pregão realizado na data do fato gerador, nas transmissões *causa mortis*, ou do último pregão realizado antes da data de lançamento, nos casos de doação.
>
> II – títulos da dívida pública, é o valor da cotação oficial na data do fato gerador, nas transmissões *causa mortis*, ou do lançamento, nos casos de doação.
>
> Parágrafo único – Nas transmissões *causa mortis* referidas no inciso I do *caput* deste artigo, não havendo pregão na data do fato gerador, a base de cálculo será o valor da cotação média do último pregão realizado anteriormente.
>
> Art. 22. Na transmissão de ações não negociadas em bolsas, quotas ou outros títulos de participação em sociedade simples ou empresária, a base de cálculo será apurada conforme o valor de mercado da sociedade, com base no montante do patrimônio líquido registrado no balanço patrimonial anual do exercício imediatamente anterior ao do fato gerador.
>
> §1º Quando o valor do patrimônio líquido não corresponder ao valor de mercado, a autoridade fiscal poderá proceder aos ajustes necessários à sua determinação, conforme as normas e práticas contábeis aplicáveis à apuração de haveres e à avaliação patrimonial.

§2º Aplica-se o disposto neste artigo, no que couber, à transmissão de acervo patrimonial de empresário individual.

No Estado de São Paulo, o imposto está previsto na Lei Estadual nº 10.705, de 28 de dezembro de 2000, e é regulamentado pelo Decreto nº 46.655, de 1º de abril de 2002, que preveem regras específicas para a avaliação de ações e quotas sociais.

O critério para avaliação de ações negociadas em bolsa de valores é a cotação média alcançada na data da transmissão, ou na imediatamente anterior, quando não houver pregão ou quando a mesma não tiver sido negociada naquele dia, regredindo-se até o máximo de 180 (cento e oitenta) dias. No caso de ações ou quotas sociais sem cotação em bolsa de valores, a base de cálculo é o valor patrimonial das quotas na data da transmissão.

Observa-se que lei do Estado de São Paulo estabelece, em seu art. 30, que a Fazenda do Estado será ouvida no processo de liquidação de sociedade motivada por falecimento de sócio, dispositivo este que não encontra correspondente em outras legislações.

Eis o que prevê a lei paulista nº 10.705/2000:

> Artigo 14 – No caso de bem móvel ou direito não abrangido pelo disposto nos artigos 9º, 10 e 13, a base de cálculo é o valor corrente de mercado do bem, título, crédito ou direito, na data da transmissão ou do ato translativo.
>
> (...)
>
> §2º O valor das ações representativas do capital de sociedades é determinado segundo a sua cotação média alcançada na Bolsa de Valores, na data da transmissão, ou na imediatamente anterior, quando não houver pregão ou quando a mesma não tiver sido negociada naquele dia, regredindo-se, se for o caso, até o máximo de 180 (cento e oitenta) dias. (Redação dada ao parágrafo pela Lei 10.992, de 21-12-2001; DOE 22-12-2001; Efeitos a partir de 01-01-2002)
>
> §3º Nos casos em que a ação, quota, participação ou qualquer título representativo do capital social não for objeto de negociação ou não tiver sido negociado nos últimos 180 (cento e oitenta) dias, admitir-se-á o respectivo valor patrimonial. (Redação dada ao parágrafo pela Lei 10.992, de 21-12-2001; DOE 22-12-2001; Efeitos a partir de 01-01-2002)
>
> (...)
>
> Artigo 30 – A Fazenda do Estado também será ouvida no processo de liquidação de sociedade, motivada por falecimento de sócio.

O decreto regulamentador mantém os termos da legislação estadual mencionados acima, acrescentando apenas que a base de cálculo corresponderá ao valor devido aos herdeiros em razão da apuração de haveres, quando ocorrer a dissolução da sociedade (art. 17, §4º, do Decreto nº 46.655/2002).

3.3.5 Região Sul

No Estado do Paraná, o ITCMD está previsto no Título II da Lei Estadual nº 18.573, de 30 de setembro de 2015, que também trata do Fundo Estadual de Combate à Pobreza do Paraná, e é regulamentado pela Resolução nº 1.527/2015, da Secretaria de Fazenda do Estado do Paraná.

De acordo com a legislação paranaense vigente a partir de 1º de janeiro de 2016, a base de cálculo para as ações negociadas em bolsa de valores é a cotação média na data da declaração do imposto prestada pelo contribuinte (e não na data da transmissão, ou na data da avaliação, como previsto em outras leis estaduais). Quando não houver pregão ou negociação na data da declaração, será considerada a data imediatamente anterior, podendo-se regredir até o máximo de 180 (cento e oitenta) dias. Alternativamente, será adotado o valor obtido em levantamento de balanço especial.

A avaliação de quotas sociais não negociadas em bolsa de valores é determinada a partir do patrimônio líquido da sociedade. É necessária a apresentação de balanço patrimonial, assinado por profissional competente, e da declaração do imposto de renda da pessoa jurídica relativos ao período de apuração mais próximo da data da transmissão, para a determinação do valor patrimonial das quotas. É facultado ao Fisco estadual efetuar o levantamento de bens, de direitos e de obrigações, quando a autoridade fiscal entender pelo arbitramento, nas situações em que o patrimônio líquido não reflita a realidade patrimonial da empresa.

A lei paranaense também prevê que, quando houver a incorporação de bens imóveis ao capital social da pessoa jurídica, será considerado o valor venal atualizado dos imóveis integralizados, no período de cinco anos, para a determinação da base de cálculo do tributo.

O regramento está previsto na Lei Estadual nº 18.573/2015:

Art. 18. A base de cálculo do imposto será:

I – no caso de ações representativas do capital de sociedades e de outros bens e direitos negociados em Bolsa de Valores, determinada segundo a cotação média alcançada na Bolsa na data da declaração, ou na imediatamente anterior quando não houver pregão ou os mesmos não tiverem sido negociados naquele dia, regredindo-se, se for o caso, até o máximo de 180 (cento e oitenta) dias, ou, alternativamente, o valor obtido em levantamento de balanço especial;

II – no caso de ação, quota, participação ou qualquer título representativo do capital de sociedade, bem como na falta da cotação referida no inciso I deste artigo, tomada a partir do valor do respectivo patrimônio líquido; (Redação dada pela Lei 18879 de 27/09/2016)

(...)

§1º O valor patrimonial da ação, quota, participação ou título representativo do capital da sociedade será obtido no balanço patrimonial, assinado por profissional competente, e na respectiva declaração do imposto de renda da pessoa jurídica entregue à Receita Federal do Brasil, relativos ao período de apuração mais próximo da data da transmissão, facultado ao fisco efetuar o levantamento de bens, de direitos e de obrigações, quando entender pelo arbitramento.

§2º Na hipótese em que o capital da sociedade a que se refere o inciso II deste artigo tenha sido integralizado em prazo inferior a cinco anos, mediante incorporação de bens imóveis ou de direitos a eles relativos, a base de cálculo do imposto não será inferior ao valor venal atualizado dos referidos bens imóveis ou direitos.

No Estado de Santa Catarina, o imposto está previsto na Lei Estadual nº 13.136, de 25 de novembro de 2004, e regulamentado no Decreto nº 2.884, de 30 de dezembro de 2004.

Conforme o art. 7º da lei estadual catarinense, a base de cálculo do imposto é o valor venal do bem ou direito, ou o valor do título ou crédito transmitido, considerado na data em que forem apresentadas ao Fisco as informações relativas ao lançamento do imposto. O §4º do art. 6º do regulamento, com efeitos a partir de 1º de outubro de 2008, explicita os critérios para a avaliação de quotas sociais:

Art. 6º A base de cálculo do imposto é o valor venal dos bens ou direitos, dos títulos ou dos créditos transmitidos ou doados.

(...)

§4º O valor das quotas de participação em sociedades empresárias ou do patrimônio do empresário será apurado:

I – com base no último balanço patrimonial, para as sociedades empresárias comerciais, industriais e de prestação de serviços;

II – com base no inventário de bens, direitos e obrigações, para os empresários, sociedades empresárias de participação e administração de bens e as sociedades simples sem fins lucrativos.

Observa-se que o regulamento do Estado de Santa Catarina – assim como ocorre com a legislação de Rondônia e do Distrito Federal – estabelece critérios conforme a atividade empresarial exercida pela pessoa jurídica. Para sociedades empresárias que possuam atividade comercial, industrial ou de prestação de serviços, ou seja, que exerçam atividade operacional, será considerado o último balanço patrimonial para a determinação da base de cálculo do imposto. Já para a avaliação de sociedade empresárias de participação e administração de bens e as sociedades simples sem fins lucrativos, será adotado o inventário dos bens, direitos e obrigações.

No Estado do Rio Grande do Sul, o imposto está previsto na Lei Estadual nº 8.821, de 27 de janeiro de 1989, e é regulamentado pelo Decreto nº 33.156, de 31 de março de 1989.

O art. 12 da lei estabelece que a base de cálculo do imposto é o valor venal das quotas apurado mediante avaliação procedida pela Fazenda Pública Estadual ou avaliação judicial, obedecidos os critérios fixados em regulamento.

O regulamento gaúcho explicita critérios para avaliação aplicáveis apenas a ações negociáveis em bolsa de valores, previstos em seu art. 14, §5º. Neste caso, será considerado o valor da cotação oficial de abertura no dia da avaliação.

Tratando-se de empresas cuja quota, participação ou título representativo do capital social não seja objeto de negociação em bolsa de valores, bem como empresas de capital fechado, a avaliação será realizada de acordo com instruções normativas baixadas pela Receita Estadual, conforme preveem os parágrafos §§12 e 13 do art. 14 do Decreto nº 33.156/1989. Eis o teor dos mencionados dispositivos:

> Art. 14. A base de cálculo do imposto é o valor venal dos bens, títulos, créditos, ações, quotas e valores, de qualquer natureza, bem como dos direitos a eles relativos, transmitidos, apurado mediante avaliação procedida pela Receita Estadual ou avaliação judicial, expresso em moeda corrente nacional e o seu equivalente em quantidade de UPF-RS, observando-se as normas técnicas de avaliação. (Redação dada pelo

art. 1º (Alteração 108) do Decreto 52.824, de 22/12/15. (DOE 23/12/15) – Efeitos a partir de 23/12/15.)

(...)

§5º O valor dos títulos da dívida pública, o das ações das sociedades e o dos títulos de crédito negociáveis em bolsa de valores serão o da cotação oficial de abertura no dia da avaliação. (Redação dada pelo art. 1º (Alteração 097) do Decreto 51.597, de 23/06/14. (DOE 24/06/14) – Efeitos a partir de DOE 24/06/14.)

(...)

§12. Nos casos em que a ação, quota, participação ou qualquer título representativo do capital social não for objeto de negociação em bolsa de valores ou não tiver sido negociado nos 180 (cento e oitenta) dias anteriores a data da avaliação, será observado o disposto em instruções baixadas pela Receita Estadual. (Acrescentado pelo art. 1º (Alteração 097) do Decreto 51.597, de 23/06/14. (DOE 24/06/14) – Efeitos a partir de DOE 24/06/14.)

§13. As empresas de capital fechado serão avaliadas na forma prevista em instruções baixadas pela Receita Estadual. (Acrescentado pelo art. 1º (Alteração 097) do Decreto 51.597, de 23/06/14. (DOE 24/06/14) – Efeitos a partir de DOE 24/06/14.)

A Instrução Normativa DRP nº 045/1998 contém instruções relativas às receitas públicas estaduais e, em seu capítulo II, trata especificamente do ITCD. A norma gaúcha estipula os documentos a serem entregues pelo contribuinte para a apuração da base de cálculo na transmissão de quotas de capital e ações de capital fechado, entre os quais se destaca: contrato ou estatuto social; Balanço Patrimonial (BP) do último exercício ou declaração de inatividade assinada por contabilista habilitado; Demonstração do Resultado do Exercício (DRE) dos 3 (três) últimos exercícios ou declaração de inatividade assinada por contabilista habilitado; Declaração de Ajuste Anual do Imposto sobre a Renda da Pessoa Física (DIRPF) do transmitente, do exercício anterior ao fato gerador. No caso de empresas com patrimônio líquido superior a R$2.000.000,00 (dois milhões de reais), além dos documentos anteriores, deve juntar a Demonstração do Fluxo de Caixa (DFC).

A normativa gaúcha prevê a apresentação de documentos adicionais para as empresas *holdings* (é a única norma do país, entres as pesquisadas, a mencionar o termo *holding* expressamente).

No caso de empresa administradora de bens – a chamada *holding* patrimonial – deve ser apresentada uma relação simplificada de bens imóveis da empresa em que conste: tipo do bem, endereço completo, área total (terreno e benfeitoria), ano de construção, estado de conservação e valor constante no balanço patrimonial. Para empresa de participação em outras sociedades, a chamada *holding* de participações, além dos documentos previstos para sociedades em geral, deve ser apresentada uma relação detalhada das participações societárias em empresas coligadas e controladas.

Eis o que prevê a Instrução Normativa DRP nº 045/1998:

6.3 – Na transmissão de títulos e créditos, para a apuração da base de cálculo, deverão ser entregues: (Redação dada ao item 6.3 pela IN RE 041/14, de 24/06/14. (DOE 25/06/14) – Efeitos a partir de 25/06/14.)

a) na hipótese de quotas de capital e ações de capital fechado: (Redação dada pela IN RE 041/14, de 24/06/14. (DOE 25/06/14) – Efeitos a partir de 25/06/14.)

1 – contrato ou estatuto social, e a última alteração e consolidação; (Redação dada pela IN RE 076/20, de 29/09/20. (DOE 01/10/20) – Efeitos a partir de 01/10/20.)

2 – Balanço Patrimonial (BP) do último exercício ou declaração de inatividade assinada por contabilista habilitado; (Redação dada pela IN RE 076/20, de 29/09/20. (DOE 01/10/20) – Efeitos a partir de 01/10/20.)

3 – Demonstração do Resultado do Exercício (DRE) dos 3 (três) últimos exercícios ou declaração de inatividade assinada por contabilista habilitado; (Redação dada pela IN RE 076/20, de 29/09/20. (DOE 01/10/20) – Efeitos a partir de 01/10/20.)

4 – Declaração de Ajuste Anual do Imposto sobre a Renda da Pessoa Física (DIRPF), do transmitente, do exercício anterior ao fato gerador; (Redação dada pela IN RE 076/20, de 29/09/20. (DOE 01/10/20) – Efeitos a partir de 01/10/20.)

5 – no caso de empresas com patrimônio líquido superior a R$2.000.000,00 (dois milhões de reais), além do previsto nos números 1 a 4, Demonstração do Fluxo de Caixa (DFC); (Redação dada pela IN RE 076/20, de 29/09/20. (DOE 01/10/20) – Efeitos a partir de 01/10/20.)

6 – no caso de empresa administradora de bens ("*Holding*" Patrimonial), além do previsto nos números 1 a 3, relação simplificada de bens imóveis da empresa em que conste: tipo do bem (casa, apartamento, terreno, etc.), endereço completo, área total (terreno e benfeitoria), ano de construção, estado de conservação e valor no Balanço Patrimonial; (Acrescentado pela IN RE 076/20, de 29/09/20. (DOE 01/10/20) – Efeitos a partir de 01/10/20.)

7 – no caso de empresa de participação em outras sociedades ("*Holding*" de Participações), além do previsto nos números 1 a 3, relação detalhada das participações societárias em coligadas e em controladas;

(Acrescentado pela IN RE 076/20, de 29/09/20. (DOE 01/10/20) – Efeitos a partir de 01/10/20.)

8 – no caso de posto de combustíveis ou posto de serviços, além do previsto nos números 1 a 3, o volume médio de combustíveis vendidos (galonagem) conforme consta no Livro de Movimentação de Combustíveis, a relação de negócios paralelos (box de lavagem, loja de conveniência, borracharia, etc.) e a matrícula do imóvel (terreno e benfeitorias), se próprio. (Acrescentado pela IN RE 076/20, de 29/09/20. (DOE 01/10/20) – Efeitos a partir de 01/10/20.)

b) na hipótese de ações de capital aberto, o extrato contendo: tipo, classificação, quantidade, valor nominal das ações, código da ação na bolsa de valores e razão social. (Redação dada pela IN RE 041/14, de 24/06/14. (DOE 25/06/14) – Efeitos a partir de 25/06/14.)

6.3.1 – O Auditor-Fiscal da Receita Estadual poderá, ainda, solicitar outros documentos além dos relacionados no item 6.3. (Redação dada pela IN RE 041/14, de 24/06/14. (DOE 25/06/14) – Efeitos a partir de 25/06/14.)

6.4 – Nas hipóteses previstas no RITCD, art. 14, §§12 e 13, as empresas de capital fechado e as ações, quotas, participações ou quaisquer títulos representativos do capital social, que não forem objeto de negociação em bolsa de valores, ou não tiverem sido negociados nos 180 (cento e oitenta) dias anteriores à data da avaliação, terão seu valor venal apurado de acordo com as normas técnicas que orientam a prática de avaliação de empresas, o qual poderá considerar, para efeitos de seu cálculo, o ajuste de registro contábil, quando estiver em desacordo com os valores praticados pelo mercado na data da avaliação. (Redação dada pela IN RE 076/20, de 29/09/20. (DOE 01/10/20) – Efeitos a partir de 01/10/20.)

3.3.6 Conclusões sobre base de cálculo

Como se vê, há um intrincado conjunto de normas sobre a determinação da base de cálculo do tributo na transmissão de participações societárias, e não há uniformidade no tratamento dado pelas legislações estaduais para a fixação do respectivo valor venal.

São poucos os Estados que não especificam os critérios a serem adotados para a apuração do valor venal na transmissão desses bens (apenas sete: Amapá, Amazonas, Bahia, Espírito Santo, Maranhão, Mato Grosso do Sul e Roraima). A maioria possui previsão específica acerca dos elementos que serão considerados para a avaliação das ações e quotas sociais, havendo diversos pontos comuns. Mas, mesmo nestes, percebe-se que há diferenças relevantes.

Por exemplo, cita-se a avaliação de ações negociadas em bolsa de valores: os Estados que disciplinam a questão elegem como critério para a avaliação a cotação alcançada na bolsa de valores. No entanto, em algumas legislações estaduais é a cotação na data da transmissão ou do fato gerador, que ocorrem com o falecimento do titular ou a formalização da doação (a exemplo de Alagoas, Minas Gerais, Pará, Rio de Janeiro, Rondônia, Tocantins e São Paulo, entre outros). Em outras leis estaduais, considera-se a cotação na data da avaliação dos bens (como ocorre no Acre, no Piauí e no Rio Grande do Sul); noutras, é considerada a cotação na data da declaração apresentada ao fisco pelo contribuinte (como ocorre no Paraná e em Goiás). Enquanto alguns Estados consideram a cotação média, o Rio Grande do Sul estabelece como parâmetro a cotação oficial de abertura no dia da avaliação.

O mesmo ocorre com relação às quotas sociais ou ações não negociadas em bolsa de valores. Em regra, estipula-se o valor patrimonial da participação societária apurado mediante balanço patrimonial. Mas alguns Estados elegem como marco temporal da apuração a data do fato gerador ou da transmissão; outros, a data da avaliação ou da declaração prestada ao fisco. Há, no entanto, uma uniformidade interna quanto a esses critérios: independentemente do parâmetro eleito, ele serve para a apuração da base de cálculo em ambas as situações analisadas, dentro da mesma unidade federativa.

O que mais se destaca no exame das legislações estaduais sob o aspecto da base de cálculo é que os entes públicos estão atentos à tendência crescente à pejotização do patrimônio familiar e têm reagido a esse movimento através de alterações legislativas específicas.

Exemplo disso é a regra prevista em sete Estados – Alagoas, Ceará, Minas Gerais, Pará, Paraíba, Paraná e Piauí –, que estabelece que a base de cálculo do imposto não pode ser inferior ao valor venal atualizado dos bens imóveis incorporados ao capital social nos últimos cinco anos. Nota-se que Ceará, Minas Gerais e Paraíba falam em bens móveis e imóveis; os demais, apenas em imóveis.

Trata-se de norma claramente voltada para a tributação da *holding* patrimonial, que busca vincular a avaliação das quotas sociais ao valor dos imóveis que compõem o seu ativo.

Outros Estados estabelecem critérios semelhantes, voltados à avaliação de empresas constituídas sob a forma de *holding* familiar. É o caso do Acre, que prevê a apresentação de balanço patrimonial especialmente levantado no momento da avaliação, que avalie o ativo imobilizado pelo seu valor real de mercado. Em Sergipe, é prevista uma sistemática de cálculo que visa apurar os bens imóveis integralizados ao capital social da pessoa jurídica, somando-se o valor venal dos bens imóveis ao valor do patrimônio líquido, com posterior subtração do valor dos imóveis constante no último balanço patrimonial anterior ao fato gerador. A legislação do Rio Grande do Sul é a única que possui dispositivos expressos relacionados às *holdings*, como visto acima: no caso da *holding* patrimonial, além dos documentos contábeis, deve ser apresentada uma relação dos imóveis da empresa com todas as suas especificações, de modo a permitir a avaliação dos imóveis integralizados ao capital da pessoa jurídica; para a *holding* de participações exige-se, além do balanço patrimonial e demais demonstrativos, uma relação detalhada das participações societárias em coligadas e em controladas.

Ainda, diversos Estados estipulam regras que permitem que a autoridade fiscal ajuste a avaliação de acordo com as normas e práticas contábeis aplicáveis à apuração de haveres e à avaliação patrimonial real, quando constatar que o valor do patrimônio líquido não corresponde ao valor de mercado.

Todas essas normas visam apurar o valor de mercado das quotas sociais levando-se em consideração o valor atualizado dos bens que compõem o ativo da empresa, e não o valor meramente nominal ou contábil. Mas ainda que as legislações estaduais estabeleçam mecanismos para apurar o valor real dos imóveis integralizados ao capital social da pessoa jurídica, em clara reação à pejotização familiar, essas medidas esbarram no problema relatado no tópico anterior, de potencial arrecadação da receita pública por unidade federativa diversa da qual estão situados os bens de raiz. A tributação não incidirá sobre os imóveis incorporados ao capital social, mas sobre as quotas sociais; com isso, pode ser cobrada por Estado diverso do qual os bens se situam, pois tornados móveis pela *holding*.

Tais questões tornam extremamente complexa a análise dos cenários fiscais na tributação da *holding* familiar, não sendo possível afirmar, analisando-se exclusivamente os critérios para apuração da base de cálculo, que a constituição da *holding* com vistas ao planejamento sucessório possibilita economia tributária.

Segue abaixo o quadro-resumo dos critérios para a apuração da base de cálculo do imposto na transmissão de ações e quotas sociais, apresentados conforme a ordem alfabética das unidades federativas.

Quadro 1 – Base de cálculo

(continua)

ESTADO	CRITÉRIO DE AVALIAÇÃO	OUTROS CRITÉRIOS
Acre	Ações negociadas em bolsa de valores: cotação na data da avaliação. Quotas e ações não negociadas em bolsa: valor patrimonial real na data da avaliação.	Apresentação de balanço patrimonial especialmente levantado para esse fim, avaliando o ativo imobilizado pelo valor real de mercado.
Alagoas	Ações negociadas em bolsa de valores: cotação média na data da transmissão. Quotas e ações não negociadas em bolsa: valor patrimonial na data da transmissão.	Balanço patrimonial e declaração de imposto de renda da pessoa jurídica relativos ao período de apuração mais próximo à data de transmissão. Não pode ser inferior ao valor venal atualizado dos imóveis incorporados ao capital social nos últimos 5 anos.
Amapá	Valor venal dos bens, determinado por avaliação da Secretaria de Estado da Fazenda.	
Amazonas	Valor venal declarado pelo contribuinte, sujeito à aprovação pela Fazenda Pública Estadual.	
Bahia	Valor venal dos bens, apurado mediante avaliação da Secretaria de Estado da Fazenda.	Bens ou direitos com cotação em bolsa de valores ou de mercadorias: cotação na data da transmissão.
Ceará	Ações negociadas em bolsa de valores: cotação média na data da transmissão. Quotas e ações não negociadas em bolsa: valor patrimonial na data da transmissão.	Balanço patrimonial ou apuração de haveres. Não pode ser inferior ao valor venal atualizado dos bens móveis e imóveis incorporados ao capital social nos últimos 5 anos.

Quadro 1 – Base de cálculo

(continua)

ESTADO	CRITÉRIO DE AVALIAÇÃO	OUTROS CRITÉRIOS
Distrito Federal	Sociedade operacional: último balanço patrimonial. Empresários, sociedades empresárias de participação e administração de bens e sociedades simples sem fins lucrativos: inventário de bens, direitos e obrigações.	
Espírito Santo	Valor venal dos bens, apurado mediante avaliação da Secretaria de Estado da Fazenda.	
Goiás	Sociedade anônima de capital aberto: cotação média na data da transmissão, ou o valor obtido por meio do patrimônio líquido ajustado a valor de mercado, verificado em balanço especialmente levantado, na data da declaração ou da avaliação, acrescido de aviamento. Ações de sociedades de capital fechado ou de quotas de sociedade empresária: patrimônio líquido ajustado a valor de mercado, verificado em balanço especialmente levantado, na data da declaração ou da avaliação, acrescido de aviamento. Acervo patrimonial de sociedade simples ou de empresário individual: valor do patrimônio líquido ajustado a valor de mercado, verificado em balanço especialmente levantado, na data da declaração ou da avaliação, acrescido de aviamento.	Aviamento pode não ser acrescido em determinadas situações especificadas na legislação.

Quadro 1 – Base de cálculo

(continua)

ESTADO	CRITÉRIO DE AVALIAÇÃO	OUTROS CRITÉRIOS
Maranhão	Valor venal dos bens, apurado mediante avaliação da Secretaria de Estado da Fazenda.	
Mato Grosso	Ações negociadas em bolsa de valores: cotação média na data do fato gerador. Quotas e ações não negociadas em bolsa: valor patrimonial na data do fato gerador.	
Mato Grosso do Sul	Valor venal dos bens, apurado mediante avaliação judicial ou administrativa.	
Minas Gerais	Ações negociadas em bolsa de valores: cotação média na data da transmissão. Quotas e ações não negociadas em bolsa: valor patrimonial na data da transmissão.	Balanço patrimonial e declaração de imposto de renda da pessoa jurídica relativos ao período de apuração mais próximo à data de transmissão. Não pode ser inferior ao valor venal atualizado dos bens móveis e imóveis incorporados ao capital social nos últimos 5 anos.
Pará	Ações negociadas em bolsa de valores: cotação média na data da transmissão. Quotas e ações não negociadas em bolsa: valor patrimonial na data da transmissão.	Balanço patrimonial e declaração de imposto de renda da pessoa jurídica relativos ao período de apuração mais próximo à data de transmissão. Não pode ser inferior ao valor venal atualizado dos imóveis incorporados ao capital social nos últimos 5 anos.

Quadro 1 – Base de cálculo

(continua)

ESTADO	CRITÉRIO DE AVALIAÇÃO	OUTROS CRITÉRIOS
Paraíba	Ações de sociedade anônima de capital aberto: cotação média ou levantamento de balanço especial realizado na data da declaração ou da avaliação. Quotas e ações não negociadas em bolsa: valor patrimonial na data da transmissão.	Não pode ser inferior ao valor venal atualizado dos bens móveis e imóveis incorporados ao capital social nos últimos 5 anos.
Paraná	Ações negociadas em bolsa de valores: cotação média na data da declaração do contribuinte, ou o valor obtido em levantamento de balanço especial. Quotas e ações não negociadas em bolsa: patrimônio líquido na data da declaração.	Balanço patrimonial e declaração de imposto de renda da pessoa jurídica relativos ao período de apuração mais próximo à data de transmissão. Não pode ser inferior ao valor venal atualizado dos bens imóveis incorporados ao capital social nos últimos 5 anos.
Pernambuco	Ações negociadas em bolsa de valores: cotação na data da avaliação. Quotas e ações não negociadas em bolsa: valor patrimonial na data da avaliação.	Balanço patrimonial devidamente atualizado, que represente o valor de realização com base em levantamento de bens, direitos e obrigações.
Piauí	Ações negociadas em bolsa de valores: cotação na data da avaliação. Quotas e ações não negociadas em bolsa: valor patrimonial na data da avaliação.	Não pode ser inferior ao valor venal atualizado dos bens imóveis incorporados ao capital social nos últimos 5 anos.

Quadro 1 – Base de cálculo

(continua)

ESTADO	CRITÉRIO DE AVALIAÇÃO	OUTROS CRITÉRIOS
Rio de Janeiro	Ações negociadas em bolsa de valores: cotação média do pregão realizado na data do fato gerador, para a transmissão *causa mortis*, ou do último pregão realizado antes da data de lançamento, para a doação. Quotas e ações não negociadas em bolsa: valor de mercado da sociedade, apurado com base no patrimônio líquido.	Balanço patrimonial anual do exercício imediatamente anterior ao do fato gerador.
Rio Grande do Norte	Ações negociadas em bolsa de valores: cotação na data da transmissão. Quotas e ações não negociadas em bolsa: valor patrimonial na data da transmissão.	
Rio Grande do Sul	Ações negociadas em bolsa de valores: cotação oficial de abertura no dia da avaliação. Quotas e ações não negociadas em bolsa: conforme instruções normativas baixadas pela Receita Estadual.	Relação de documentos contida na Instrução normativa DRP nº 045/98, com dispositivos específicos para *holding* patrimonial e de participações.
Rondônia	Ações negociadas em bolsa de valores: cotação média na data do fato gerador. Quotas e ações não negociadas em bolsa: valor patrimonial na data do fato gerador.	Para sociedade empresária: último balanço patrimonial. Para sociedade simples, empresários, sociedades empresárias de participação e administração de bens: inventário de bens, direitos e obrigações.

Quadro 1 – Base de cálculo

(conclusão)

ESTADO	CRITÉRIO DE AVALIAÇÃO	OUTROS CRITÉRIOS
Roraima	Valor venal dos bens, apurado mediante avaliação da autoridade competente.	
Santa Catarina	Sociedade operacional: último balanço patrimonial. Empresários, sociedades empresárias de participação e administração de bens e sociedades simples sem fins lucrativos: inventário de bens, direitos e obrigações.	
São Paulo	Ações negociadas em bolsa de valores: cotação média na data da transmissão. Quotas e ações não negociadas em bolsa: valor patrimonial na data da transmissão.	
Sergipe	Ações negociadas em bolsa de valores: cotação média na data da transmissão ou balanço especial, sendo considerado o maior valor. Quotas e ações não negociadas em bolsa: patrimônio líquido na data da transmissão.	Balanço patrimonial anual do exercício anterior ao fato gerador. Soma-se o valor venal dos bens imóveis ao patrimônio líquido e, em seguida, subtrai-se o valor referente aos imóveis constantes no último balanço anterior à ocorrência do fato gerador.
Tocantins	Ações negociadas em bolsa de valores: cotação média na data do fato gerador. Quotas e ações não negociadas em bolsa: valor patrimonial na data do fato gerador.	O contribuinte deve apurar o Balanço Patrimonial Ajustado acrescido do aviamento.

Fonte: Elaborado pela autora com dados extraídos das leis estaduais.

3.4 Alíquotas aplicáveis em cada unidade federada

Outro aspecto relevante a ser considerado no planejamento sucessório é a alíquota do imposto de transmissão.

O art. 155, §1º, inciso IV da Constituição Federal prevê que o ITCMD terá suas alíquotas máximas fixadas pelo Senado Federal, que o fez através da Resolução nº 9, de 05 de maio de 1992. O Senado estipula o máximo de 8% (oito por cento) e a possibilidade de se adotar a alíquota progressiva, nos seguintes termos: "As alíquotas dos impostos, fixadas em lei estadual, poderão ser progressivas em função do quinhão que cada herdeiro efetivamente receber, nos termos da Constituição Federal".

Daniel Bucar e Caio Ribeiro Pires defendem que o regime tributário atualmente incidente sobre as heranças merece revisão crítica, para que possa atender aos valores constitucionais, o que passa pela adoção e melhor aproveitamento da progressividade de alíquotas.[134]

A alíquota progressiva é apontada como a concretização do princípio da capacidade contributiva, corolário da igualdade na seara tributária,[135] mas até o ano de 2014, apenas sete Estados brasileiros a aplicavam.[136] Com o agravamento da crise econômica atravessada pelo país nessa época, diversos Estados alteraram suas leis para aumentar a alíquota do ITCMD ou para adotar a progressividade – mais oito Estados e o Distrito Federal passaram a adotá-la, e, na contramão, Alagoas abandonou a técnica.[137]

Para Fernanda de Paula, a tributação da herança é um poderoso instrumento de justiça, e não apenas fonte de arrecadação de receita pública. Há uma dimensão extrafiscal na tributação das heranças, que guarda relação com os objetivos fundamentais da República expressos na Constituição Federal, de construção de uma sociedade justa e de

---

[134] BUCAR, Daniel; PIRES, Caio Ribeiro. Sucessão e tributação: perplexidades e proposições equitativas. *In*: TEIXEIRA, Daniele Chaves (Coord.). *Arquitetura do planejamento sucessório*. 2. ed. Belo Horizonte: Fórum, 2019, p. 98-104.

[135] AVEIRO, Júlio da Costa Rostirola. *A regra-matriz de incidência do imposto em razão da morte*. 143 p. Dissertação (Mestrado em Direito) – Universidade Federal do Paraná, Setor de Ciências Jurídicas, Programa de Pós-Graduação em Direito, Curitiba, 2018, p. 121.

[136] PAULA, Fernanda de. *A tributação da herança sob um enfoque de justiça*: considerações e propostas para um correto aproveitamento tributário das heranças nos sistemas do ITCMD e do IRPF. Rio de Janeiro: Lumen Juris, 2019, p. 83.

[137] PAULA, Fernanda de. *A tributação da herança sob um enfoque de justiça*: considerações e propostas para um correto aproveitamento tributário das heranças nos sistemas do ITCMD e do IRPF. Rio de Janeiro: Lumen Juris, 2019, p. 83-84.

redução das desigualdades sociais.[138] Ao analisar os sistemas estaduais de tributação do ITCMD, a autora conclui que a base tributária das heranças tem sido explorada de maneira muito discreta e defende que haja relativa equivalência com o índice de tributação da renda, como ocorre em outros países, para que seja alcançada a dimensão extrafiscal do imposto.[139] Nesse ponto, menciona a proposta de alteração da Resolução do Senado Federal que objetiva a elevação da alíquota máxima de 8% (oito por cento) para 20% (vinte por cento), consentânea com sua diretriz de equivalência da tributação da herança com a tributação da renda.[140]

O Supremo Tribunal Federal já reconheceu a constitucionalidade da alíquota progressiva em razão do valor dos bens transmitidos. Em recurso extraordinário com repercussão geral, o STF entendeu que todos os impostos estão sujeitos ao princípio da capacidade contributiva, esculpido no art. 145, §1º da Constituição Federal;[141] mesmo os de caráter real e não pessoal, como é o caso do ITCMD.

O recurso dizia respeito à progressividade adotada pela legislação do Estado do Rio Grande do Sul e restou assim ementado:

> RECURSO EXTRAORDINÁRIO. CONSTITUCIONAL. TRIBUTÁRIO. LEI ESTADUAL: PROGRESSIVIDADE DE ALÍQUOTA DE IMPOSTO SOBRE TRANSMISSÃO *CAUSA MORTIS* E DOAÇÃO DE BENS E DIREITOS. CONSTITUCIONALIDADE. ART. 145, §1º, DA CONSTITUIÇÃO DA REPÚBLICA. PRINCÍPIO DA IGUALDADE MATERIAL TRIBUTÁRIA. OBSERVÂNCIA DA CAPACIDADE CONTRIBUTIVA. RECURSO EXTRAORDINÁRIO PROVIDO (RE 562045, Relator(a):

---

[138] PAULA, Fernanda de. *A tributação da herança sob um enfoque de justiça*: considerações e propostas para um correto aproveitamento tributário das heranças nos sistemas do ITCMD e do IRPF. Rio de Janeiro: Lumen Juris, 2019, p. 2-3.

[139] PAULA, Fernanda de. *A tributação da herança sob um enfoque de justiça*: considerações e propostas para um correto aproveitamento tributário das heranças nos sistemas do ITCMD e do IRPF. Rio de Janeiro: Lumen Juris, 2019, p. 86; 106-107.

[140] Proposta encaminhada pelo Ofício nº 11/2015, do Consórcio Nacional de Secretarias de Fazenda, Finanças, Receita e Tributação – Consefaz. (PAULA, Fernanda de. *A tributação da herança sob um enfoque de justiça*: considerações e propostas para um correto aproveitamento tributário das heranças nos sistemas do ITCMD e do IRPF. Rio de Janeiro: Lumen Juris, 2019, p. 83, 112). Cita-se ainda o Projeto de Resolução do Senado nº 57, de 2019, de autoria do Senador Cid Gomes, que propõe a elevação da alíquota máxima para 16% (dezesseis por cento).

[141] "Art. 145 (...) §1º Sempre que possível, os impostos terão caráter pessoal e serão graduados segundo a capacidade econômica do contribuinte, facultado à administração tributária, especialmente para conferir efetividade a esses objetivos, identificar, respeitados os direitos individuais e nos termos da lei, o patrimônio, os rendimentos e as atividades econômicas do contribuinte."

RICARDO LEWANDOWSKI, Relator(a) p/ Acórdão: CÁRMEN LÚCIA, Tribunal Pleno, julgado em 06/02/2013, REPERCUSSÃO GERAL – MÉRITO DJe-233 DIVULG 26-11-2013 PUBLIC 27-11-2013 EMENT VOL-02712-01 PP-00001 RTJ VOL-00228-01 PP-00484).[142]

Daniel Bucar e Caio Ribeiro Pires, além de sustentar a progressividade em razão do valor, entendem como bem-vinda a tributação da herança que considere a progressividade subjetiva da alíquota, que seja tanto maior quanto mais distante a classe do herdeiro na ordem de vocação hereditária prevista no artigo 1.829 do Código Civil.[143] A mesma lógica se aplica também aos herdeiros e legatários instituídos pela via testamentária, que não tenham sido contemplados pelo legislador na sucessão legítima. Para todos esses, os autores defendem que seria razoável diferenciar a forma de tributação da herança, pois os herdeiros necessários são assim considerados em decorrência da proteção à família e da solidariedade familiar, valores eleitos pelo legislador. Vale transcrever os argumentos apresentados pelos autores:

> De toda forma, a transmissão patrimonial *causa mortis* aos herdeiros necessários é presumida como solidariedade necessária e imprescindível para a manutenção dos bens na família (tida como) mais próxima, enquanto aos colaterais apenas subsiste sugestão do ordenamento a permitir segurança jurídica, no sentido de que, uma vez morto o autor da herança *ab intestato*, evita-se a inexistência de titular para aquele patrimônio. (...)
>
> Porém, admitir que colaterais, os quais, presumidamente, apresentam menor relação com o patrimônio do autor da herança sejam tributados da mesma forma que herdeiros necessários, é garantir uma transmissão não funcionalizada que atenta contra a (re)distribuição de riquezas. Efetivamente, aqui há um acréscimo patrimonial que deve encontrar guarida na função social da transmissão proprietária.[144]

---

[142] No mesmo sentido, da constitucionalidade da progressividade objetiva (em razão do monte): "EXTRAORDINÁRIO – ITCMD – PROGRESSIVIDADE – CONSTITUCIONAL. No entendimento majoritário do Supremo, surge compatível com a Carta da República a progressividade das alíquotas do Imposto sobre Transmissão *Causa mortis* e Doação. Precedente: Recurso Extraordinário nº 562.045/RS, mérito julgado com repercussão geral admitida". (BRASIL. Supremo Tribunal Federal. RE 542485 AgR. Relator: Marco Aurélio. Julgamento: 19/02/2013. Órgão Julgador: Primeira Turma. Publicação: Acórdão Eletrônico DJe-045 Divulg 07/03/2013 Public 08/03/2013).

[143] BUCAR, Daniel; PIRES, Caio Ribeiro. Sucessão e tributação: perplexidades e proposições equitativas. *In:* TEIXEIRA, Daniele Chaves (Coord.). *Arquitetura do planejamento sucessório.* 2. ed. Belo Horizonte: Fórum, 2019, p. 101.

[144] BUCAR, Daniel; PIRES, Caio Ribeiro. Sucessão e tributação: perplexidades e proposições equitativas. *In:* TEIXEIRA, Daniele Chaves (Coord.). *Arquitetura do planejamento sucessório.* 2. ed. Belo Horizonte: Fórum, 2019, p. 102.

Mas a progressividade em razão do parentesco teve diferente resultado no Supremo Tribunal Federal.

Analisando a legislação do Estado de Pernambuco, o STF considerou que a distinção de alíquota com base no grau de parentesco ou em questões relacionadas à proximidade afetiva com o falecido não guarda pertinência com o princípio da capacidade contributiva. Com isso, afastou a aplicação da progressividade em razão do parentesco prevista na lei pernambucana.

Na origem, o Tribunal de Justiça do Estado de Pernambuco havia determinado a elaboração de novo cálculo do imposto, com aplicação da alíquota progressiva tão somente quanto ao valor dos bens transmissíveis, sendo afastada a progressividade em razão do parentesco entre o sucessor e o *de cujus*. O Estado de Pernambuco apresentou recurso extraordinário, defendendo o critério adotado pelo legislador estadual.

Em decisão monocrática, o Ministro Luiz Edson Fachin negou seguimento ao recurso extraordinário, considerando inadmissível a utilização do critério do parentesco como meio de efetivação da progressividade tributária. O Ministro entendeu que "não há relação direta entre o parentesco e a manifestação de riqueza que demande do Estado Fiscal a distinção de contribuintes, à luz da equidade vertical".[145] Contra a decisão monocrática, foi interposto agravo regimental, também negado.

Eis o teor da decisão da Primeira Turma do STF, em sede de agravo regimental:

> AGRAVO REGIMENTAL NO RECURSO EXTRAORDINÁRIO. CONSTITUCIONAL E TRIBUTÁRIO. CONSTITUCIONALIDADE DE LEI ESTADUAL SOBRE PROGRESSIVIDADE DE ALÍQUOTA DE IMPOSTO SOBRE TRANSMISSÃO *CAUSA MORTIS* E DOAÇÃO DE BENS E DIREITOS. GRAU DE PARENTESCO COMO PARÂMETRO PARA A PROGRESSIVIDADE: IMPOSSIBILIDADE. AGRAVO REGIMENTAL AO QUAL SE NEGA PROVIMENTO. 1. O critério de grau de parentesco e respectivas presunções da proximidade afetiva, familiar, sanguínea, de dependência econômica com o de cujus ou com o doador, não guarda pertinência com o princípio da capacidade contributiva. 2. Agravo regimental a que se nega provimento. (RE 602256 AgR, Relator(a): EDSON FACHIN, Primeira Turma, julgado em 16/02/2016,

---

[145] BRASIL. Supremo Tribunal Federal. RE 602.256. Relator: Min. Edson Fachin. Julgamento: 16/02/2016. Órgão Julgador: Primeira Turma. Disponível em: http://portal.stf.jus.br/processos/ downloadPeca.asp?id=308160156&ext=.pdf. Acesso em: 20 mar. 2022.

ACÓRDÃO ELETRÔNICO DJe-038 DIVULG 29-02-2016 PUBLIC 01-03-2016)[146]

É preciso pontuar que a decisão do STF não foi submetida à sistemática da repercussão geral e se refere apenas à legislação de Pernambuco, posteriormente revogada. Atualmente, o Estado de Pernambuco prevê a alíquota progressiva apenas em razão do valor, como estabelece o art. 8º da Lei Estadual nº 13.974/2009, com redação vigente a partir 1º de janeiro de 2016, variando entre 2% (dois por cento) e 8% (oito por cento).

Bucar e Pires afirmam, com razão, que a questão merece melhor reflexão pela doutrina e propõem uma releitura da temática à luz do caráter interdisciplinar e da interpretação civil-constitucional dos institutos do Direito Privado.[147] Entendem os autores que a diferenciação de alíquotas em razão do parentesco entre o falecido e os herdeiros é consentânea com a solidariedade familiar,[148] o que permite concretizar, em matéria tributária, a proteção constitucional da família.

As discussões que giram em torno da progressividade de alíquotas, as últimas alterações legislativas promovidas pelos Estados e as propostas de elevação do patamar fixado pela Resolução do Senado Federal nº 9, de 05 de maio de 1992, tudo isso tem sido apontado na prática jurídica como razão para a antecipação de atos de planejamento sucessório, para que as partes possam se beneficiar das alíquotas vigentes no momento e escapar ao possível aumento da tributação incidente sobre a herança.

---

[146] Cita-se ainda: "Agravo regimental no recurso extraordinário. Tributário. ITCMD. Progressividade. Critério para estabelecimento de faixas progressivas. Grau de parentesco. Impossibilidade. 1. Ambas as Turmas da Corte têm rechaçado o critério eleito pela legislação pernambucana para o estabelecimento de faixas de alíquotas progressivas do Imposto sobre Transmissão *Causa mortis* e Doação de Bens e Direitos (ITCMD) baseado no grau de parentesco entre o transmitente ou doador e o beneficiário dos bens e direitos. Precedentes. 2. Nego provimento ao agravo regimental. Deixo de aplicar ao caso dos autos a majoração dos honorários prevista no art. 85, §11, do novo Código de Processo Civil, uma vez que a parte agravada não apresentou contrarrazões ao recurso". (BRASIL. Supremo Tribunal Federal. RE 958709 AgR. Relator: Dias Toffoli. Julgamento: 02/12/2016. Órgão Julgador: Segunda Turma. Publicação: Acórdão Eletrônico DJe-030 Divulg 14/02/2017 Public 15/02/2017).

[147] BUCAR, Daniel; PIRES, Caio Ribeiro. Sucessão e tributação: perplexidades e proposições equitativas. *In*: TEIXEIRA, Daniele Chaves (Coord.). *Arquitetura do planejamento sucessório*. 2. ed. Belo Horizonte: Fórum, 2019, p. 100.

[148] BUCAR, Daniel; PIRES, Caio Ribeiro. Sucessão e tributação: perplexidades e proposições equitativas. *In*: TEIXEIRA, Daniele Chaves (Coord.). *Arquitetura do planejamento sucessório*. 2. ed. Belo Horizonte: Fórum, 2019, p. 103.

Como será tratado adiante, na pesquisa legislativa, alguns Estados inclusive incentivam a realização do planejamento em vida, conferindo alíquota inferior para a doação, em relação à transmissão *causa mortis*.

A seguir, examinam-se as alíquotas aplicáveis em cada legislação estadual, considerando a legislação vigente no momento da pesquisa. Foi utilizada a palavra-chave "alíquota" e realizada a leitura do capítulo próprio existente em cada ato normativo.

Busca-se identificar se há progressividade ou não em cada unidade federada, bem como se há diferenciação entre as alíquotas para a doação e para a sucessão *causa mortis*. Ao final do capítulo, serão analisados os reflexos dessas questões na tributação da *holding* familiar.

3.4.1 Região Norte

A Lei Complementar nº 373, de 11 de dezembro de 2020, do Estado do Acre, estabelece a progressividade da alíquota do ITCMD, trazendo a diferenciação conforme o montante do patrimônio transmitido. O patamar mínimo para a transmissão *causa mortis* é de 4% (quatro por cento) e pode chegar até 7% (sete por cento), de acordo com as faixas de valor especificadas na lei. Para herdeiros colaterais, a alíquota é de 8% (oito por cento), independentemente do total do patrimônio herdado.

No Acre, há a diferenciação de alíquotas entre doação e herança, sendo que a alíquota mínima para a doação é de 2% (dois por cento), podendo chegar até 8% (oito por cento), conforme o valor doado. Entretanto, observa-se que os valores de cada faixa para a doação são inferiores às faixas previstas para a tributação *causa mortis*, sendo necessário verificar o total do patrimônio para que a redução possa ser significativa no planejamento sucessório. Se a base de cálculo é superior a R$200.000,00 (duzentos mil reais), a alíquota para a doação será de 8% (oito por cento); já na transmissão *causa mortis*, a alíquota aplicável para o mesmo valor será de 4% (quatro por cento), de modo que eventual antecipação em vida pode não ser vantajosa do ponto de vista da tributação estadual.

Em caso de sobrepartilha que implique mudança da faixa de alíquotas, a lei prevê que o imposto será recalculado de acordo com a alíquota correspondente ao total do monte, com os acréscimos legais. É preciso atentar para essa questão, pois podem ser aplicadas penalidades, caso configurada a sonegação do patrimônio.

Nota-se ainda que a legislação acreana privilegia a herança necessária ao prever a alíquota máxima de 8% (oito por cento) para a transmissão *causa mortis* a herdeiros colaterais, que independe do montante herdado.

Seguem os dispositivos aplicáveis da legislação do Acre (Lei Complementar nº 373/2020):

> Art. 29. As alíquotas progressivas do ITCMD na transmissão *causa mortis* são:
>
> I – de 4% (quatro por cento) sobre o valor da base de cálculo que exceder R$50.000,00 (cinquenta mil reais) até R$1.500.000,00 (um milhão e quinhentos mil reais), observada a isenção prevista no art. 4º, I;
>
> II – de 5% (cinco por cento) sobre o valor da base de cálculo que exceder R$1.500.000,00 (um milhão e quinhentos mil reais) até R$2.500.000,00 (dois milhões e quinhentos mil reais);
>
> III – de 6% (seis por cento) sobre o valor da base de cálculo que exceder a R$2.500.000,00 (dois milhões e quinhentos mil reais) até R$3.500.000,00 (três milhões e quinhentos mil reais);
>
> IV – de 7% (sete por cento) sobre o valor da base de cálculo que exceder R$3.500.000,00 (três milhões e quinhentos mil reais);
>
> V – 8% (oito por cento) para transmissão *causa mortis* a colaterais.
>
> Parágrafo único. Em caso de sobrepartilha que implique a mudança de faixa de alíquotas, o imposto será recalculado aplicando-se a alíquota correspondente ao total do monte-mor, com os acréscimos legais, sem prejuízo da aplicação das penalidades cabíveis.
>
> Art. 30. Nas transmissões por doação as alíquotas progressivas são:
>
> I – 2% (dois por cento) até R$25.000,00 (vinte e cinco mil reais);
>
> II – 4% (quatro por cento) sobre o valor da base de cálculo que exceder R$25.000,00 (vinte e cinco mil reais) até R$100.000,00 (cem mil reais);
>
> III – 6% (seis por cento) sobre o valor da base de cálculo que exceder R$100.000,00 (cem mil reais) até R$200.000,00 (duzentos mil reais);
>
> IV – 8% (oito por cento) sobre o valor que exceder a R$200.000,00 (duzentos mil reais).

No Estado do Amapá, a alíquota está prevista no Código Tributário Estadual, aprovado pela Lei Estadual nº 400, de 22 de dezembro de 1997. O percentual é de 3% (três por cento) para as doações e de 4% (quatro por cento) para as transmissões *causa mortis*. Não há progressividade de alíquota, como se vê no seu art. 78:

> Art. 78. As alíquotas do ITCD são as seguintes:
>
> I – nas transmissões *causa mortis*, 4% (quatro por cento) sobre o valor tributável:

II – nas doações de quaisquer bens e direitos, 3% (três por cento) sobre o valor tributável. (alterado pela Lei nº 0868, de 31.12.2004)

Parágrafo único. Na hipótese de virem a ser fixadas pelo Senado Federal alíquotas máximas, se inferiores às previstas, essas terão aplicação imediata.

No Estado do Amazonas, o Código Tributário Estadual, instituído pela Lei Complementar nº 19, de 29 de dezembro de 1997, estabelece a alíquota fixa de 2% (dois por cento). Não há diferenciação entre transmissão *causa mortis* e doação. É o que prevê o Código Tributário amazonense:

> Art. 119. A alíquota do imposto é de 2% (dois por cento).
> (...)
> Art. 122-A. A alíquota aplicável do imposto será aquela vigente: (Incisos I e II acrescentados pela Lei Complementar 112/12, efeitos a partir 1º.01.13).
> I – ao tempo da abertura da sucessão, em se tratando de transmissão *causa mortis*, seja o processo judicial ou extrajudicial;
> II – à data do ato jurídico da doação, considerando-se como tal o primeiro ato jurídico a estipular a transferência da coisa, seja por meio judicial ou extrajudicial.

A legislação do Estado do Pará prevê a progressividade da alíquota, conforme estipula o art. 8º da Lei Estadual nº 5.529/1989, com a redação dada pela Lei Estadual nº 8.868/2019, com efeitos a partir de 1º de janeiro de 2020. Para o imposto *causa mortis*, as alíquotas variam entre 2% (dois por cento) e 6% (seis por cento), enquanto para a doação a variação é de 2% (dois por cento) a 4% (quatro por cento).

A lei estabelece a aplicação de forma escalonada, incidindo a alíquota prevista em cada inciso até o limite ali previsto e, no que a exceder, a da faixa subsequente, seguindo-se assim sucessivamente. Os valores de cada faixa estão fixados em Unidades Padrão Fiscal do Estado do Pará (UPF-PA), que em 2021 foi estipulada no valor unitário de R$3,7292 (três reais, sete mil, duzentos e noventa e dois décimos de milésimo).[149] Observa-se que as faixas de progressividade

---

[149] PARÁ. Secretaria da Fazenda. *UPFPA – Unidade de Padrão Fiscal do Estado do Pará*. Disponível em: http://www.sefa.pa.gov.br/index.php/receitas-despesas/info-fazendarias/3010-upfpa. Acesso em: 19 jun. 2021.

possuem valores diferentes para a herança e para a doação, o que deve ser sopesado no planejamento sucessório, calculando-se o tributo eventualmente aplicável considerando o valor total a ser doado ou transmitido.

A legislação paraense traz previsão específica para a doação, decorrente da progressividade de alíquotas. Prevê a lei que, na hipótese de doações sucessivas entre mesmo doador e mesmo donatário, será considerado o total transmitido em cada ano civil, sendo recalculado o imposto a cada nova doação, adicionando-se à base de cálculo os valores dos bens anteriormente doados e deduzindo-se os valores do imposto já recolhido. Isso ocorre para evitar que o contribuinte fracione as suas operações no intuito de se beneficiar indevidamente da alíquota inferior.

Eis o que prevê a legislação paraense (Lei nº 5.529/1989):

> Art. 8º As alíquotas para a cobrança do imposto são:
>
> I – na transmissão de bens ou direitos decorrentes da sucessão hereditária, legítima ou testamentária, prevista no inciso I do *caput* do art. 1º:
>
> a) 2% (dois por cento) quando a base de cálculo for até 15.000 (quinze mil) Unidades Padrão Fiscal do Estado do Pará -UPF-PA;
>
> b) 3% (três por cento) quando a base de cálculo for acima de 15.000 (quinze mil) até 50.000 (cinquenta mil) Unidades Padrão Fiscal do Estado do Pará -UPF-PA;
>
> c) 4% (quatro por cento) quando a base de cálculo for acima de 50.000 (cinquenta mil) até 150.000 (cento e cinquenta mil) Unidades Padrão Fiscal do Estado do Pará -UPF-PA;
>
> d) 5% (cinco por cento) quando a base de cálculo for acima de 150.000 (cento e cinquenta mil) até 350.000 (trezentos e cinquenta mil) Unidades Padrão Fiscal do Estado do Pará -UPF-PA;
>
> e) 6% (seis por cento) quando a base de cálculo for acima de 350.000 (trezentos e cinquenta mil) Unidades Padrão Fiscal do Estado do Pará -UPF-PA.
>
> II – na transmissão por meio de doações com ou sem encargos, a qualquer título, de bens ou de direitos, prevista no inciso II do *caput* do art. 1º:
>
> a) 2% (dois por cento) quando a base de cálculo for até 60.000 (sessenta mil) Unidades Padrão Fiscal do Estado do Pará -UPF-PA;
>
> b) 3% (três por cento) quando a base de cálculo for acima de 60.000 (sessenta mil) até 120.000 (cento e vinte mil) Unidades Padrão Fiscal do Estado do Pará -UPF-PA;
>
> c) 4% (quatro por cento) quando a base de cálculo for acima de 120.000 (cento e vinte mil) Unidades Padrão Fiscal do Estado do Pará -UPF-PA.

§1º Para a aplicação das alíquotas previstas nos incisos I e II do *caput* deste artigo, deverá ser considerado o limite da base de cálculo estabelecido para a faixa inicial e, naquilo que a excede, o limite da faixa subsequente, e assim sucessivamente.

§2º Na hipótese de sucessivas doações entre o mesmo doador e donatário, serão consideradas todas as transmissões realizadas a esse título, dentro de cada ano civil, devendo o imposto ser recalculado a cada nova doação, adicionando-se à base de cálculo os valores dos bens anteriormente transmitidos e deduzindo-se os valores dos impostos já recolhidos.

No Estado de Rondônia, o art. 5º da Lei Estadual nº 959, de 28 de dezembro de 2000, prevê percentuais que variam entre 2% (dois por cento) e 4% (quatro por cento). Não há distinção de alíquota em razão do tipo da operação (doação ou transmissão *causa mortis*), somente em razão do valor da base de cálculo.

A legislação não esclarece se a alíquota é aplicada de forma escalonada, de acordo com as faixas de valor previstas em cada inciso, ou se é aplicada sobre o valor total da base de cálculo. As faixas são estipuladas em Unidade Padrão Fiscal do Estado de Rondônia (UPF/RO), cujo valor vigente no exercício de 2021 foi de R$92,54 (noventa e dois reais e cinquenta e quatro centavos).[150] Eis o que estabelece a Lei nº 959/2000 do Estado de Rondônia:

> Art. 5º As alíquotas do ITCD são:
> I – de 2% (dois por cento), quando a base de cálculo for igual ou inferior a 1.250 (um mil, duzentas e cinqüenta) UPFs;
> II – de 3% (três por cento), quando a base de cálculo for superior a 1.250 (um mil, duzentas e cinqüenta) e inferior a 6.170 (seis mil, cento e setenta) UPFs;
> III – de 4% (quatro por cento), quando a base de cálculo for igual ou superior a 6.170 (seis mil, cento e setenta) UPFs.

Da forma como redigida a Lei, entende-se que a alíquota será aplicada sobre o valor total transmitido ou doado, pois não se faz referência ao valor excedente em cada faixa. Portanto, sendo a base de cálculo superior a 6.170 (seis mil, cento e setenta) unidades UPF/RO,

---

[150] RONDÔNIA. Secretaria de Estado de Finanças – SEFIN. *Resolução nº 002/2020/GAB/CRE*. Disponível em: https://legislacao.sefin.ro.gov.br/textoLegislacao.jsp?texto=1359. Acesso em: 19 jun. 2021.

que em 2021 corresponderiam a R$570.971,80 (quinhentos e setenta mil, novecentos e setenta e um reais e oitenta centavos), a alíquota será de 4% (quatro por cento), aplicada sobre o valor total, e não sobre o valor que exceder a faixa anterior.

Tal entendimento é corroborado pelo que consta no Decreto nº 15.474, de 29 de outubro de 2010, que prevê, quanto ao cálculo do imposto, que o contribuinte deverá informar a totalidade dos bens e direitos transmitidos:

> Art. 19. O ITCD será calculado pelo próprio sujeito passivo, sem prévio exame do Fisco estadual.
>
> Art. 20. Para calcular o valor devido, o sujeito passivo deverá usar o aplicativo específico disponibilizado na internet pela Coordenadoria da Receita Estadual, por meio do qual serão prestadas as informações relativas ao cálculo do imposto.
>
> Parágrafo único. Por meio do aplicativo mencionado no *caput* o sujeito passivo deverá informar a totalidade dos bens e direitos transmitidos.

No Estado de Roraima, o imposto está disciplinado no Código Tributário Estadual, aprovado pela Lei nº 59, de 28 de dezembro de 1993, que prevê a alíquota de 4% (quatro por cento), aplicável independentemente da natureza do ato. Não há diferenciação de alíquota entre a doação e a transmissão *causa mortis*, como se vê no dispositivo legal: "Art. 79. A alíquota do imposto é de 4% (quatro por cento), independentemente da natureza do ato".

No Estado do Tocantins, a alíquota do tributo está prevista no artigo 61 do Código Tributário Estadual, aprovado pela Lei nº 1.287, de 28 de dezembro de 2001. Com nova redação dada pela Lei Estadual nº 3.019, de 30 de setembro de 2015, com efeitos a partir de 1º de janeiro de 2016, o art. 61 prevê alíquotas que variam entre 2% (dois por cento) e 8% (oito por cento), conforme as faixas especificadas em cada inciso.

A aplicação dos percentuais não é feita de forma escalonada, e sim sobre o valor total dos bens e direitos tributáveis pelo Estado. A diferenciação de alíquota se dá apenas em razão do valor dos bens, não havendo distinção entre a doação e a herança.

Eis o que prevê o Código Tributário do Tocantins (Lei nº 1.287/2001):

> Art. 61. As alíquotas do ITCD são:
>
> I – 2%, quando a base de cálculo for superior a R$25.000,00 e até R$100.000,00;

II – 4%, quando a base de cálculo for superior a R$100.000,00 e até R$500.000,00;

III – 6%, quando a base de cálculo for superior a R$500.000,00 e até R$2.000.000,00;

IV – 8%, quando a base de cálculo for superior a R$2.000.000,00.

§1º Para efeito de determinação das alíquotas previstas neste artigo, considera-se o valor total dos bens e direitos tributáveis por este Estado.

§2º A alíquota do imposto, relativamente à transmissão:

I – *causa mortis*, é a vigente ao tempo da abertura da sucessão.

II – por doação, é a vigente ao tempo da doação.

3.4.2 Região Nordeste

No Estado de Alagoas, a alíquota é fixa, sendo de 4% (quatro por cento) para a transmissão *causa mortis* e de 2% (dois por cento) para as doações. É o que prevê o artigo 168 da Lei Estadual nº 5.077, de 12 de junho de 1989, que institui o Código Tributário do Estado de Alagoas:

Art. 168. As alíquotas do imposto são:

I – 4,0 (quatro por cento) nas transmissões *causa mortis*; e

*Nova redação dada ao inciso I do art. 168 pela Lei 7.861/2016. Efeitos a partir de 31/03/2017.

II – 2,0 (dois por cento) nas transmissões por doação.

*Nova redação dada ao inciso II do art. 168 pela Lei 7.861/2016. Efeitos a partir de 01/01/2017.

O Estado da Bahia estabelece a alíquota fixa de 3,5% (três inteiros e cinco décimos por cento) para as doações de quaisquer bens ou direitos, conforme prevê o art. 9º da Lei Estadual nº 4.826, de 27 de janeiro de 1989, com redação dada pela Lei Estadual nº 12.609/2012, com efeitos a partir de 29 de março de 2013.

Já para a transmissão *causa mortis*, a legislação estipula a progressividade da alíquota, que pode variar de 4% (quatro por cento) a 8% (oito por cento), aplicável conforme o valor do monte partível, cujas faixas são especificadas nos incisos. Eis o que prevê a Lei nº 4.826/1989 baiana:

Art. 9º As alíquotas do ITD são as seguintes:

I – 3,5 % (três inteiros e cinco décimos por cento), nas doações de quaisquer bens ou direitos;

II – nas transmissões *causa mortis*:

a) 4 % (quatro por cento), para espólio de R$100.000,00 (cem mil reais) a até R$200.000,00 (duzentos mil reais);

b) 6 % (seis por cento), para espólio acima de R$200.000,00 (duzentos mil reais) a até R$300.000,00 (trezentos mil reais):

c) 8 % (oito por cento), para espólio acima de R$300.000,00 (trezentos mil reais).

No Estado do Ceará, a alíquota é aplicada de forma progressiva e escalonada, incidindo em cada uma das faixas sobre os valores ali previstos, fixados em Unidade Fiscal de Referência do Estado do Ceará (UFIRCE). Para o exercício de 2021, o valor da unidade fiscal cearense correspondeu a R$4,68333 (quatro reais e sessenta e oito mil e trezentos e trinta e três centésimos de milésimos).[151]

Há a diferenciação de alíquotas conforme o tipo da transmissão – por sucessão *causa mortis* ou doação –, sendo que os patamares para a doação são ligeiramente maiores do que os da transmissão em razão da morte.

Por exemplo, a alíquota mínima de 2% se aplica na transmissão *causa mortis* do patrimônio até R$46.833,33 (quarenta e seis mil, oitocentos e trinta e três reais e trinta e três centavos), considerando o valor da UFIRCE para o exercício de 2021. Já para a doação, a mesma alíquota de 2% (dois por cento) se aplica até o valor de R$117.083,25 (cento e dezessete mil e oitenta e três reais e vinte e cinco centavos).

A alíquota máxima de 8% (oito por cento) se aplica para a doação acima de R$1.170.832,50 (hum milhão, cento e setenta mil, oitocentos e trinta e dois reais e cinquenta centavos), correspondente a 250.000 (duzentas e cinquenta mil) unidades fiscais do Estado do Ceará no exercício de 2021. Já para a sucessão *causa mortis*, a alíquota de 8% (oito por cento) se aplica ao patrimônio superior a R$187.333,20 (cento e oitenta e sete mil, oitocentos e trinta e três reais e vinte centavos), no mesmo exercício. É possível afirmar, portanto, que poderá haver vantagens fiscais na antecipação do recolhimento dos tributos no Estado do Ceará, mediante realização de doações em vida, algo que deve ser sopesado durante o planejamento sucessório.

---

[151] CEARÁ. Secretaria de Estado da Fazenda do Ceará. Fazenda divulga o valor da Ufirce para 2021. *Sefaz*, 30 set. 2020. Disponível em: https://www.ceara.gov.br/2020/12/30/fazenda-divulga-o-valor-da-ufirce-para-2021/. Acesso em: 22 jun. 2021.

A legislação cearense estabelece que as alíquotas serão aplicadas através da decomposição em faixas de valores totais dos bens, sendo que a cada uma das faixas será aplicada a respectiva alíquota. Quando houver a alienação antecipada de bens do espólio por alvará judicial, esses bens serão considerados no cálculo do tributo, para definição dos valores totais e das alíquotas aplicáveis. Da mesma forma, na sobrepartilha serão acrescentados os novos bens aos originalmente partilhados, sendo efetuado o recálculo do tributo e eventual complementação em relação aos valores inicialmente pagos.

Eis o que prevê a Lei Estadual nº 15.812, de 20 de julho de 2015, do Estado do Ceará:

> Art.15. No caso de sobrepartilha, à base de cálculo original serão acrescentados os novos bens, conforme definido em regulamento.
>
> Art.16. As alíquotas do ITCD, considerando-se o valor da respectiva base de cálculo, são:
>
> I – nas transmissões *causa mortis*:
>
> a) 2% (dois por cento), até 10.000 (dez mil) Ufirces;
>
> b) 4% (quatro por cento), acima de 10.000 (dez mil) e até 20.000 (vinte mil) Ufirces;
>
> c) 6% (seis por cento), acima de 20.000 (vinte mil) e até 40.000 (quarenta mil) Ufirces;
>
> d) 8% (oito por cento), acima de 40.000 (quarenta mil) Ufirces;
>
> II – nas transmissões por doação:
>
> a) 2% (dois por cento), até 25.000 (vinte e cinco mil) Ufirces;
>
> b) 4% (quatro por cento), acima de 25.000 (vinte e cinco mil) e até 150.000(cem mil) Ufirces;
>
> c) 6% (seis por cento), acima de 150.000 (cinquenta mil) e até 250.000 (duzentas e cinquenta mil) Ufirces;
>
> d) 8% (oito por cento), acima de 250.000 (duzentas e cinquenta mil) Ufirces;
>
> Art.17. A apuração do imposto devido será efetuada mediante a decomposição em faixas de valores totais dos bens e direitos transmitidos, que será convertida em Ufirce, ou outro índice que a substitua, sendo que a cada uma das faixas será aplicada a respectiva alíquota.
>
> §1º As alíquotas deste imposto serão definidas com base no resultado da soma do valor da totalidade dos bens e direitos transmitidos, inclusive na hipótese de liberação de parte dos bens do espólio, por meio de autorização ou alvará judicial.
>
> §2º O imposto de transmissão *causa mortis* é devido pela alíquota vigente ao tempo da abertura da sucessão, nos termos do art.1.784 da Lei nº 10.406, de 10 de janeiro de 2002, que institui o Código Civil Brasileiro.

O regulamento do ITCD no Estado do Ceará, aprovado pelo Decreto nº 32.082, de 11 de novembro de 2016, detalha a sistemática de cálculo:

> Art.25. Na hipótese de sobrepartilha, o imposto devido na transmissão *causa mortis* será recalculado para considerar o acréscimo patrimonial relativo a cada quinhão ou legado.
>
> §1º Feito o recálculo, o sujeito passivo será notificado a recolher o imposto complementar apurado, com a cobrança de juros e de multa moratórios.
>
> §2º Não haverá a cobrança de juros e de multa moratórios na hipótese de sobrepartilha de bens ou direitos objeto de litígio judicial ou comprovadamente identificados como sendo de titularidade do de cujus após a partilha.
>
> §3º O disposto no §2º deste artigo aplica-se, inclusive, quando a sobrepartilha envolver créditos decorrentes de precatórios indisponíveis.
> (...)
>
> Art.28. A apuração do imposto devido será efetuada mediante a decomposição em faixas de valores totais dos bens e direitos transmitidos, que será convertida em Ufirce, sendo que a cada uma das faixas será aplicada a respectiva alíquota.
>
> §1º Para fins de aplicação das alíquotas do imposto, será deduzido da base de cálculo o valor objeto da isenção, prevista no inciso I do *caput* do artigo 15 deste Decreto.
>
> §2º O disposto no *caput* deste artigo aplica-se, inclusive, na hipótese deliberação de parte dos bens do espólio, por meio de autorização ou alvará judicial.
>
> §3º O imposto de transmissão *causa mortis* é devido pela alíquota vigente ao tempo da abertura da sucessão, nos termos do artigo 1.784 do Código Civil.

No Estado do Maranhão, a alíquota é progressiva, variando conforme o montante do patrimônio transmitido ou doado. Há diferenciação de alíquotas entre doação e sucessão *causa mortis*, sendo que as alíquotas variam de 3% (três por cento) a 7% (sete por cento) no caso de herança e de 1% (um por cento) a 2% (dois por cento) para a doação.

Nota-se que a legislação maranhense privilegia a realização em vida do ato de transmissão, fazendo incidir alíquotas significativamente menores para a doação, independentemente do valor do patrimônio. Estando o bem acima de R$300.000,00 (trezentos mil reais), a alíquota para a doação não ultrapassará o importe de 2% (dois por cento). Para o cálculo do imposto sobre a doação, serão considerados todos os bens e direitos transmitidos no mesmo exercício fiscal entre mesmo doador e donatário.

É o que prevê o artigo 110 da Lei Estadual nº 7.799, de 19 de dezembro de 2002, que dispõe sobre o Sistema Tributário do Estado do Maranhão, com a redação dada pela Lei Estadual nº 10.283/2015:

> Art. 110. As alíquotas do ITCD são:
>
> I – nas doações de quaisquer bens ou direitos e nas instituições de usufruto:
>
> a) 1% (um por cento), caso a soma dos valores venais não seja superior a R$100.000,00, respeitadas as disposições sobre os limites e condições de isenção previstas no art. 107-A, da Lei nº 7.799/2002, atualizada pela Lei nº 9.127/2010;
>
> b) 1,5% (um e meio por cento), caso a soma dos valores venais seja superior a R$100.000,00 e se estenda até R$300.000,00;
>
> c) 2% (dois por cento), caso a soma dos valores venais seja superior a R$300.000,00.
>
> II – em quaisquer outras hipóteses, bem como na transmissão *causa mortis*, as alíquotas do imposto, são:
>
> a) 3% (três por cento), caso a soma dos valores venais se estenda até R$300.000,00;
>
> b) 4% (quatro por cento), caso a soma dos valores venais seja superior a R$300.000,00 e se estenda até R$600.000,00;
>
> c) 5% (cinco por cento), caso a soma dos valores venais seja superior a R$600.000,00 e se estenda até R$900.000,00;
>
> d) 6% (seis por cento), caso a soma dos valores venais seja superior a R$900.000,00 e se estenda até R$1.200.000,00;
>
> e) 7% (sete por cento), caso a soma dos valores venais exceda a R$1.200.000,00.
>
> Parágrafo único. Para os efeitos do disposto neste artigo:
>
> I – Incluem-se na soma dos valores venais a que se refere o *caput* deste artigo aqueles relativos aos bens, títulos, créditos e direitos neles referidos, transmitidos no mesmo exercício fiscal entre o mesmo doador e donatário;
>
> II – Excetuam-se da soma dos valores venais a que se refere o *caput* deste artigo aqueles relativos aos bens relacionados no art. 107-A;
>
> III – O Secretário da Fazenda, a cada dia 2 de janeiro dos anos subsequentes à data da vigência desta Lei divulgará, mediante Resolução Administrativa, os valores que servirão de base de cálculo do imposto, baseado nos índices que servirem de parâmetros para atualização monetária aplicável aos impostos instituídos neste Estado.

No Estado da Paraíba, a alíquota progressiva foi adotada pela Lei Estadual nº 10.507, de 19 de setembro de 2015, que alterou o art. 6º da Lei Estadual nº 5.123, de 27 de janeiro de 1989, com efeitos a partir de 1º de janeiro de 2016.

Os percentuais variam de 2% (dois por cento) a 8% (oito por cento) tanto para a doação quanto para a sucessão *causa mortis*, mas os patamares de cada faixa são distintos, com valores superiores para a doação. Ou seja, pode haver menor incidência de tributos na doação em vida, uma vez que a alíquota máxima de 8% (oito por cento) será aplicada apenas quando os valores doados forem superiores a R$1.180.000,00 (um milhão, cento e oitenta mil reais), enquanto na sucessão *causa mortis* aplica-se a alíquota máxima de 8% (oito por cento) para transmissões acima de R$290.000,00 (duzentos e noventa mil reais). É importante conhecer a legislação e simular as possibilidades durante o planejamento sucessório, para subsidiar a tomada de decisões quanto às alternativas possíveis.

A legislação paraibana prevê que a apuração do imposto será efetuada mediante a decomposição em faixas de valores totais dos bens e direitos transmitidos, aplicando-se a cada uma das faixas a alíquota respectiva. Além disso, a lei estipula que será considerado o valor total dos bens e direitos para a definição das alíquotas aplicáveis, incluindo-se eventuais bens liberados antecipadamente por autorização ou alvará judicial.

A Lei Estadual nº 5.123/1989 da Paraíba prevê o seguinte:

Art. 6º As alíquotas do ITCD são as seguintes:
I – nas transmissões por *causa mortis*: (nova redação dada às alíneas pela Lei nº 11.470/19 – DOE de 26.10.19)

a) com valor até R$75.000,00 (setenta e cinco mil reais), 2% (dois por cento);

b) com valor acima de R$75.000,00 (setenta e cinco mil reais) e até R$150.000,00 (cento e cinquenta mil reais), 4% (quatro por cento);

c) com valor acima de R$150.000,00 (cento e cinquenta mil reais) e até R$290.000,00 (duzentos e noventa mil reais), 6% (seis por cento);

d) com valor acima de R$290.000,00 (duzentos e noventa mil reais), 8% (oito por cento);

II – nas transmissões por doações: (nova redação dada às alíneas pela Lei nº 11.470/19 – DOE de 26.10.19)

a) com valor até R$75.000,00 (setenta e cinco mil reais), 2% (dois por cento);

b) com valor acima de R$75.000,00 (setenta e cinco mil reais) e até R$590.000,00 (quinhentos e noventa mil reais), 4% (quatro por cento);

c) com valor acima de R$590.000,00 (quinhentos e noventa mil reais) e até R$1.180.000,00 (um milhão, cento e oitenta mil reais), 6% (seis por cento);

d) com valor acima de R$1.180.000,00 (um milhão, cento e oitenta mil reais), 8% (oito por cento).

Parágrafo único. A apuração do imposto devido será efetuada mediante a decomposição em faixas de valores totais dos bens e direitos transmitidos, aplicando-se a cada uma das faixas a alíquota respectiva.

Art. 7º As alíquotas do imposto serão definidas com base no resultado da soma do valor da totalidade dos bens e direitos transmitidos ou doados, inclusive, na hipótese de liberação de parte dos bens do espólio, por meio de autorização ou alvará judicial.

Parágrafo único. O imposto sobre transmissão *causa mortis* é devido pela alíquota vigente ao tempo da abertura da sucessão, nos termos do art. 1.787 da Lei nº 10.406, de 10 de janeiro de 2002, que institui o Código Civil Brasileiro.

No Estado de Pernambuco, o imposto possui alíquota progressiva para fatos geradores ocorridos a partir de 1º de janeiro de 2016, conforme prevê o art. 8º da Lei Estadual nº 13.974/2009, alterado pela Lei Estadual nº 15.601/2015. A partir da nova redação, não há diferenciação de alíquota conforme a natureza da operação – doação ou transmissão *causa mortis* –; antes, a alíquota incidente sobre a doação era inferior à alíquota paga pelos herdeiros e legatários.

Eis o que prevê o art. 8º da legislação de Pernambuco (Lei Estadual nº 13.974/2009):

Art. 8º As alíquotas do imposto são as indicadas a seguir, relativamente aos fatos geradores ocorridos:

I – até 31 de dezembro de 2015, na hipótese de transmissão *causa mortis*, 5% (cinco por cento); (Lei 15.601/2015)

II – até 31 de dezembro de 2015, nas demais hipóteses, 2% (dois por cento); e (Lei 15.601/2015)

III – a partir de 1º de janeiro de 2016, conforme estabelecido no Anexo Único. (Lei 15.601/2015)

O Anexo Único da referida lei, por seu turno, estabelece faixas que se diferenciam apenas conforme o valor do quinhão ou dos bens doados, variando de 2% (dois por cento) a 8% (oito por cento):

ANEXO ÚNICO

Alíquotas do ICD – a partir de 1º de janeiro de 2016
(art. 8º)

VALOR DO QUINHÃO OU DA DOAÇÃO	ALÍQUOTA DO ICD
até R$ 200.000,00	2%
acima de R$ 200.000,00 até R$ 300.000,00	4%
acima de R$ 300.000,00 até R$ 400.000,00	6%
acima de R$ 400.000,00	8%

(Acrescido pela Lei nº15.601/2015)

No Estado do Piauí, a alíquota é progressiva apenas para a transmissão *causa mortis*, variando entre 2% (dois por cento) e 6% (seis por cento). Para as transmissões por doação, a alíquota é fixa, no percentual de 4% (quatro por cento).

A apuração do imposto é realizada mediante a decomposição em faixas dos valores dos bens, fixadas em Unidade Fiscal de Referência do Estado do Piauí (UFR-PI). A cada uma das faixas será aplicada a respectiva alíquota, após deduzidas eventuais dívidas do espólio. A lei dispõe que será considerada a totalidade dos bens e direitos transmitidos para a definição da alíquota aplicável, incluindo-se eventuais bens liberados antecipadamente por autorização judicial ou alvará. Para o exercício de 2021, o valor da unidade fiscal do Piauí corresponde a R$3,68 (três reais e sessenta e oito centavos).[152]

O art. 15 da Lei Estadual nº 4.261/1989, do Estado do Piauí, com a redação dada pela Lei Estadual nº 6.744/2015, assim prevê:

> Art. 15. As alíquotas do Imposto sobre Transmissão *Causa mortis* e Doação são:
>
> I – nas transmissões *causa mortis*:
>
> a) até 20.000 (vinte mil) UFR-PI, 2% (dois por cento);
>
> b) acima de 20.000 (vinte mil) e até 500.000 (quinhentos mil) UFR-PI, 4% (quatro por cento);
>
> c) acima de 500.000 (quinhentos mil) UFR-PI, 6% (seis por cento);
>
> II – nas transmissões por doação, 4% (quatro por cento).
>
> §1º A apuração do imposto devido será efetuada mediante a decomposição em faixas dos valores dos bens e direitos transmitidos após a

---

[152] PIAUÍ. Secretaria de Estado da Fazenda do Piauí. *UFR-PI*. Disponível em: https://webas.sefaz.pi.gov.br/legislacao/ufr/. Acesso em: 19 jul. 2021.

dedução das dívidas do espólio, no caso de transmissão *Causa mortis*, sendo que a cada uma das faixas será aplicada a respectiva alíquota.

§2º As alíquotas deste imposto serão definidas com base no resultado da soma do valor venal da totalidade dos bens e direitos transmitidos, respeitada a ressalva do parágrafo anterior quanto à dedução das dívidas do espólio, inclusive na hipótese de liberação de parte dos bens do espólio, por meio de autorização ou alvará judicial.

§3º A alíquota aplicável será:

I – nas transmissões *causa mortis*, aquela vigente na data da abertura da sucessão;

II – nas transmissões do fiduciário, para o fideicomissário, aquela vigente no momento da transmissão;

III – nas transmissões por doação, aquela vigente no momento da transmissão.

§4º Será admitido o pagamento parcelado do imposto com a aplicação da Taxa de Juros Selic, ou outra que venha a lhe substituir, em modo a ser regulamentado pelo Poder Executivo.

§5º Os efeitos desta Lei não se aplicam a processos com óbitos ocorridos anteriores a sua publicação.

No Estado do Rio Grande do Norte, o art. 7º da Lei Estadual nº 5.887/1989 – com nova redação dada pela Lei Estadual nº 9.993/2015, com efeitos a partir de 28 de janeiro de 2016 – prevê a progressividade de alíquota, que varia entre 3% (três por cento) e 6% (seis por cento).

Não há distinção de alíquotas conforme seja a operação *inter vivos* ou *mortis causa*, somente em razão do valor dos bens transmitidos. Extrai-se da legislação que a alíquota será aplicada de forma escalonada, uma vez que as faixas subsequentes se aplicam ao valor que exceder a faixa anterior. Eis o que prevê a lei potiguar nº 5.887/1989:

Art. 7º As alíquotas do ITCD para quaisquer transmissões e doações são as seguintes:

I – 3% (três por cento), para a base de cálculo de até R$500.000,00 (quinhentos mil reais);

II – 4% (quatro por cento), para a parcela da base de cálculo que exceder R$500.000,00 (quinhentos mil reais) até o limite de R$1.000.000,00 (um milhão de reais);

III – 5% (cinco por cento), para a parcela da base de cálculo que exceder R$1.000.000,00 (um milhão de reais) até o limite de R$3.000.000,00 (três milhões de reais);

IV – 6% (seis por cento), para a parcela da base de cálculo que exceder R$3.000.000,00 (três milhões de reais).

No Estado de Sergipe, a alíquota é progressiva, e as faixas são diferenciadas conforme o valor dos bens, fixadas em Unidade Fiscal Padrão do Estado de Sergipe (UFP/SE). Para o mês de julho de 2021, o valor da unidade era de R$46,96 (quarenta e seis reais e noventa e seis centavos).[153]

O art. 14 da Lei Estadual nº 7.724/2013, com a redação dada pela Lei Estadual nº 8.729/2020, com efeitos a partir de 12 de agosto de 2020, prevê alíquotas distintas conforme a operação (doação ou transmissão *causa mortis*). As alíquotas não serão aplicadas de forma escalonada, mas sim sobre o valor total do quinhão dos bens ou direitos recebidos, conforme prevê a lei. Em caso de sobrepartilha, o valor dos bens sobrepartilhados será somado aos bens inicialmente partilhados para a definição da faixa de alíquota, sendo cabível a complementação do imposto já recolhido se houver mudança de alíquota em função do referido acréscimo.

É o que prevê a legislação estadual de Sergipe (Lei nº 7.724/2013):

> Art. 14. As alíquotas do ITCMD são as seguintes:
>
> I – nas transmissões *causa mortis*:
>
> a) acima de 200 (duzentas) até 2.417 (duas mil quatrocentas e dezessete) UFP/SE, 3% (três por cento);
>
> b) acima de 2.417 (duas mil quatrocentas e dezessete) até 12.086 (doze mil e oitenta e seis) UFP/SE, 6% (seis por cento);
>
> c) acima de 12.086 (doze mil e oitenta e seis) UFP/SE, 8% (oito por cento);
>
> II – nas transmissões por doação:
>
> a) acima de 200 (duzentas) UFP/SE até 6.900 (seis mil e novecentas) UFP/SE, 2% (dois porcento);
>
> b) acima de 6.900 (seis mil e novecentas) UFP/SE até 46.019 (quarenta e seis mil e dezenove) UFP/SE; 4% (quatro por cento);
>
> c) acima de 46.019 (quarenta e seis mil e dezenove) UFP/SE, 8%(oito por cento).
>
> §1º O imposto é calculado aplicando-se a alíquota definida neste artigo sobre o valor do quinhão dos bens e direitos transmitidos.
>
> §2º A alíquota aplicável ao cálculo do imposto deve ser aquela vigente à época da ocorrência do fato gerador.

---

[153] Índice disponível em: https://www.sefaz.se.gov.br/SitePages/default.aspx. Acesso em: 19 jul. 2021.

§3º Havendo sobrepartilha, o valor a sobrepartilhar relativo a cada quinhão será somado ao valor partilhado, tornando-se devida a complementação do imposto sobre o valor partilhado se houver mudança de alíquota em função do referido acréscimo.

§4º Excepcionalmente, aplicar-se-á a alíquota de 3% (três por cento) do ITCMD nas transmissões por doação ou transmissão *causa mortis*, até 30 de novembro de 2019.

3.4.3 Região Centro-Oeste

No Distrito Federal, a alíquota progressiva está prevista no art. 9º da Lei Estadual nº 3.804/2006, com redação dada pela Lei Estadual nº 5.549/2015, com efeitos a partir de 14 de janeiro de 2016.

Os valores das faixas de alíquotas são atualizados monetariamente por ato da Secretaria de Estado de Economia do Distrito Federal, com vigência anual. As alíquotas são aplicadas de maneira escalonada, até o limite de cada faixa, aplicando-se a subsequente sobre o valor que exceder a anterior. Não há diferenciação de percentuais entre doação e transmissão *causa mortis*, somente em razão do valor da base de cálculo.

A legislação do Distrito Federal prevê que serão consideradas as sucessivas doações entre mesmo doador e donatário no período de 12 (doze) meses, sendo recalculado o imposto a cada nova doação. Para tanto, adiciona-se à base de cálculo os valores anteriormente tributados e deduz-se os valores do imposto já recolhidos. Na hipótese de sobrepartilha, também será recalculado o tributo, considerando, para a definição da alíquota aplicável, o acréscimo patrimonial de cada quinhão.

Eis o teor da Lei nº 3.804/2006 do Distrito Federal, com a atualização monetária vigente para o ano de 2021:

Art. 9º O imposto observa as seguintes alíquotas:

I – 4% sobre a parcela da base de cálculo que não exceda a R$1.000.000,00;

NOTA: FICA ATUALIZADO PARA R$1.232.851,51 O VALOR DESTE ART. 9º, INCISO I, CONFORME ART.29, INCISO I DO ATO DECLARATÓRIO SUREC Nº 26, de 11/12/20 – DODF de 15/12/20. Efeitos a partir de 1º/01/2021.

II – 5% sobre a parcela da base de cálculo que exceda R$1.000.000,00 até R$2.000.000,00;

NOTA: FICA ATUALIZADO PARA R$1.232.851,51 O VALOR DESTE ART. 9º, INCISO II, CONFORME ART.29, INCISO I DO ATO DECLARATÓRIO SUREC Nº 26, de 11/12/20 – DODF de 15/12/20. Efeitos a partir de 1º/01/2021.

III – 6% sobre a parcela da base de cálculo que exceda R$2.000.000,00.

NOTA: FICA ATUALIZADO PARA R$2.465.703,02 O VALOR DESTE ART. 9º, INCISO III, CONFORME ART. 30, INCISO II DO ATO DECLARATÓRIO SUREC Nº 26, de 11/12/20 – DODF de 15/12/20. Efeitos a partir de 1º/01/2021.

§1º Nas transmissões *causa mortis*, ocorrem tantos fatos geradores distintos quantos sejam os herdeiros ou legatários.

§2º Para fins de cálculo do imposto, na hipótese de sucessivas doações ou cessões entre o mesmo doador ou cedente e o mesmo donatário ou cessionário, são consideradas todas as transmissões realizadas a esse título, nos últimos 12 meses, devendo o imposto ser recalculado a cada nova doação, adicionando-se à base de cálculo os valores anteriormente submetidos à tributação e deduzindo-se os valores do imposto já recolhidos.

§3º Na hipótese de sobrepartilha, o imposto devido na transmissão *causa mortis* é recalculado para considerar o acréscimo patrimonial de cada quinhão.

No Estado de Goiás, a alíquota é progressiva e aplicada de maneira escalonada, conforme as faixas de valor estipuladas no art. 78 do Código Tributário Estadual aprovado pela Lei Estadual nº 11.651/1991. Não há diferenciação conforme a natureza do ato de transmissão, incidindo a mesma alíquota tanto para a doação quanto para a sucessão em razão da morte. Eis o que prevê a legislação goiana:

Art.78. As alíquotas progressivas do ITCD são: (Redação conferida pela Lei nº 19.021 – vigência 01.01.16)

I – de 2% (dois por cento), quando o valor da base de cálculo for até R$25.000,00 (vinte e cinco mil reais); (Redação conferida pela Lei nº 19.021 – vigência 01.01.16)

II – de 4% (quatro por cento), sobre o valor da base de cálculo que exceder a R$25.000,00 (vinte e cinco mil reais) até R$200.000,00 (duzentos mil reais); (Redação conferida pela Lei nº 19.021 – vigência 01.01.16)

III – de 6% (seis por cento), sobre o valor da base de cálculo que exceder a R$200.000,00 (duzentos mil reais) até R$600.000,00 (seiscentos mil reais); (Redação conferida pela Lei nº 19.021 – vigência 01.01.16)

IV – de 8% (oito por cento), sobre o valor da base de cálculo que exceder a R$600.000,00 (seiscentos mil reais); (Redação acrescida pela Lei nº 19.021 – vigência 01.01.16)

No Estado do Mato Grosso, a alíquota é progressiva e aplicada conforme as faixas de escalonamento atribuídas por fato gerador, havendo diferença entre a transmissão por doação ou *causa mortis*.

Os valores de cada faixa estão fixados em Unidade Padrão Fiscal do Estado do Mato Grosso (UPF/MT), correspondente a R$197,85 (cento e noventa e sete reais e oitenta e cinco centavos) no mês de julho de 2021.[154] O valor total do imposto deve ser calculado somando-se os valores apurados em relação a cada faixa de tributação, considerando que a alíquota de cada faixa será aplicada exclusivamente sobre o montante que exceder o limite da anterior. A legislação dispensa o recolhimento do imposto inferior a uma Unidade Padrão Fiscal (UPF/MT).

No caso da doação, serão consideradas as operações realizadas entre as mesmas partes – doador e donatário – no mesmo ano civil. A cada nova doação, será recalculado o tributo e verificada a alíquota aplicável, adicionando-se os novos valores à base de cálculo e deduzindo-se os valores do imposto anteriormente recolhido. Percebe-se que não há incentivo fiscal para a realização de doações em vida no Estado do Mato Grosso, pois as faixas de escalonamento (sobretudo as de isenção) são mais abrangentes para a transmissão *causa mortis* do que para a doação.

A legislação mato-grossense assim prevê (Lei nº 7.850/2002):

Art. 19 As alíquotas do imposto são as fixadas de acordo com as diferentes faixas de escalonamento da base de cálculo atribuída por fato gerador dos bens transmitidos por doação ou *causa mortis*, constantes das tabelas abaixo: (Nova redação dada pela Lei 10.488/16, efeitos a partir de 1º.04.17)

I – nas transmissões *causa mortis*: (Nova redação dada pela Lei 10.488/16, efeitos a partir de 1º.04.17)

FAIXA	ESCALONAMENTO DA BASE DE CÁLCULO REFERENTE A CADA FATO GERADOR (considerado o quinhão de cada herdeiro ou legatário)	ALÍQUOTA
a)	Até 1.500 (mil e quinhentas) UPF/MT	Isento
b)	Acima de 1.500 (mil e quinhentas) e até 4.000 (quatro mil) UPF/MT	2% (dois por cento)
c)	Acima de 4.000 (quatro mil) e até 8.000 (oito mil) UPF/MT	4% (quatro por cento)
d)	Acima de 8.000 (oito mil) e até 16.000 (dezesseis mil) UPF/MT	6% (seis por cento)
e)	Acima de 16.000 (dezesseis mil) UPF/MT	8% (oito por cento)

---

[154] MATO GROSSO. *UPF/MT*. Disponível em: http://www5.sefaz.mt.gov.br/upf-mt. Acesso em: 20 jul. 2021.

II – nas doações: (Nova redação dada pela Lei 10.488/16, efeitos a partir de 1º.04.17)

FAIXA	ESCALONAMENTO DA BASE DE CÁLCULO REFERENTE A CADA FATO GERADOR	ALÍQUOTA
a)	Até 500 (quinhentas) UPF/MT	Isento
b)	Acima de 500 (quinhentas) e até 1.000 (mil) UPF/MT	2% (dois por cento)
c)	Acima de 1.000 (mil) e até 4.000 (quatro mil) UPF/MT	4% (quatro por cento)
d)	Acima de 4.000 (quatro mil) e até 10.000 (dez mil) UPF/MT	6% (seis por cento)
e)	Acima de 10.000 (dez mil) UPF/MT	8% (oito por cento)

§1º (Revogado) (Revogado pela Lei 8.631/06)

§2º (Revogado) (Revogado pela Lei 8.631/06)

§3º Nas hipóteses previstas neste artigo, a alíquota fixada em cada faixa será aplicada exclusivamente sobre o montante que exceder o limite fixado para aquela imediatamente inferior. (Acrescentado pela Lei 10.488/16, efeitos a partir de 1º.04.17)

§4º O valor total do imposto devido será calculado somando-se os valores apurados em relação a cada faixa de tributação. (Acrescentado pela Lei 10.488/16, efeitos a partir de 1º.04.17)

§5º Em relação ao inciso II do *caput* deste artigo, o imposto será recalculado a cada doação efetuada, no mesmo ano civil, pelo mesmo doador ao mesmo donatário, adicionando-se à base de cálculo os valores dos bens ou direitos anteriormente transmitidos e deduzindo-se os valores dos impostos já recolhidos. (Acrescentado pela Lei 10.488/16, efeitos a partir de 1º.04.17)

§6º Fica dispensado o pagamento do imposto quando o valor a pagar for inferior a 1 (uma) UPF/MT. (Acrescentado pela Lei 10.488/16, efeitos a partir de 1º.04.17)

O Estado do Mato Grosso do Sul não adota a alíquota progressiva, mas diferencia as operações tributadas: para a doação, a alíquota é de 3% (três por cento), e para a transmissão *causa mortis*, é de 6% (seis por cento). É o que prevê o art. 129 do Código Tributário Estadual do Mato Grosso do Sul, aprovado pela Lei Estadual nº 1.810/1997, com a nova redação dada pela Lei nº 4.759/2015, com efeitos a partir de 15 de fevereiro de 2016:

Art. 129. As alíquotas do ITCD ficam fixadas em:

I – seis por cento, nos casos de transmissão *causa mortis*;

(Inciso I: nova redação dada pela Lei nº 4.759/2015. Efeitos a partir de 15.02.2016.)

II – três por cento, nas hipóteses de doação de quaisquer bens ou direitos.

(Inciso II: nova redação dada pela Lei nº 4.759/2015. Efeitos a partir de 15.02.2016.)

Art. 130. Sobrevindo alíquotas inferiores àquelas fixadas neste artigo, por decorrência de Resolução editada pelo Senado Federal, o Regulamento pode reduzi-las até o limite então estabelecido.

3.4.4 Região Sudeste

No Estado do Espírito Santo, a alíquota é fixa de 4% (quatro por cento), incidente tanto sobre a doação, quanto sobre a transmissão por sucessão hereditária. É o que estabelece o art. 12 da Lei Estadual nº 10.011, de 20 de maio de 2013:

Art. 12. A alíquota do imposto é de quatro por cento.

Art. 13. O valor do imposto a recolher será o resultado da aplicação da alíquota correspondente sobre a respectiva base de cálculo.

Art. 14. O pagamento do imposto será efetuado na forma e nos prazos estabelecidos em regulamento.

No Estado de Minas Gerais, a alíquota, antes progressiva, sofreu alteração legal e tornou-se fixa no percentual de 5% (cinco por cento), conforme previsto na Lei Estadual nº 17.272/2007, que alterou o art. 10 da Lei Estadual nº 14.941/2003.

A alíquota é única para transmissões por doação ou por sucessão *causa mortis*, cujo fato gerador tenha ocorrido a partir de 28 de março de 2008. A redação anterior previa a alíquota progressiva de 3% (três por cento) a 6% (seis por cento) para a transmissão em razão da morte e de 2% (dois por cento) a 4% (quatro por cento) para as doações, aplicáveis conforme faixas de valores estipuladas em Unidade Fiscal do Estado de Minas Gerais (UFEMG).

A legislação mineira prevê a possibilidade de o Poder Executivo conceder, nos termos do regulamento, desconto de até 20% (vinte por cento) do valor do imposto devido, desde que recolhido em até noventa dias contados da abertura da sucessão, na transmissão *causa mortis*. Para a transmissão por doação, o desconto poderá ser de até 50% (cinquenta por cento), concedido para operações com base de cálculo até 90.000 (noventa mil) UFEMG, desde que recolhido o tributo antes da ação fiscal. O valor da unidade fiscal mineira, para o exercício de 2021, era de R$3,9440 (três reais, nove mil quatrocentos e quarenta décimos de milésimos).[155]

Outra previsão da legislação de Minas Gerais diz respeito às sucessivas doações ao mesmo donatário. Nessa hipótese, serão consideradas as transmissões realizadas no período de três anos civis – diferentemente de outros Estados, em que se considera o período de doze meses –, devendo o imposto ser recalculado a cada nova doação. Tal regra possui maior relevância quando estamos a tratar da alíquota progressiva, uma vez que o acréscimo de novos valores poderá significar a mudança da faixa de alíquotas e a necessidade de complementação do tributo. Na vigência da alíquota única de 5% (cinco por cento), as sucessivas doações entre mesmo doador e donatário não terão o condão de alterar o imposto recolhido anteriormente.

Eis o teor dos dispositivos atualmente vigentes da lei mineira nº 14.941/2003:

> Art. 10. O imposto será calculado aplicando-se a alíquota de 5% (cinco por cento) sobre o valor total fixado para a base de cálculo dos bens e direitos recebidos em doação ou em face de transmissão *causa mortis*.
>
> Parágrafo único. O Poder Executivo poderá conceder desconto, nos termos do regulamento:
>
> I – na hipótese de transmissão *causa mortis*, de até 20% (vinte por cento) do valor do imposto devido, desde que recolhido no prazo de até noventa dias contados da abertura da sucessão;
>
> II – na hipótese de doação cujo valor seja de até 90.000 (noventa mil) Ufemgs, de até 50% (cinquenta por cento) do valor do imposto devido, desde que recolhido pelo contribuinte antes da ação fiscal.
>
> Art. 11. Na hipótese de sucessivas doações ao mesmo donatário, serão consideradas todas as transmissões realizadas a esse título no período de três anos civis, devendo o imposto ser recalculado a cada nova doação, adicionando-se à base de cálculo os valores dos bens anteriormente transmitidos e deduzindo-se os valores dos impostos já recolhidos.

O regulamento mineiro, aprovado pelo Decreto nº 43.981/2005, estabelece as regras específicas para a concessão do desconto mencionado em lei.

---

[155] MINAS GERAIS. Secretaria de Estado da Fazenda. *UFEMG*. Disponível em: http://www.fazenda.mg.gov.br/empresas/legislacao_tributaria/resolucoes/ufemg.html. Acesso em: 21 jul. 2021.

O abatimento para a transmissão *causa mortis* será de 15% (quinze por cento), se recolhido o tributo no prazo de 90 (noventa) dias contados da abertura da sucessão e desde que o contribuinte apresente, no mesmo prazo, a declaração de bens e direitos ao Fisco estadual. Perderá o desconto o contribuinte que omitir ou falsear as informações constantes na referida declaração, não se considerando falseamento a mera divergência entre os valores atribuídos aos bens pelo contribuinte e os valores avaliados pela repartição fazendária.

Para a doação, o decreto prevê o desconto máximo autorizado em lei: 50% (cinquenta por cento) do valor do imposto devido, considerando a doação com valor até 90.000 (noventa mil) unidades fiscais mineiras. Em valores válidos para o exercício de 2021, aplica-se o desconto para doações de até R$354.960,00 (trezentos e cinquenta e quatro mil, novecentos e sessenta reais). É preciso atentar que o tributo deve ser recolhido espontaneamente pelo contribuinte, antecipando-se ao início da ação fiscal.

Na hipótese de sobrepartilha, serão aplicadas as normas tributárias vigentes à época da abertura da sucessão, dando-se aos bens sobrepartilhados o mesmo tratamento tributário dado aos bens partilhados originalmente. Não será renovado o prazo para pagamento do imposto, que será recalculado sobre a totalidade dos bens e direitos, deduzindo-se as quantias já pagas e eventual desconto usufruído, conforme metodologia de cálculo prevista no regulamento.

Ainda, o decreto mineiro prevê que o desconto não será aplicado na hipótese de retenção de valores por seguradoras, instituições financeiras e demais entidades responsáveis pelo recolhimento do imposto, sobre bens que estão sob sua administração ou custódia. A retenção do imposto por essas instituições deve ser realizada em sua integralidade, cabendo ao contribuinte, se presentes os requisitos previstos no decreto regulamentador, solicitar o abatimento ou a restituição do montante equivalente ao desconto.

Confira-se os dispositivos previstos no Decreto nº 43.981/2005 do Estado de Minas Gerais:

> Art. 23. Na transmissão *causa mortis*, observado o disposto no §1º deste artigo, para pagamento do imposto devido será concedido desconto de 15% (quinze por cento), se recolhido no prazo de 90 (noventa) dias, contado da abertura da sucessão.
>
> §1º A eficácia do desconto previsto neste artigo está condicionada à entrega da Declaração de Bens e Direitos, a que se refere o art. 31, no prazo de 90 (noventa) dias, contado da abertura da sucessão.

§2º O contribuinte perderá o desconto usufruído sobre o valor recolhido quando:

I – não entregar a Declaração de Bens e Direitos a que se refere o art. 31 ou entregá-la após o prazo de 90 (noventa) dias, contado da abertura da sucessão;

II – omitir ou falsear as informações na declaração de que trata o inciso I.

§3º Não caracteriza falseamento de informação na declaração a divergência entre os valores declarados pelo contribuinte e os resultantes da avaliação realizada pela repartição fazendária.

§4º Para o recolhimento de diferença do imposto pelo contribuinte que tenha usufruído do desconto de que trata o *caput*, será observado o seguinte:

I – na hipótese em que o contribuinte tenha cumprido as condições descritas no §1º, o imposto será recalculado sobre a totalidade dos bens e direitos apurados, dele deduzida a importância correspondente ao somatório do valor originalmente pago a título de imposto e do valor do desconto concedido nos pagamentos anteriores;

II – do resultado apurado nos termos do inciso I será ainda abatido o valor correspondente a 15% (quinze por cento), se:

a) entregue a Declaração de Bens e Direitos, inclusive a relativa à sobrepartilha, no prazo de 90 (noventa) dias da abertura da sucessão; e

b) recolhida a diferença no prazo de 90 (noventa) dias da abertura da sucessão ou de 10 (dez) dias da ciência da diferença apurada pelo Fisco, se essa se der após 80 (oitenta) dias da abertura da sucessão, inclusive na hipótese descrita no §3º.

III – nas hipóteses previstas no §2º, o imposto será recalculado sobre a totalidade dos bens e direitos, dele deduzida apenas a importância originalmente paga a esse título.

§5º O desconto a que se refere o *caput* não se aplica ao ITCD recolhido em decorrência do art. 35-A, hipótese em que o valor a ele correspondente será concedido ao contribuinte sob a forma de abatimento do imposto devido, ou, não sendo este possível, sob a forma de restituição, observado o disposto no §2º.

Art. 23-A. Na hipótese de doação cujo valor seja de até 90.000 (noventa mil) UFEMGs, será concedido desconto de 50% (cinquenta por cento) do valor do imposto devido, desde que recolhido pelo contribuinte antes do início da ação fiscal.

Art. 24. Na hipótese de sucessivas doações ao mesmo donatário, serão consideradas todas as transmissões realizadas a esse título no período de três anos civis.

§1º Para os efeitos deste artigo, havendo co-donatários em uma mesma doação será observada a proporcionalidade dos valores dos bens e direitos recebidos pelo mesmo donatário.

§2º Na hipótese deste artigo, o imposto será recalculado sobre a totalidade dos bens e direitos apurados, dele deduzida a importância originalmente paga a título de imposto, para efeito de lançamento de ofício ou de recolhimento espontâneo.

Art. 25. Na hipótese de sobrepartilha:

I – será observado o tratamento tributário previsto na legislação vigente à época da abertura da sucessão;

II – não será renovado o prazo para pagamento do imposto;

III – o imposto será recalculado sobre a totalidade dos bens e direitos apurados, dele deduzida a importância originalmente paga a título de imposto, observado, quanto ao desconto usufruído, o disposto nos incisos I e II do §4º do art. 23.

(...)

Art. 35-A. As entidades de previdência complementar, abertas e fechadas, as seguradoras e as instituições financeiras são responsáveis pela retenção e pelo recolhimento do ITCD devido a este Estado, na hipótese de transmissão *causa mortis* ou doação de bem ou direito sob sua administração ou custódia, inclusive aquele relativo aos planos de previdência privada e seguro de pessoas nas modalidades de Plano Gerador de Benefício Livre – PGBL –, Vida Gerador de Benefício Livre – VGBL – ou assemelhado.

No Estado do Rio de Janeiro, o art. 26 da Lei Estadual nº 7.174/2015 estabelece alíquotas progressivas do imposto, que variam entre 4% (quatro por cento) e 8% (oito por cento), incidindo conforme faixas definidas de acordo com o valor da Unidade Fiscal de Referência do Estado do Rio de Janeiro (UFIR-RJ). Não há distinção de alíquota conforme o fato gerador (*causa mortis* ou *intervivos*), aplicável de maneira indistinta para a sucessão e a doação. Para o exercício de 2021, o valor da unidade UFIR-RJ era de R$3,7053 (três reais e sete mil e cinquenta e três décimos de milésimos).[156]

A legislação fluminense estipula que haverá cobrança de diferença do imposto, com os acréscimos legais, em caso de sobrepartilha que implique a mudança de faixa de alíquotas. Ainda, poderão ser aplicadas as penalidades definidas na legislação tributária estadual, caso não

---

[156] RIO DE JANEIRO (Estado). Secretaria de Estado da Fazenda. *UFIR-RJ*. Disponível em: http://www.fazenda.rj.gov.br/sefaz/faces/oracle/webcenter/sitestructure/render.jspx?datasource=UCMServer%23dDocName%3A100471&_afrLoop=47193696847053531&_afrWindowMode=0&_afrWindowId=null&_adf.ctrl-state=5t4jy1jh7_326. Acesso em: 04 ago. 2021.

sejam comprovados os requisitos do Código de Processo Civil para a realização da sobrepartilha.[157]

Eis o que prevê a Lei nº 7.174/2015 do Estado do Rio de Janeiro sobre a alíquota do imposto:

> Art. 26. O imposto é calculado aplicando-se, sobre o valor fixado para a base de cálculo, considerando-se a totalidade dos bens e direitos transmitidos, a alíquota de:
>
> I – 4,0% (quatro e meio por cento), para valores até 70.000 UFIR-RJ;
>
> (Inciso I alterado pela Lei Estadual nº 7.786/2017, vigente a partir de 17.11.2017, com efeitos a contar de 01.01.2018)
>
> II – 4,5% (quatro e meio por cento), para valores acima de 70.000 UFIR-RJ e até 100.000 UFIR-RJ;
>
> III – 5,0% (cinco por cento), para valores acima de 100.000 UFIR-RJ e até 200.000 UFIR-RJ;
>
> IV – 6% (seis por cento), para valores acima de 200.000 UFIR-RJ até 300.000 UFIR-RJ;
>
> V – 7% (sete por cento), para valores acima de 300.000 UFIR-RJ e até 400.000 UFIR-RJ;
>
> VI – 8% (oito por cento) para valores acima de 400.000 UFIR-RJ.
>
> §1º Em caso de sobrepartilha que implique a mudança de faixa de alíquotas, será cobrada a diferença do imposto, com os acréscimos legais, sem prejuízo da aplicação das penalidades previstas no art. 37, caso não comprovados os requisitos previstos no Código de Processo Civil.
>
> §2º Aplica-se a alíquota vigente ao tempo da ocorrência do fato gerador.
>
> (Art. 26 alterado pela Lei Estadual nº 7.786/2017, vigente a partir de 17.11.2017, com efeitos a contar de 16.02.2018, em decorrência do disposto nas alíneas "b" e "c" do inciso III do art. 150 da Constituição da República)

O inciso I do artigo 26, cuja redação foi alterada pela Lei Estadual nº 7.786/2017, contém uma antinomia aparentemente solucionada em favor do contribuinte: a alíquota fixada para valores até 70.000 UFIR-RJ, em numeral, é de 4%, mas está descrita por extenso como "quatro e meio por cento". Já a Resolução SEFAZ nº 182, de 26 de dezembro de 2017, que regulamenta a lei do ITCMD no Estado do Rio de Janeiro,

---

[157] O art. 669 do Código de Processo Civil de 2015 prevê que estão sujeitos à sobrepartilha os bens: "I – sonegados; II – da herança descobertos após a partilha; III – litigiosos, assim como os de liquidação difícil ou morosa; IV – situados em lugar remoto da sede do juízo onde se processa o inventário".

faz referência à alíquota de 4% para valores até 70.000 UFIR-RJ, como se vê em seu artigo 24, adiante transcrito:

> Art. 24. O imposto é calculado aplicando-se, sobre o valor fixado para a base de cálculo, considerando-se a totalidade dos bens e direitos transmitidos:
>
> I – para os fatos geradores ocorridos antes de 28 de março de 2016, a alíquota de 4%;
>
> II – para os fatos geradores ocorridos a partir de 28 de março de 2016 e até 31 de dezembro de 2017, a alíquota de:
>
> a) 4,5%, para valores até 400.000 (quatrocentas mil) UFIR-RJ; e
>
> b) 5%, para valores acima de 400.000 (quatrocentas mil) UFIR-RJ.
>
> III – para os fatos geradores ocorridos a partir de 1º de janeiro de 2018 e até 15 de fevereiro de 2018, a alíquota de:
>
> a) 4%, para valores até 70.000 (setenta mil) UFIR-RJ;
>
> b) 4,5%, para valores acima de 70.000 (setenta mil) e até 400.000 (quatrocentas mil) UFIR-RJ; e
>
> c) 5%, para valores acima de 400.000 (quatrocentas mil) UFIR-RJ.
>
> IV – para os fatos geradores ocorridos a partir de 16 de fevereiro de 2018, a alíquota de:
>
> a) 4%, para valores até 70.000 (setenta mil) UFIR-RJ;
>
> b) 4,5%, para valores acima de 70.000 (setenta mil) e até 100.000 (cem mil) UFIR-RJ;
>
> c) 5%, para valores acima de 100.000 (cem mil) e até 200.000 (duzentas mil) UFIR-RJ;
>
> d) 6%, para valores acima de 200.000 (duzentas mil) e até 300.000 (trezentas mil) UFIR-RJ;
>
> e) 7%, para valores acima de 300.000 (trezentas mil) e até 400.000 (quatrocentas mil) UFIR-RJ; e
>
> f) 8%, para valores acima de 400.000 (quatrocentas mil) UFIR-RJ.
>
> Parágrafo Único – Em caso de sobrepartilha que implique mudança de faixa de alíquotas de que tratam os incisos II, III e IV deste artigo, será cobrada a diferença do imposto, com os acréscimos legais, sem prejuízo da aplicação das penalidades previstas no art. 37 da Lei nº 7.174, de 28 de dezembro de 2015, caso não comprovados os requisitos previstos no Código de Processo Civil.

No Estado de São Paulo, a alíquota é fixa no percentual de 4% (quatro por cento), aplicável para todos os fatos geradores. É o que prevê o art. 16 da Lei Estadual nº 10.705, de 28 de dezembro de 2000, com a redação dada pela Lei nº 10.992, de 21 de dezembro de 2001: "Artigo

16 – O imposto é calculado aplicando-se a alíquota de 4% (quatro por cento) sobre o valor fixado para a base de cálculo. (Redação dada ao artigo pela Lei 10.992, de 21-12-2001; DOE 22-12-2001; Efeitos a partir de 01-01-2002)."

3.4.5 Região Sul

No Estado do Paraná, a alíquota é de 4% (quatro por cento) para qualquer transmissão, seja ela *causa mortis*, seja por doação ou qualquer outro ato gratuito. O art. 22 da Lei Estadual nº 18.573/2015 prevê: "Art. 22. A alíquota do ITCMD é 4% (quatro por cento) para qualquer transmissão".

No Estado de Santa Catarina, a alíquota é progressiva e varia de 1% (um por cento) a 8% (oito por cento), conforme faixas de valores fixadas em reais, previstas no art. 9º da Lei Estadual nº 13.136/2004.

Os percentuais são aplicados de maneira escalonada e incidem sobre cada faixa de valor, passando-se à faixa subsequente no que exceder a anterior. Não há diferenciação de alíquota conforme a operação, sendo aplicáveis os mesmos parâmetros tanto para a doação quanto para a transmissão em razão da morte.

A legislação catarinense prevê ainda a progressividade em razão do parentesco, estipulando a alíquota máxima de 8% (oito por cento) nas hipóteses em que: i) o sucessor legítimo ou testamentário seja colateral ou não tenha relação de parentesco com o falecido, ou ii) o donatário ou cessionário seja parente colateral ou não tenha relação de parentesco com o cedente ou doador.

Na hipótese de doações sucessivas com coincidência de doador e donatário, será considerado, para fins de definição da alíquota e cálculo da tributação, o período de 12 (doze) meses. O imposto será recalculado a cada nova doação, incluindo-se os novos valores doados na base de cálculo e deduzindo-se o valor do imposto já recolhido. O mesmo ocorrerá na sobrepartilha, em que será recalculado o imposto para considerar o acréscimo patrimonial de cada quinhão.

Eis o que prevê a Lei nº 13.136/2004 do Estado de Santa Catarina a respeito da alíquota:

> Art. 9º As alíquotas para a cobrança do imposto são:
>
> I – um por cento sobre a parcela da base de cálculo igual ou inferior a R$20.000,00 (vinte mil reais);

II – três por cento sobre a parcela da base de cálculo que exceder a R$20.000,00 (vinte mil reais) e for igual ou inferior a R$50.000,00 (cinqüenta mil reais);

III – cinco por cento sobre a parcela da base de cálculo que exceder a R$50.000,00 (cinqüenta mil reais) e for igual ou inferior a R$150.000,00 (cento e cinqüenta mil reais);

IV – sete por cento sobre a parcela da base de cálculo que exceder a R$150.000,00 (cento e cinqüenta mil reais); e

V – oito por cento sobre a base de cálculo, quando:

a) o sucessor for:

1) parente colateral; ou

2) herdeiro testamentário ou legatário, que não tiver relação de parentesco com o de cujus.

b) o donatário ou o cessionário:

1. for parente colateral; ou

2. não tiver relação de parentesco com o doador ou o cedente.

Parágrafo único. Para fins de cálculo do imposto, na hipótese de sucessivas doações ou cessões entre o mesmo doador ou cedente e o mesmo donatário ou cessionário, serão considerados todas as transmissões realizadas a esse título, nos últimos doze meses, devendo o imposto ser recalculado a cada nova doação, adicionando-se à base de cálculo os valores anteriormente submetidos à tributação, deduzindo-se os valores do imposto já recolhidos.

O regulamento catarinense, aprovado pelo Decreto Estadual nº 2.884/2004, acrescenta a previsão relativa à sobrepartilha, que determina a realização de novo cálculo para considerar o acréscimo patrimonial:

Art. 7º As alíquotas do imposto são:

(...)

§2º Na hipótese de sobrepartilha, o imposto devido na transmissão *causa mortis* será recalculado para considerar o acréscimo patrimonial de cada quinhão.

No Estado do Rio Grande do Sul, a alíquota é progressiva e escalonada, havendo tabelas distintas para a transmissão *causa mortis* e a doação.

As faixas definidas pela legislação gaúcha estão fixadas em Unidade de Padrão Fiscal do Estado do Rio Grande do Sul (UPF-RS), cujo valor em 2021 era de R$21,1581 (vinte e um reais e mil quinhentos e oitenta e um décimos de milésimo).[158] Será considerado o valor da UPF-RS vigente na data da avaliação, como prevê a Lei Estadual nº 8.821/1989, com a redação dada pela Lei Estadual nº 14.741, de 24 de setembro de 2015, cujos efeitos são produzidos a partir de 1º de janeiro de 2016.

Na hipótese de sobrepartilha, os bens sobrepartilhados terão seus valores somados aos bens originalmente arrolados para a definição da faixa de alíquota, sendo cabível a complementação do imposto em caso de mudança de faixa. Já para a doação, a legislação prevê o período de 1 (um) ano a ser considerado para a definição das faixas. Serão somadas todas as doações ocorridas nesse interregno, entre mesmo doador e donatário, cabendo a complementação do imposto se houver mudança de faixa em função do acréscimo de novas doações.

A lei prevê que não serão considerados no valor da avaliação (e, por conseguinte, na base de cálculo do imposto) os itens isentos, como: roupas, utensílios agrícolas de uso manual, móveis e aparelhos de uso doméstico.

Eis o que diz a legislação gaúcha a respeito da alíquota (Lei nº 8.821/1989):

> Art. 18 – Na transmissão *causa mortis*, a alíquota do imposto é definida com base no resultado da soma dos valores venais da totalidade dos bens imóveis situados neste Estado, bens móveis, títulos, créditos, ações, quotas e valores, de qualquer natureza, bem como dos direitos a eles relativos, compreendidos em cada quinhão, avaliados nos termos do art. 12, aplicando-se a seguinte tabela: (Redação dada pelo art. 1º da Lei 14.741, de 24/09/15. (DOE 25/09/15) – Efeitos a partir de 01/01/16.)

Faixa	Valor do quinhão (em UPF-RS)		Alíquota
	Acima de	Até	
I	0	2.000	0%
II	2.000	10.000	3%
III	10.000	30.000	4%
IV	30.000	50.000	5%
V	50.000		6%

§1º O imposto devido será calculado pela aplicação da alíquota correspondente sobre o valor do quinhão, conforme tabela deste artigo.

---

[158] RIO GRANDE DO SUL. Secretaria de Estado da Fazenda. *UPF/RS*. Disponível em: https://receita.fazenda.rs.gov.br/conteudo/6345/upf-rs. Acesso em: 10 ago. 2021.

(Redação dada pelo art. 1º da Lei 14.741, de 24/09/15. (DOE 25/09/15) – Efeitos a partir de 01/01/16.)

§2º Para efeitos do disposto neste artigo: (Redação dada pelo art. 1º da Lei 14.741, de 24/09/15. (DOE 25/09/15) – Efeitos a partir de 01/01/16.)

I – havendo sobrepartilha, o valor a sobrepartilhar relativo a cada quinhão será somado ao valor partilhado, tornando-se devida a complementação do imposto sobre o valor partilhado se houver mudança de faixa em função do referido acréscimo; (Redação dada pelo art. 1º da Lei 14.741, de 24/09/15. (DOE 25/09/15) – Efeitos a partir de 01/01/16.)

II – excetuam-se da soma dos valores venais a que se refere o *caput* deste artigo aqueles relativos aos bens relacionados no inciso VIII do art. 7º; e (Redação dada pelo art. 1º da Lei 14.741, de 24/09/15. (DOE 25/09/15) – Efeitos a partir de 01/01/16.)

III – o valor da UPF-RS é o vigente na data da avaliação. (Redação dada pelo art. 1º da Lei 14.741, de 24/09/15. (DOE 25/09/15) – Efeitos a partir de 01/01/16.)

Art. 19 – Na transmissão por doação, a alíquota do imposto é definida com base no resultado da soma dos valores venais da totalidade dos bens imóveis situados neste Estado, bens móveis, títulos, créditos, ações, quotas e valores, de qualquer natureza, bem como dos direitos a eles relativos, transmitidos, avaliados nos termos do art. 12, aplicando-se a seguinte tabela: (Redação dada pelo art. 1º da Lei 14.741, de 24/09/15. (DOE 25/09/15) – Efeitos a partir de 01/01/16.)

Faixa	Valor da transmissão (em UPF-RS)		Alíquota
	Acima de	Até	
I	0	10.000	3%
II	10.000		4%

§1º O imposto devido será calculado pela aplicação da alíquota correspondente sobre o valor da transmissão da doação, conforme tabela deste artigo. (Redação dada pelo art. 1º da Lei 14.741, de 24/09/15. (DOE 25/09/15) – Efeitos a partir de 01/01/16.)

§2º Para efeitos do disposto neste artigo: (Redação dada pelo art. 1º da Lei 14.741, de 24/09/15. (DOE 25/09/15) – Efeitos a partir de 01/01/16.)

I – incluem-se na soma dos valores venais a que se refere o *caput* deste artigo aqueles relativos aos bens, títulos, créditos, ações, quotas e valores, de qualquer natureza, bem como dos direitos a eles relativos, objeto de doações anteriores entre os mesmos doador e donatário, efetuadas em período inferior a 1 (um) ano da data da doação, tornando-se devida a complementação do imposto se houver mudança de faixa em função do referido acréscimo; (Redação dada pelo art. 1º da Lei 14.741, de 24/09/15. (DOE 25/09/15) – Efeitos a partir de 01/01/16.)

II – excetuam-se da soma dos valores venais a que se refere o *caput* deste artigo aqueles relativos aos bens relacionados no inciso VIII do art. 7º; e (Redação dada pelo art. 1º da Lei 14.741, de 24/09/15. (DOE 25/09/15) – Efeitos a partir de 01/01/16.)

III – o valor da UPF-RS é o vigente na data da avaliação. (Redação dada pelo art. 1º da Lei 14.741, de 24/09/15. (DOE 25/09/15) – Efeitos a partir de 01/01/16.)

Art. 20 – (Revogado pelo art. 1º, VII, da Lei 8.962, de 28/12/89. (DOE 29/12/89) – Efeitos a partir de 01/01/90)

3.4.6 Conclusões sobre alíquotas

Na pesquisa legislativa constante na presente obra, são explorados três aspectos da tributação estadual da herança relacionados à *holding* familiar, após se reconhecer que a ferramenta tem o potencial de alterar significativamente a tributação do imposto sobre a transmissão *causa mortis* e doações. Se, na análise dos critérios eleitos para a apuração da base de cálculo, não foram encontrados elementos suficientes para indicar uma possível economia de tributos, o mesmo não se pode afirmar em relação à análise das alíquotas.

Como visto acima, a diferença entre os percentuais adotados pelos Estados é muito expressiva, e a mobilização do patrimônio pela constituição da *holding* familiar possibilita que o contribuinte se beneficie dessas dessemelhanças no seu planejamento tributário, ampliando o leque de alternativas a serem sopesadas.

Recorda-se que, quando todos os herdeiros são maiores, capazes e concordes em relação à partilha dos bens, o inventário poderá ser feito pela via extrajudicial, e as partes podem escolher livremente o tabelião de notas para a lavratura do ato notarial, não se aplicando as regras de competência do Código de Processo Civil.[159]

Significa dizer que as partes podem também, nessas mesmas condições, eleger o local em que se submeterão à tributação estadual, razão pela qual se entende que a utilização da *holding* familiar como

---

[159] CONSELHO NACIONAL DE JUSTIÇA. *Resolução nº 35, de 24 de abril de 2007*. Disciplina a lavratura dos atos notariais relacionados a inventário, partilha, separação consensual, divórcio consensual e extinção consensual de união estável por via administrativa. (Redação dada pela Resolução nº 326, de 26.6.2020). Disponível em: https://atos.cnj.jus.br/atos/detalhar/179. Acesso em: 27 fev. 2022. O mesmo prevê o art. 8º da Lei nº 8.935, de 18 de novembro de 1994, chamada Lei dos Cartórios: "Art. 8º É livre a escolha do tabelião de notas, qualquer que seja o domicílio das partes ou o lugar de situação dos bens objeto do ato ou negócio".

instrumento de planejamento sucessório pode, sim, alterar a tributação incidente sobre a herança.

Em vida, o titular dos bens também pode se utilizar da mobilidade patrimonial conferida pela *holding* para ampliar suas possibilidades de planejamento. Mas, nesse caso, as alternativas estão limitadas ao domicílio do doador, fixado pela Constituição Federal como o competente para a tributação relativa à doação de bens móveis.

Possuindo mais de um domicílio tributário,[160] o doador pode formalizar a operação naquele com menor alíquota, ou cuja legislação estadual incentive a transmissão gratuita em vida (como é o caso de Alagoas, Amapá, Ceará e Mato Grosso do Sul). Outros Estados também possuem alíquotas diferenciadas para a doação, mas é preciso notar que as faixas progressivas podem conter valores inferiores às faixas para a transmissão *causa mortis*, sendo necessário simular as situações com base no total do patrimônio a ser transmitido, para verificar se a redução de alíquota efetivamente representará economia de tributos.

Por fim, observa-se que a pesquisa das alíquotas evidencia os desequilíbrios apontados pela doutrina, confirmando a tímida utilização da dimensão extrafiscal do tributo pelos Estados brasileiros.

A progressividade em razão do valor dos bens transmitidos é adotada na maioria das unidades federativas – muito em razão de alterações legislativas posteriores à decisão do STF, que reconheceu sua constitucionalidade. Apesar disso, ainda há Estados que concentram grandes riquezas, mas que possuem alíquotas fixas e inferiores ao máximo estipulado pelo Senado Federal.

Há apenas nove Estados que possuem alíquotas fixas (um terço do total). Embora sejam minoria em quantitativo, três dos cinco Estados com maior produto interno bruto do país estão nessa lista: São Paulo (PIB de 2.348.338 em 2019), Minas Gerais (PIB de 651.873 em 2019) e Paraná (PIB de 466.377 em 2019).[161]

Quanto à progressividade em razão do parentesco, apenas o Estado de Santa Catarina (Lei nº 13.136/2004) e o Estado do Acre

---

[160] O art. 127 do Código Tributário Nacional estabelece que, na falta de eleição de domicílio tributário pelo contribuinte, considera-se como tal: "I – quanto às pessoas naturais, a sua residência habitual, ou, sendo esta incerta ou desconhecida, o centro habitual de sua atividade; II – quanto às pessoas jurídicas de direito privado ou às firmas individuais, o lugar da sua sede, ou, em relação aos atos ou fatos que derem origem à obrigação, o de cada estabelecimento (...)".

[161] Dados disponíveis em: INSTITUTO BRASILEIRO DE GEOGRAFIA E ESTATÍSTICA (IBGE). *Produto Interno Bruto – PIB*. Disponível em: https://www.ibge.gov.br/explica/pib.php. Acesso em: 28 fev. 2022.

(Lei Complementar nº 373/2020) ainda a adotam. Oportuno lembrar que a decisão do STF sobre o tema, vista no início do capítulo, referia-se apenas à legislação do Estado de Pernambuco e não foi submetida à sistemática da repercussão geral, não atingindo a constitucionalidade destas.

A lei catarinense prevê a aplicação da alíquota máxima de 8% (oito por cento) para as seguintes hipóteses: i) quando o sucessor legítimo ou testamentário seja colateral ou não tenha relação de parentesco com o falecido; ou ii) quando o donatário ou cessionário seja parente colateral ou não tenha relação de parentesco com o cedente ou doador (art. 9º, inciso V). Já a legislação do Acre prevê o percentual único de 8% (oito por cento) para a transmissão *causa mortis* a colaterais, independentemente do total do patrimônio herdado, privilegiando a herança necessária (art. 29, inciso V). Nas transmissões por doação, a lei acreana não estipula a progressividade em razão do parentesco, somente em razão do valor (art. 30).

Portanto, constata-se que – na contramão do que recomendam as políticas pautadas na extrafiscalidade do imposto e do que se espera de um sistema tributário orientado pelo princípio da capacidade contributiva – os Estados brasileiros que concentram as maiores riquezas do país adotam alíquotas fixas e inferiores ao máximo permitido pelo Senado Federal.

Segue abaixo o quadro-resumo das alíquotas adotadas em cada unidade federativa, listadas em ordem alfabética.

Quadro 2 – Alíquotas

(continua)

ESTADO	TIPO	DIFERENCIADA PARA A DOAÇÃO?	PERCENTUAL
Acre	Progressiva	Sim	*Causa mortis*: 4% a 8% Doação: 2% a 8% Obs.: faixas de valores diferentes.
Alagoas	Fixa	Sim	*Causa mortis*: 4% Doação: 2%
Amapá	Fixa	Sim	*Causa mortis*: 4% Doação: 3%
Amazonas	Fixa	Não	*Causa mortis* e doação: 2%

Quadro 2 – Alíquotas

(continua)

ESTADO	TIPO	DIFERENCIADA PARA A DOAÇÃO?	PERCENTUAL
Bahia	Progressiva	Sim	*Causa mortis*: 4% a 8% Doação: 3,5%
Ceará	Progressiva	Sim	*Causa mortis*: 2% a 8% Doação: 2% a 8% Obs.: faixas de valores diferentes.
Distrito Federal	Progressiva	Não	*Causa mortis* e doação: 4% a 6%
Espírito Santo	Fixa	Não	*Causa mortis* e doação: 4%
Goiás	Progressiva	Não	*Causa mortis* e doação: 2% a 8%
Maranhão	Progressiva	Sim	*Causa mortis*: 3% a 7% Doação: 1% a 2% Obs.: faixas de valores diferentes.
Mato Grosso	Progressiva	Sim	*Causa mortis*: 2% a 8% Doação: 2% a 8% Obs.: faixas de valores diferentes.
Mato Grosso do Sul	Fixa	Sim	*Causa mortis*: 6% Doação: 3%
Minas Gerais	Fixa	Não	*Causa mortis* e doação: 5%
Pará	Progressiva	Sim	*Causa mortis*: 2% a 6% Doação: 2% a 4% Obs.: faixas de valores diferentes.
Paraíba	Progressiva	Sim	*Causa mortis*: 2% a 8% Doação: 2% a 8% Obs.: faixas de valores diferentes.
Paraná	Fixa	Não	*Causa mortis* e doação: 4%
Pernambuco	Progressiva	Não	*Causa mortis* e doação: 2% a 8%
Piauí	Progressiva	Sim	*Causa mortis*: 2% a 6% Doação: 4%
Rio de Janeiro	Progressiva	Não	*Causa mortis* e doação: 4% a 8%
Rio Grande do Norte	Progressiva	Não	*Causa mortis* e doação: 3% a 6%
Rio Grande do Sul	Progressiva	Sim	*Causa mortis*: 3% a 6% Doação: 3% a 4% Obs.: faixas de valores diferentes.

Quadro 2 – Alíquotas

(conclusão)

ESTADO	TIPO	DIFERENCIADA PARA A DOAÇÃO?	PERCENTUAL
Rondônia	Progressiva	Não	*Causa mortis* e doação: 2% a 4%
Roraima	Fixa	Não	*Causa mortis* e doação: 4%
Santa Catarina	Progressiva	Não	*Causa mortis* e doação: 1% a 8%
São Paulo	Fixa	Não	*Causa mortis* e doação: 4%
Sergipe	Progressiva	Sim	*Causa mortis*: 3% a 8% Doação: 2% a 8% Obs.: faixas de valores diferentes.
Tocantins	Progressiva	Não	*Causa mortis* e doação: 2% a 8%

Fonte: Elaborado pela autora com dados extraídos das leis estaduais.

3.5 Usufruto de quotas sociais e sua tributação

Um dos instrumentos frequentemente utilizados no planejamento sucessório é a instituição de usufruto, em que o titular dos bens transmite a outrem a nua-propriedade e conserva para si os atributos de gozo e fruição do bem.

O usufruto pode recair sobre um ou mais bens, móveis ou imóveis, em um patrimônio inteiro, ou parte deste, abrangendo-lhe os frutos e utilidades, como prevê o art. 1.390 do Código Civil. Seu conceito pressupõe o desmembramento da propriedade e a coexistência harmônica dos direitos do usufrutuário de utilização e fruição da coisa, e os direitos do proprietário, que os perde em proveito daquele, conservando a condição jurídica de senhor dela.[162]

Se no passado era mais frequente que recaísse sobre bens imóveis, "ganha terreno a sua incidência em coisa móvel ou mesmo em *títulos*, e especialmente em *ações de sociedades anônimas*, gozando o usufrutuário a percepção de dividendos".[163] Também na hipótese de quotas de sociedade limitada, é crescente a instituição do direito real de usufruto.

---

[162] PEREIRA, Caio Mário da Silva. *Instituições de direito civil*: direitos reais. 18. ed. Rio de Janeiro: Forense, 2004, v. 4. p. 290.

[163] PEREIRA, Caio Mário da Silva. *Instituições de direito civil*: direitos reais. 18. ed. Rio de Janeiro: Forense, 2004, v. 4. p. 292, grifos no original.

O usufruto não transmite integralmente a titularidade do patrimônio à próxima geração e assegura os meios de subsistência do doador, como exige o art. 548 do Código Civil, o que torna atrativa a sua utilização no planejamento sucessório. Por outro lado, o usufrutuário perde o pleno domínio sobre o bem, razão pela qual o instituto deve ser avaliado com cautela, especialmente na *holding* familiar.

Há peculiaridades próprias do usufruto de ações e quotas sociais que devem ser observadas. No âmbito das relações societárias, a identificação do que é considerado poder de uso e gozo de quotas ou ações não é tão simples como costuma ser no usufruto incidente sobre coisa corpórea.[164]

Exemplo disso é o exercício do direito de voto da ação gravada com usufruto. O art. 114 da Lei nº 6.404/1976 (a Lei das S/A) estabelece que o direito de voto deve ser regulado no ato de constituição do gravame; não o sendo, somente poderá ser exercido mediante prévio acordo entre o proprietário e o usufrutuário.

É frequente, na gestão empresarial, que nu-proprietário e usufrutuário sejam colocados em posições conflitantes: enquanto o primeiro tende a preocupar-se com a preservação da empresa e estar mais propenso à sua capitalização, o usufrutuário pode se mostrar mais interessado na distribuição de lucros e percepção dos dividendos. Por isso, Roberta Mauro Medina Maia orienta que o ato constitutivo do usufruto de ações ou quotas sociais discipline detalhadamente o direito de voto, as circunstâncias em que será exercido e por quem.[165]

Simone Tassinari e Fernando René Graeff consideram a doação com reserva de usufruto uma ferramenta extremamente útil no âmbito das participações societárias, pois faculta ao doador "que mantenha para si os direitos políticos (direito de voto, direito de fiscalização da administração, direito de oposição, direito de retirada, entre outros) e patrimoniais (lucro) da participação, agindo, assim, como se sócio fosse".[166] Mas advertem que isso deve ser bem especificado no

---

[164] MAIA, Roberta Mauro Medina. Usufruto de quotas: desafios e peculiaridades. *In*: TEIXEIRA, Daniele Chaves (Coord.). *Arquitetura do planejamento sucessório*. Belo Horizonte: Fórum, 2022. Tomo III, p. 622.

[165] MAIA, Roberta Mauro Medina. Usufruto de quotas: desafios e peculiaridades. *In*: TEIXEIRA, Daniele Chaves (Coord.). *Arquitetura do planejamento sucessório*. Belo Horizonte: Fórum, 2022. Tomo III, p. 625-626.

[166] FLEISCHMANN, Simone Tassinari Cardoso; GRAEFF, Fernando René. Planejamento sucessório e empresa: uma reflexão necessária. *In*: TEIXEIRA, Daniele Chaves (Coord.). *Arquitetura do planejamento sucessório*. Belo Horizonte: Fórum, 2022, Tomo III, p. 654.

instrumento constitutivo, a fim de se evitar litígios futuros. Os autores recomendam que se examine com prudência a hipótese:

> Nesse contexto, um primeiro inconveniente trazido pela transmissão em vida é retirar do titular da participação a livre disposição sobre elas. Isso porque, ainda que seja reservado o usufruto ao doador, todo e qualquer ato de disposição envolvendo as quotas ou ações, como a alienação, dependerá da anuência do nu-proprietário (donatário). E mesmo que não se cogite de qualquer possibilidade de negativa por parte dos herdeiros com tais atos de disposição, sempre é possível uma mudança de rumo ao longo do tempo, seja por novos interesses ou necessidades, seja por fatores externos, como o início de um relacionamento, por exemplo. Além disso, se não tomadas as devidas precauções nesse sentido, o transmitente das quotas pode ficar inclusive sem o controle do negócio, o que pode colocar em risco a própria sobrevivência da atividade empresarial.[167]

Roberta Mauro Medina Maia destaca que a contratualidade inerente à sociedade limitada pode ser um óbice à instituição do usufruto de quotas sociais, pois é possível que o contrato social imponha certas limitações à transmissão das quotas a terceiros ou a prévia observância de direito de preferência conferido a quem já compõe o quadro societário.[168]

A doutrina também se preocupa com o destino das participações societárias, caso o nu-proprietário faleça antes do usufrutuário. Na doação com reserva de usufruto, em havendo o falecimento do nu-proprietário antes do usufrutuário, a nua-propriedade se transmite aos sucessores daquele, o que pode afetar a continuidade do negócio ou não corresponder aos anseios do doador. Recomenda-se que seja estabelecida a cláusula de reversão, prevista no art. 547 do Código Civil, que permite ao doador estipular que os bens doados voltem ao seu patrimônio, se sobreviver ao donatário.[169] Não havendo a cláusula

---

[167] FLEISCHMANN, Simone Tassinari Cardoso; GRAEFF, Fernando René. Planejamento sucessório e empresa: uma reflexão necessária. *In:* TEIXEIRA, Daniele Chaves (Coord.). *Arquitetura do planejamento sucessório*. Belo Horizonte: Fórum, 2022, Tomo III, p. 655.

[168] MAIA, Roberta Mauro Medina. Usufruto de quotas: desafios e peculiaridades. *In:* TEIXEIRA, Daniele Chaves (Coord.). *Arquitetura do planejamento sucessório*. Belo Horizonte: Fórum, 2022, Tomo III, p. 619.

[169] FLEISCHMANN, Simone Tassinari Cardoso; GRAEFF, Fernando René. Planejamento sucessório e empresa: uma reflexão necessária. *In:* TEIXEIRA, Daniele Chaves (Coord.). *Arquitetura do planejamento sucessório*. Belo Horizonte: Fórum, 2022, Tomo III, p. 654. Também recomenda a cláusula de reversão: MAIA, Roberta Mauro Medina. Usufruto de quotas: desafios e peculiaridades. *In:* TEIXEIRA, Daniele Chaves (Coord.). *Arquitetura do*

de reversão, as quotas sociais serão destinadas aos legítimos sucessores do nu-proprietário.

No próximo tópico, investiga-se como cada unidade federativa tributa a instituição e a extinção do usufruto, o momento do recolhimento do imposto, eventual redução da base de cálculo do tributo e a existência de diferenças no tratamento do usufruto de bens móveis ou imóveis. Aqui interessa verificar se existe alguma disposição específica em relação aos bens móveis, entre os quais se incluem as ações e quotas sociais.

Foram utilizadas as palavras-chave "usufruto", "direito real" e "direitos reais" para a localização dos dispositivos legais aplicáveis. Quando não localizados os artigos na busca pelas palavras-chave, realizou-se a leitura dos dispositivos relativos à incidência do imposto.

Como ocorreu em relação aos aspectos anteriores, tratados na pesquisa legislativa, há diferentes maneiras de se tributar a instituição do usufruto, a depender do Estado em que ocorre a operação, com repercussão direta no planejamento sucessório.

Confira-se a seguir como as leis estaduais disciplinam a matéria.

3.5.1 Região Norte

No Estado do Acre, a Lei Complementar nº 373/2020 prevê a incidência do ITCMD sobre a reserva de usufruto, sobre sua extinção e sobre a renúncia do usufruto, atos esses equiparados à doação para fins tributários, por força do art. 3º, §2º da lei complementar estadual. Ocorre o fato gerador na data da instituição de usufruto não oneroso e na data da extinção do direito real, sendo tributada a operação com redução da base de cálculo proporcionalmente aos direitos transmitidos. Havendo pluralidade de usufrutuários, também incide o imposto na hipótese de falecimento de um deles, quando estipulado o direito de acrescer ao usufrutuário sobrevivente.

A redução da base de cálculo está prevista no art. 26 da lei acreana, que estabelece a tributação na proporção de 1/3 (um terço) do valor do bem quando realizada a transmissão de domínio útil ou a instituição de usufruto por ato gratuito. A nua-propriedade e o domínio direto do bem correspondem a 2/3 (dois terços) do seu valor.

---

planejamento sucessório. Belo Horizonte: Fórum, 2022, Tomo III, p. 623.

A lei acreana prevê ainda que a extinção do usufruto será tributada na proporção de 1/3 (um terço) do bem, quando o nu-proprietário não tenha sido o instituidor; entretanto, não especifica o percentual de redução da base de cálculo na extinção do usufruto quando o nu-proprietário é o próprio instituidor. Há duas interpretações que podem ser extraídas do dispositivo: 1) não haverá a incidência do imposto quando o nu-proprietário é o instituidor, pois a extinção do usufruto implicará o retorno deste atributo ao patrimônio do nu-proprietário; ou 2) haverá a incidência do imposto, mas sem a redução da base de cálculo, hipótese esta que não parece ser a melhor interpretação. Para dirimir a questão, buscou-se a página eletrônica da Secretaria de Estado da Fazenda do Acre destinada a orientações sobre o ITCMD, que esclarece, na sessão "Perguntas e respostas", o seguinte: "Na instituição de usufruto, a base de cálculo corresponde a 1/3 do valor total do bem, considerado o valor da sua propriedade plena e é isento do imposto a extinção do usufruto quando o nu-proprietário tiver sido o instituidor".[170] Portanto, no Estado do Acre não é cobrado o imposto sobre a extinção do usufruto quando o nu-proprietário é o próprio instituidor.

Por fim, destaca-se que essa redução da base de cálculo ocorre apenas quando há a transmissão de parte dos atributos da propriedade, sendo tributado o bem em sua integralidade quando houver a transmissão do domínio pleno.

Eis o que prevê a legislação do Acre sobre a tributação do usufruto (Lei Complementar nº 373/2020):

> Art. 26. Nas hipóteses a seguir mencionadas, a base de cálculo do imposto é reduzida, correspondendo à fração respectivamente indicada do valor de mercado do bem:
>
> I – na transmissão não onerosa do domínio útil: 1/3 (um terço);
>
> II – na transmissão não onerosa do domínio direto: 2/3 (dois terços);
>
> III – na instituição do usufruto por ato não oneroso: 1/3 (um terço);
>
> IV – na transmissão não onerosa da nua-propriedade: 2/3 (dois terços);
>
> V – na extinção do usufruto, quando o nu-proprietário não tenha sido o instituidor: 1/3 (um terço).

---

[170] ACRE. Secretaria de Estado da Fazenda. Serviços ITCMD. Serviços ITCMD. *Perguntas e respostas*. Pergunta nº 34) Qual o procedimento a ser observado na instituição de usufruto que deva, quando da sua extinção, retornar ao doador? Disponível em: http://www.sefaznet.ac.gov.br/sefazonline/ servlet/itcmdapresentacao. Acesso em: 18 set. 2021.

§1º Na transmissão do domínio pleno o valor da base de cálculo será sempre o valor integral do bem.

§2º Na hipótese de que trata o inciso V do *caput*, ocorrerá a extinção do usufruto nos seguintes casos:

I – pela renúncia ou morte do usufrutuário;

II – pelo termo de sua duração;

III – pela extinção da pessoa jurídica, em favor de quem o usufruto foi constituído, ou, se ela perdurar, pelo decurso de trinta anos da data em que se começou a exercer;

IV – pela cessação do motivo que se origina.

§3º No caso de promessa de compra e venda, devidamente registrada, a base de cálculo será proporcional:

I – sendo transmitente o promitente vendedor, à parcela ainda não quitada do valor do imóvel;

II – sendo transmitente o promitente comprador, à parcela já quitada do valor do imóvel.

No Estado do Amapá, o Código Tributário Estadual, aprovado pela Lei Estadual nº 400/1997, prevê a incidência do ITCMD sobre a instituição do usufruto, mas não estabelece critérios diferenciados para a apuração da base de cálculo na transmissão desse direito real.

Confira-se o que prevê o Código Tributário Estadual a esse respeito:

> Art. 72º imposto sobre transmissão *causa mortis* e doação de quaisquer bens ou direitos tem como fato gerador a transmissão *causa mortis* e a doação, a qualquer título, de:
>
> I – propriedade ou domínio útil de bem móvel;
>
> II – direitos reais sobre imóveis:
>
> III – bens imóveis, direitos, títulos e créditos.
>
> (...)
>
> Art. 73. Para efeito do artigo anterior considera-se ocorrido o fato gerador:
>
> I – na sucessão legítima ou testamentária, mesmo nos casos de sucessão provisória, inclusive na instituição de fideicomisso e do usufruto, na data da abertura da sucessão;
>
> II – na data da formalização do ato ou negócio jurídico:
>
> a) na doação;
>
> b) na partilha de bens por antecipação de legítima;
>
> c) na transmissão de domínio útil;

d) na instituição de usufruto convencional;

e) nas demais transmissões, a título oneroso, de bens móveis ou de direitos reais sobre os mesmos, não previstos nas alíneas anteriores, incluída a cessão de direitos à aquisição.

O regulamento do ITCMD no Estado do Amapá, aprovado pelo Decreto nº 3.601/2000, especifica a forma de cobrança do imposto incidente sobre a instituição e a extinção do usufruto, estipulando que a base de cálculo será de 30% (trinta por cento) do valor venal do bem para a transmissão da nua-propriedade e de 70% (setenta por cento) do valor do bem para a transmissão do direito real de usufruto.

Observa-se que o art. 1º do Decreto prevê como fato gerador a "instituição de usufruto testamentário sobre bens imóveis e sua extinção, por falecimento do usufrutuário". Portanto, não são todas as modalidades de instituição de usufruto que são tributadas no Amapá, mas apenas as operações especificamente descritas na sua legislação, que não prevê a tributação sobre o usufruto de bens móveis.

Como o Estado tributa apenas a instituição de usufruto pela via testamentária, o fato gerador do imposto ocorrerá na data do falecimento do *de cujus* que instituiu o direito real como ato de última vontade, sendo recolhido o imposto somente após a morte do testador.

Eis o que prevê o decreto regulamentador do Estado do Amapá (Decreto nº 3601/2000):

> Art. 1º O Imposto sobre Transmissão *Causa Mortis* ou Doação de Bens e Direitos – ITCD, tem como fato gerador a transmissão de propriedades de bens imóveis, inclusive dos direitos a eles relativos, bem móvel, direitos, títulos e créditos, em consequência de:
>
> I – sucessão *causa mortis*, inclusive instituição e substituição de fideicomisso.
>
> II – partilha decorrente de ato de última vontade.
>
> III – transmissão *causa mortis* do domínio útil de bem.
>
> IV – instituição de usufruto testamentário sobre bens imóveis e sua extinção, por falecimento do usufrutuário.
>
> VI – cessão, renúncia ou desistência de direitos relativos às transmissões de que tratamos incisos anteriores, em favor de pessoa determinada.
>
> (...)
>
> Art. 2º Para os efeitos do artigo anterior, considera-se ocorrido o fato gerador:
>
> I – na data do falecimento do *de cujus*, na hipótese de:

a) transmissão por sucessão *causa mortis*;
b) instituição de fideicomisso ou usufruto testamentário;
II – na data do falecimento do usufrutuário.
III – na data do instrumento, ato ou contrato que servir de título à transmissão, na hipótese de doação.
(...)
Art. 6º A base de cálculo do imposto é:
§3º Na hipótese do inciso IV do art. 1º, a base de cálculo:
I – tratando-se de transmissão da propriedade nua, será igual a 30% (trinta por cento) do valor venal do bem;
II – tratando-se de transmissão do direito de usufruto, será igual a 70% (setenta por cento) do valor venal de bem.

No Estado do Amazonas, o Código Tributário Estadual, instituído pela Lei Complementar nº 19/1997, prevê a incidência do ITCMD sobre a instituição e sobre a extinção do usufruto, sendo calculado o tributo sobre 50% (cinquenta por cento) do valor total do bem em cada uma das operações.

Assim prevê o Código Tributário amazonense acerca da tributação do usufruto:

Art. 114. O imposto incide também sobre as seguintes e principais modalidades de transmissão:
I – incorporação de bem móvel ou imóvel ao patrimônio de pessoa física ou jurídica em decorrência de transmissão *causa mortis* ou doação;
II – transferência gratuita de bens ou direitos do patrimônio de pessoa jurídica para o de qualquer dos seus sócios, acionistas ou dos respectivos sucessores;
III – instituição de usufruto vitalício ou temporário;
(...)
Art. 121. Nos casos abaixo especificados, a base de cálculo é:
(...)
IV – na transmissão não onerosa de bem imóvel, com reserva ao transmitente de direito real, 50% do valor venal do bem;
V – na extinção de usufruto, com a consolidação da propriedade na pessoa do nu-proprietário, 50% do valor venal do bem;
VI – na transmissão de direito real reservado ao transmitente em transmissão anterior, nos termos do inciso IV deste artigo, 50% do valor venal do bem.

No Estado do Pará, a Lei Estadual nº 5.529/1989 prevê a incidência do imposto sobre a instituição gratuita de usufruto, mas não faz qualquer menção à tributação sobre a sua extinção. A base de cálculo na operação será de 1/3 (um terço) do valor venal do bem, parcela que corresponde ao direito real de usufruto.

A legislação paraense contém dispositivo que combate práticas tendentes a dissimular a ocorrência do fato gerador, ao prever que será considerada doação a prática de atos em favor de pessoas sem capacidade financeira, ou que sejam civilmente incapazes, a saber: a transmissão de propriedade plena, a transmissão da nua-propriedade e a instituição onerosa de usufruto.

Eis o que prevê a legislação paraense (Lei nº 5.529/1989):

> Art. 1º O Imposto sobre a Transmissão *Causa mortis* e Doação de quaisquer bens ou direitos, tem como fato gerador:
> I - a transmissão de bens ou direitos decorrentes da sucessão hereditária, legítima ou testamentária;
> II – a transmissão por meio de doações com ou sem encargos, a qualquer título, de bens ou de direitos, ainda que em adiantamento da legítima.
> (...)
> §5º As hipóteses previstas nos incisos I e II do *caput* deste artigo entre outras situações fáticas, compreendem: (...)
> IV – a instituição de usufruto não oneroso;
> §6º Consideram-se também doação de bem ou direito os seguintes atos praticados em favor de pessoa sem capacidade financeira, inclusive quando se tratar de pessoa civilmente incapaz ou relativamente incapaz:
> I – a transmissão da propriedade plena ou da nua propriedade;
> II – a instituição onerosa de usufruto.
> (...)
> Art. 9º A base de cálculo do imposto é o valor venal dos bens ou direitos ou o valor do título ou crédito, transmitido ou doado, na data do ato da transmissão ou doação. (...)
> §9º A base de cálculo na instituição do usufruto, por ato não oneroso será de 1/3 (um terço) do valor venal do bem.

No Estado de Rondônia, a Lei Estadual nº 959/2000 prevê a incidência do ITCD sobre a instituição de usufruto, correspondendo esse direito a 50% (cinquenta por cento) do valor venal do bem.

Nas seguintes situações, a base de cálculo será de 50% (cinquenta por cento): na transmissão não onerosa de bem imóvel com reserva de usufruto (ou outro direito real), na transmissão do direito real de usufruto reservado ao transmitente e na extinção do usufruto, com a consolidação da propriedade na pessoa do nu-proprietário.

A legislação rondoniense prevê a isenção do imposto no caso de extinção de usufruto relativo a bens móveis, títulos e créditos, bem como direitos a ele relativos, quando houver sido tributada a transmissão da nua-propriedade. A extinção de usufruto sobre quotas sociais estaria, portanto, isenta do pagamento de ITCMD no Estado de Rondônia.

Ainda, a lei prevê que o imposto não incidirá no caso da extinção de usufruto que tenha sido instituído pelo nu-proprietário. Tal como ocorre na legislação do Estado do Acre, analisada acima, o Estado de Rondônia optou por não tributar a extinção do usufruto que foi instituído pelo nu-proprietário, pois implica o retorno dos atributos de gozo e fruição ao patrimônio do instituidor.

Confira-se o que estabelece a Lei nº 959/2000 do Estado de Rondônia:

> Art. 3º Ocorre o fato gerador do ITCD:
>
> I – na transmissão *causa mortis*, na data da:
>
> a) abertura da sucessão legítima ou testamentária, mesmo no caso de sucessão provisória, e na instituição de fideicomisso e de usufruto;
>
> b) morte do fiduciário, na substituição de fideicomisso;
>
> II – na transmissão por doação, na data:
>
> a) da instituição de usufruto convencional;
>
> b) em que ocorrer fato ou ato jurídico que resulte na consolidação da propriedade na pessoa do nu-proprietário, na extinção de usufruto;
>
> (...)
>
> Art. 4º A base de cálculo do ITCD é o valor venal do bem e do direito a ele relativo, do título ou do crédito transmitido ou doado, expresso em moeda nacional. (...)
>
> §4º A base de cálculo do imposto, nas seguintes situações, corresponderá a 50% (cinquenta por cento) do valor atribuído na forma desta Lei ao bem:
>
> I – transmissão não onerosa de bem imóvel, com reserva ao transmitente de direito real;
>
> II – extinção do usufruto, com a consolidação da propriedade na pessoa do nu proprietário; e
>
> III – transmissão de direito real reservado ao transmitente em transmissão anterior, nos termos do inciso I.
>
> (...)

> Art. 6º São isentos do pagamento do ITCD: (...)
> V – a extinção de usufruto relativo a bem móvel, título e crédito, bem como direito a ele relativo, quando houver sido tributada a transmissão da nua propriedade.
> Art. 7º O ITCD não incide sobre a transmissão: (...)
> §1º O ITCD não incide, também: (...)
> III – no caso de extinção de usufruto, desde que este tenha sido instituído pelo nu proprietário.

Em Roraima, o Código Tributário Estadual, aprovado pela Lei nº 59/1993, prevê a incidência do imposto sobre a instituição e sobre a extinção do usufruto, mas não estabelece redução da base de cálculo, como ocorre na maioria dos Estados brasileiros. A base de cálculo será o valor venal do imóvel usufruído, valor este apurado mediante avaliação da autoridade fiscal competente, sendo assegurada ao contribuinte a avaliação contraditória. A Lei não prevê a tributação de usufruto sobre bens móveis, somente sobre bens imóveis.

Eis o que prevê o Código Tributário de Roraima a respeito do usufruto (Lei nº 59/1993):

> Art. 78. Para os casos abaixo indicados, a base de cálculo do imposto é:
> I – na transmissão por sucessão legítima ou testamentária, o valor venal dos bens ou direitos no momento da avaliação do inventário ou arrolamento;
> II – na transmissão do domínio útil, o valor do imóvel aforado;
> III – na arrematação ou leilão e na adjudicação de bens penhorados, o valor da avaliação judicial, ou do preço pago, se este for maior; e
> IV – na instituição e na extinção do usufruto, o valor venal do imóvel usufruído.

No Estado do Tocantins, o Código Tributário Estadual, aprovado pela Lei nº 1.287/2001, prevê que a instituição e a extinção do usufruto serão tributados na proporção de 50% (cinquenta por cento), percentual correspondente à propriedade separada dos direitos de gozo e fruição. Entretanto, estabelece que a transmissão de direito real de usufruto, uso, habitação ou renda serão tributados apenas quando o período de duração do direito real for igual ou superior a cinco anos. Caso inferior, calcula-se esse valor proporcionalmente ao prazo do direito instituído. O contribuinte do imposto é o usufrutuário ou o beneficiário dos direitos reais.

A legislação do Tocantins prevê ainda a isenção do imposto sobre a extinção do usufruto, desde que tenha sido instituído pelo nu-proprietário e esteja retornando ao seu patrimônio, como ocorre em outras legislações anteriormente analisadas. Além disso, prevê a isenção do imposto sobre a extinção de usufruto sobre bem que tenha sido tributado integralmente quando da transmissão da nua-propriedade, o que pode ocorrer em razão da existência de legislações anteriores, já revogadas, que previam a cobrança do tributo integralmente na instituição do direito real.

Eis o que estabelece o Código Tributário do Tocantins a respeito do usufruto (Lei nº 1.287/2001):

> Art. 55. É isento do pagamento do ITCD: (...)
>
> VII – a extinção de usufruto, desde que este tenha sido instituído pelo nu-proprietário; (Redação dada pela Lei 2.253 de 16.12.09).
>
> VIII – a extinção de usufruto relativo a bem móvel ou imóvel, título e crédito, e o direito a ele relativo, quando houver sido tributada integralmente a transmissão da nua propriedade. (Redação dada pela Lei 2.253 de 16.12.09).
>
> (...)
>
> Art. 59. Ocorre o fato gerador do ITCD na:
>
> I – transmissão *causa mortis*, na data da:
>
> a) abertura da sucessão legítima ou testamentária, mesmo no caso de sucessão provisória, e na instituição de fideicomisso e de usufruto;
>
> b) morte do fiduciário, na substituição de fideicomisso;
>
> II – transmissão por doação, na data:
>
> a) da instituição de usufruto convencional;
>
> b) em que ocorrer fato ou ato jurídico que resulte na consolidação da propriedade na pessoa do nu-proprietário, na extinção de usufruto;
>
> (...)
>
> Art. 60. A base de cálculo do ITCD é o valor venal dos bens ou direitos, ou o valor dos títulos ou créditos, transmitidos ou doados. (Redação dada pela Lei 3.019 de 30.09.15). efeitos a partir de 1º de janeiro de 2016.
>
> §1º Considera-se valor venal o valor do bem ou direito transmitido ou doado, na data da avaliação. (Redação dada pela Lei 3.019 de 30.09.15). efeitos a partir de 1o de janeiro de 2016.
>
> §2º A base de cálculo do imposto corresponde a cinqüenta por cento do valor de avaliação do bem imóvel, nas seguintes situações:
>
> I – transmissão não onerosa, com reserva ao transmitente de direito real;

II – extinção do usufruto, com a consolidação da propriedade na pessoa do nu-proprietário;

III – transmissão de direito real de usufruto, uso, habitação ou renda expressamente constituída, quando o período de duração do direito real for igual ou superior a cinco anos, calculando-se proporcionalmente esse valor quando essa duração for inferior.

§3º O valor do bem ou direito transmitido, declarado pelo contribuinte, expresso em moeda nacional, deve ser submetido ao procedimento de avaliação e homologação pelo Fisco Estadual, na conformidade do regulamento. (Redação dada pela Lei 3.019 de 30.09.15). efeitos a partir de 1º de janeiro de 2016.

3.5.2 Região Nordeste

O Código Tributário do Estado de Alagoas, aprovado pela Lei Estadual nº 5.077/1989, não traz previsões específicas para a tributação do usufruto, salvo a obrigação do contribuinte de recolher o imposto no prazo de 30 (trinta) dias após a morte do usufrutuário, quando extinto o direito real. O Decreto nº 10.306/2011, que regulamenta o ITCMD no Estado, prevê, da mesma forma, o prazo de até 30 (trinta) dias, contados do falecimento, para o recolhimento do imposto na hipótese de extinção do usufruto por morte do usufrutuário; salvo se já pago o tributo quando da transmissão da nua-propriedade.

Não há, nem na Lei nem no decreto regulamentador, a previsão de critérios diferenciados para a apuração da base de cálculo do usufruto, que será determinada através de avaliação administrativa.

Seguem os dispositivos do Código Tributário do Estado de Alagoas acerca da avaliação e do prazo de recolhimento do imposto incidente sobre a extinção do usufruto (Lei nº 1.287/2001):

> Art. 167 – A base de cálculo do imposto é o valor venal ou comercial dos bens ou direitos transmitidos ou doados.
>
> §1º Nas transmissões *causa mortis*, o imposto será calculado sobre o valor atribuído pelo inventariante e, após a avaliação administrativa, sobre a parcela que resultar a maior.
>
> §2º Nas doações, o imposto será calculado sobre o valor declarado pelo doador ou pelo donatário e, após a avaliação administrativa, sobre parcela que resultar a maior.
>
> §3º As avaliações administrativas de que tratam os parágrafos precedentes serão expressados pelos índices oficiais que venham a ser instituídos pelo Governo Federal.
>
> (...)

Art. 172 – O pagamento do imposto será feito:

I – tratando-se de transmissão decorrente de doação:

a) na data da lavratura do respectivo instrumento, se lavrado no Estado de Alagoas;

b) no prazo de até 10 (dez) dias, contados da lavratura do respectivo instrumento, se lavrado fora do Estado de Alagoas;

c) no prazo de até 10 (dez) dias, contados da tradição, em se tratando de bens móveis, títulos e créditos não sujeitos a transcrição;

II – tratando-se de transmissão *causa mortis*, antes da sentença homologatória da partilha;

III – tratando-se de extinção de usufruto por morte do usufrutuário, no prazo de até 30 (trinta) dias, contados do falecimento; ou

IV – tratando-se de transmissão decorrente de sentença judicial, no prazo de até 30 (trinta) dias, contados de seu trânsito em julgado.

No Estado da Bahia, o imposto é instituído pela Lei Estadual nº 4.826/1989 e regulamentado pelo Decreto nº 2.487/1989. A lei prevê como fato gerador a transmissão de direitos reais sobre imóveis, nada dispondo acerca do usufruto sobre bens móveis:

Art. 1º O Imposto sobre Transmissão *CAUSA MORTIS* e doação de quaisquer bens ou direitos tem como fato gerador a transmissão *CAUSA MORTIS* e a doação, a qualquer título de:

I – propriedade ou domínio útil de bem imóvel por natureza ou acessão física, nos termos da Lei civil;

II – direitos reais sobre imóveis;

III – bens móveis, direitos, títulos e créditos.

(...)

Art. 10. A base de cálculo do imposto é o valor venal dos bens ou direitos à época da ocorrência do fato gerador, apurado mediante avaliação de iniciativa da Secretaria da Fazenda, com base nos valores de mercado correspondente ao bem, ressalvado ao contribuinte o direito de requerer avaliação contraditória administrativa ou judicial.

A decreto baiano especifica as regras de tributação do usufruto. Prevê a redução pela metade da base de cálculo do imposto na instituição ou extinção do direito real de usufruto, sendo apurado o valor venal do bem imóvel no momento da avaliação. Como se nota, a norma é destinada ao usufruto de imóveis, nada prevendo quanto ao usufruto de bens móveis, entre os quais se incluem as quotas sociais.

O decreto baiano prevê, ainda, regra específica para a apuração do tributo incidente na hipótese de usufruto temporário, estabelecendo que a base de cálculo, nessa situação, corresponderá a 1/20 (um vinte avos) do valor venal do imóvel usufruído, por ano de vigência da instituição, até o limite de 10/20 (dez vinte avos).

Eis o que prevê o Decreto nº 2.487/1989 do Estado da Bahia:

> Art. 1º O Imposto sobre Transmissão *Causa mortis* e doação de quaisquer bens e direitos – ITD, incide nas transmissões *Causa mortis* e na doação, a qualquer título de:
>
> I – propriedade ou domínio útil de bem imóvel por natureza ou acessão física nos termos da lei civil;
>
> II – direitos reais sobre imóveis, exceto os direitos reais de garantia;
>
> III – bens móveis, direitos e títulos e créditos.
>
> Art. 2º Compreendem-se na definição das hipóteses de incidência do ITD: (...)
>
> III – a instituição de usufruto e sua extinção, por consolidação na pessoa do nú-proprietário;
>
> (...)
>
> Art. 12. A base de cálculo do imposto é: (...)
>
> V – na instituição ou extinção do usufruto o valor venal do imóvel usufruído, apurado no momento da sua avaliação, quando da instituição e da extinção, reduzido à metade; (...)
>
> §2º No usufruto temporário a base de cálculo será correspondente a 1/20 (um vinte avos) do valor venal do imóvel usufruído, por ano de vigência da instituição, até o limite de 10/20 (dez vinte avos).

No Estado do Ceará, a Lei Estadual nº 15.812/2015 prevê a incidência do imposto sobre o direito real de usufruto, ocorrendo o fato gerador na data da sua instituição. Não há a cobrança do imposto na extinção do usufruto, quando esta resultar na consolidação da propriedade plena em favor do nu-proprietário.

O cálculo do imposto considera o desmembramento dos atributos da propriedade, sendo que o valor da nua-propriedade representa o importe de 2/3 (dois terços) do valor total do bem, e 1/3 corresponde ao valor do direito real de usufruto. É o que prevê a legislação do Estado do Ceará (Lei nº 15.812/2015):

> Art. 5º Ocorre o fato gerador do ITCD: (...)
>
> II – quando da transmissão por doação, na data:

a) da doação, ainda que a título de adiantamento da legítima;

b) da instituição de usufruto convencional ou de qualquer outro direito real;

(...)

Art. 7º O ITCD não incide sobre a transmissão *causa mortis* ou por doação:

§1º O ITCD também não incide:

III – na extinção de usufruto ou de qualquer outro direito real que resulte na consolidação da propriedade plena;

(...)

Art.12. Na hipótese de desmembramento da propriedade, a base de cálculo do ITCD será:

I – de 2/3 (dois terços) do valor venal do bem, em se tratando de disposição da nua propriedade;

II – de 1/3 (um terço) do valor venal do bem, em se tratando dos demais direitos reais.

No Estado do Maranhão, a tributação do direito real de usufruto sofreu recentes alterações, com efeitos a partir de 21 de março de 2021, por força da Lei Estadual nº 11.387/20, que alterou dispositivos da Lei Estadual nº 7.799/2002, que trata do Sistema Tributário do Estado do Maranhão.

A partir da alteração legislativa, o imposto deixou de incidir na extinção do usufruto, sendo cobrado apenas na sua instituição. A base de cálculo será de 50% (cinquenta por cento) do valor do bem na instituição de usufruto e direitos reais, mas incidirá sobre o valor integral do bem quando houver a transmissão da posse e da nua-propriedade. Ou seja, havendo doação com reserva de usufruto – operação em que o direito que se transmite é a nua-propriedade –, o imposto incidirá sobre a totalidade do valor do bem no ato de doação, não incidindo sobre a extinção do direito real, independentemente do motivo.

Na instituição de usufruto gratuito em favor de terceiro, sem transmissão da nua-propriedade, mas somente dos direitos reais de usufruto, a tributação incidirá sobre 50% (cinquenta por cento) do valor do bem.

É o que se extrai da Lei Estadual nº 7.799/2002 e suas alterações:

Art. 106. A incidência do imposto alcança: (...)

III – a instituição de usufruto vitalício ou temporário;

(...)

Art. 107. O Imposto sobre a Transmissão *Causa mortis* e Doação, de Quaisquer Bens ou Direitos, não incide sobre as transmissões *causa mortis* e as doações: (...)

VI – na extinção de usufruto ou de qualquer outro direito real; (Incisos IV a VIII acrescentados pela Lei nº 11.387/20, com efeitos a partir de 21.03.21)

(...)

Art. 108. A base de cálculo do imposto é:

I – o valor venal do bem ou direito;

II – o valor do título ou do crédito.

III – o valor integral do bem na transmissão da posse e da nua-propriedade; (AC – Lei nº 11.387/20, com efeitos a partir de 21.03.21)

IV – 50% (cinquenta por cento) do valor do bem na instituição de usufruto e direitos reais. (AC – Lei nº 11.387/20, com efeitos a partir de 21.03.21)

No Estado da Paraíba, a tributação do usufruto é feita de maneira semelhante à do Estado do Maranhão, anteriormente analisado. O imposto não incide na extinção ou renúncia dos direitos de usufruto, somente na sua instituição.

O tributo deixou de ser cobrado na extinção do usufruto por força de nova redação dada ao inciso IV do *caput* do art. 3º da Lei Estadual nº 5.123/1989, alterado pela Lei Estadual nº 10.507/2015, com efeitos a partir de 1º de janeiro de 2016. Essa regra não se aplica para os casos em que a instituição do direito real tenha ocorrido até 31 de dezembro de 2015; neste caso, incidirá o imposto tanto sobre a instituição quanto sobre a extinção ou a renúncia aos direitos de usufruto.

Na doação com reserva de usufruto, a operação será tributada integralmente, considerando a totalidade do valor do bem. O imposto também incidirá sobre 100% (cem por cento) do valor do bem na doação da nua-propriedade em favor de terceiros. Na instituição gratuita do direito real de usufruto em favor de terceiro, a base de cálculo será equivalente a 50% (cinquenta por cento) do valor de mercado do bem, correspondendo o valor restante à propriedade separada do usufruto. E quando a operação envolver a doação da nua-propriedade para o usufrutuário do mesmo bem, a base de cálculo será também de 50% (cinquenta por cento) do valor de mercado.

A Lei Estadual nº 5.123/1989 da Paraíba assim prevê acerca do usufruto:

> Art. 3º Incluem-se entre as hipóteses definidas no artigo anterior, além de outras estabelecidas em regulamento: (...)

IV – a instituição de usufruto;

(Nova redação dada ao inciso IV do *caput* do art. 3º pelo inciso I do art. 10 da Lei nº 10.507/15 – DOE de 19.09.15. OBS: efeitos a partir de 1º de janeiro de 2016.)

(...)

Art. 4º O imposto não incide sobre: (...)

V – a extinção ou a renúncia aos direitos do usufruto, exceto para os casos em que a sua instituição tenha ocorrido até 31 de dezembro de 2015.

(Nova redação dada ao inciso V do *caput* do art. 4º pela alínea "b" do inciso I do art. 1º da Lei nº 11.301/19 – DOE de 14.03.19. OBS: efeitos a partir de 1º de janeiro de 2020.)

(...)

Art. 8º A base de cálculo do ITCD é o valor venal dos bens ou direitos transmitidos, expresso em moeda nacional. (...)

§6º Na doação com reserva de usufruto, a base de cálculo será igual a 100% (cem por cento) do valor de mercado do bem.

§7º Na instituição do usufruto, a base de cálculo será igual a 50% (cinquenta por cento) do valor de mercado do bem, correspondendo o valor restante a propriedade separada do usufruto.

§8º Na doação da nua-propriedade para o usufrutuário do mesmo bem, a base de cálculo será igual a 50% (cinquenta por cento) do valor de mercado do bem, correspondendo o valor restante ao usufruto separado da propriedade.

§9º Na doação da nua-propriedade para terceiros, a base de cálculo será igual a 100% (cem por cento) do valor da mercadoria ou do bem.

(Nova redação dada ao art. 8º pela alínea "d" do inciso I do art. 1º da Lei nº 11.301/19 – DOE de 14.03.19.)

No Estado de Pernambuco, a Lei Estadual nº 13.974/2009 prevê a incidência do imposto sobre a instituição do usufruto, a ser calculado com redução da base de cálculo, correspondendo a fração de 1/3 (um terço) ao valor dos direitos de usufruto e de 2/3 (dois terços) ao valor da nua-propriedade.

Não há a cobrança do imposto na extinção do usufruto quando o nu-proprietário é o instituidor do direito real, pois os direitos de gozo e fruição retornam à sua titularidade. Quando o nu-proprietário não tenha sido o instituidor, incidirá o imposto na extinção do usufruto, a ser calculado sobre 1/3 (um terço) do valor venal do bem.

Eis o que prevê a lei pernambucana sobre a tributação do usufruto (Lei nº 13.974/2009):

Art. 1º O Imposto sobre Transmissão *Causa mortis* e Doação de Quaisquer Bens ou Direitos – ICD tem como fato gerador a transmissão *causa mortis* e a doação, a qualquer título, de:

I – propriedade ou domínio útil de bem imóvel;

II – bem móvel;

III – direito real sobre bem móvel ou imóvel.

(...)

§6º Para os efeitos desta Lei, considera-se ocorrido o fato gerador do imposto, na transmissão por doação, na data:

I – da instituição de usufruto convencional ou de qualquer outro direito real; (Lei nº 14.882/2012)

(...)

Art. 2º O ICD não incide sobre as transmissões de bens ou direitos: (...)

III – decorrentes da extinção de usufruto, quando o nu-proprietário tenha sido o instituidor.

(...)

Art. 6º Nas hipóteses a seguir mencionadas, a base de cálculo do imposto é reduzida, correspondendo à fração respectivamente indicada do valor venal do bem:

I – até 31 de março de 2013, na transmissão não onerosa do domínio útil: 1/3 (um terço); (Lei nº 14.882/2012)

II – até 31 de março de 2013, na transmissão não onerosa do domínio direto: 2/3 (dois terços); (Lei nº 14.882/2012)

III – na instituição do usufruto por ato não-oneroso: 1/3 (um terço);

IV – na transmissão não-onerosa da nua-propriedade: 2/3 (dois terços).

No Estado do Piauí, a legislação prevê a incidência do ITCMD no ato de instituição do usufruto, não incidindo sobre sua extinção. O imposto é cobrado sobre a integralidade do valor do bem, quando se tratar de usufruto vitalício ou sem prazo determinado.

Tratando-se de usufruto temporário, a lei prevê a redução da base de cálculo, cobrando-se o imposto sobre 5% (cinco por cento) do valor venal integral do bem, por ano ou fração de ano de duração do gravame, limitado a 100% (cem por cento). Como a sistemática de cobrança decorre de alteração legislativa ocorrida no ano de 2015, é prevista a possibilidade de cobrança do tributo sobre a extinção do usufruto, quando não recolhido integralmente quando da instituição.

A Lei Estadual nº 4.261/1989, do Estado do Piauí, assim prevê:

Art. 2º O Imposto sobre Transmissão *Causa mortis* e Doação de Quaisquer Bens ou Direitos –ITCMD tem como fato gerador a transmissão *causa mortis* e a doação, a qualquer título, de:

I – propriedade ou domínio útil de bem imóvel;

II – direitos reais sobre bens imóveis, exceto os de garantia;

III – bens móveis, inclusive semoventes, títulos, créditos, ações, quotas, valores e outros bens móveis de qualquer natureza, bem como dos direitos a eles relativos, exceto os de garantia.

IV – cessão, desistência ou renúncia, por ato gratuito, de direitos relativos às transmissões referidas nos incisos I a III.

(...)

Art. 3º O imposto incide também sobre as seguintes e principais modalidades de transmissão: (...)

IV – instituição dos direitos de usufruto vitalício ou temporário, uso, habitação, superfície, servidão e promessa de compra e venda de imóveis;

(...)

Art. 7º O ITCMD não incide: (...)

V – no caso de extinção do usufruto; (Inciso V com redação dada pela Lei 6.744, de 23/12/2015, art 1º, I)

(...)

Art. 14. Nos casos abaixo especificados a base de cálculo é:

I – na hipótese de instituição de usufruto:

a) por prazo determinado, cinco por cento do valor venal integral do bem, por ano ou fração de ano de duração do gravame, limitado a cem por cento do valor do bem;

b) por prazo indeterminado, o valor venal integral do bem;

(...)

Art. 39. Fica a Fazenda Pública Estadual autorizada a exigir o imposto por ocasião da extinção do usufruto, na hipótese em que, no momento da transmissão do bem gravado, foi recolhido apenas sobre fração do valor venal. (Art. 39 com redação dada pela Lei 6.744, de 23/12/2015, art. 2º)

No Estado do Rio Grande do Norte, não há a previsão de critérios específicos para tributar o direito real de usufruto, tal como ocorre na maioria das legislações aqui analisadas. A lei silencia acerca do tema, sendo que a busca pela palavra-chave "usufruto" não encontrou nenhum verbete. O termo aparece somente no decreto regulamentador, de maneira lacônica, o que gera insegurança jurídica em relação às regras aplicáveis à tributação deste direito real.

A Lei Estadual nº 5.887/1989 prevê a tributação apenas da transmissão de direitos reais sobre imóveis, o que nos permite afirmar que não há a cobrança do imposto sobre o usufruto de quotas sociais, por serem bens móveis. Quando trata da base de cálculo, a lei potiguar prevê que esta será apurada segundo estimativa fiscal, que determinará o valor venal dos bens, direitos e créditos transmitidos, no momento da ocorrência do fato gerador.

Seguem os dispositivos da Lei nº 5.887/1989, do Estado do Rio Grande do Norte, que podem ser aplicados ao tema, embora não o enfrentem diretamente:

> Art. 1º O Imposto sobre Transmissão *Causa mortis* e Doação de quaisquer Bens ou Direitos – ITCD tem como fato gerador a transmissão *causa mortis* e a doação, a qualquer titulo, de:
>
> I – propriedade ou domínio útil de bem imóvel;
>
> II – direitos reais sobre imóveis, exceto os de garantia;
>
> III – direitos relativos às transmissões referidas nos incisos anteriores;
>
> IV – bens móveis, direitos, títulos e créditos.
>
> (...)
>
> Art. 5º A base de cálculo do imposto é o valor venal dos bens, direitos e créditos, no momento da ocorrência do fato gerador, segundo estimativa fiscal.

Já o regulamento, aprovado pelo Decreto nº 22.063/2010, prevê que o imposto não incidirá sobre a instituição de usufruto, ressalvando apenas a incidência sobre a transmissão da nua-propriedade. Quando trata da base de cálculo, o decreto não estabelece qualquer redução ou metodologia de cálculo diferenciada para a apuração da base de cálculo na transmissão da nua-propriedade, donde se deduz que o imposto incidirá, nessa operação, sobre a totalidade do bem.

Eis o que prevê o Decreto potiguar nº 22.063/2010 a respeito do usufruto:

> Art. 3º O imposto não incide sobre: (...)
>
> VII – a instituição de usufruto, ressalvada a incidência sobre a transmissão da nua propriedade.

No Estado de Sergipe, a tributação do usufruto ocorrerá com a redução da base de cálculo em 50% (cinquenta por cento) do valor venal do bem, incidindo quando da instituição do direito real.

Na doação de bens e direitos com reserva de usufruto em nome do doador, a lei determina que o imposto incidirá apenas sobre a doação, mas não especifica se será aplicada a redução de base de cálculo. Entende-se que deve ser aplicada a redução em 50% (cinquenta por cento) sobre o valor do bem, uma vez que a doação não é da propriedade plena, havendo a transmissão apenas da nua-propriedade e a reserva de usufruto pelo doador.

Na extinção do usufruto, a lei sergipana prevê que não incidirá o imposto quando resultar na consolidação da propriedade plena em favor do titular originário, conforme estabelece o art. 7º, inciso III da lei estadual. Já o decreto regulamentador possui redação mais abrangente, ao estipular em seu art. 7º que o imposto não incidirá sobre "III – a extinção de qualquer direito real" (Decreto nº 29.994/2015).

Confira-se o que prevê a lei sergipana nº 7.724/2013 sobre a tributação do usufruto:

> Art. 2º O ITCMD incide sobre a transmissão de qualquer bem ou direito havido por: (...)
>
> §4º O ITCMD incide também sobre a instituição de quaisquer direitos reais, exceto os de garantia.
>
> §5º Na hipótese de doação de bens e direitos com reserva de usufruto em nome do doador, o imposto deve incidir apenas sobre a doação.
>
> Art. 3º Para os efeitos desta Lei considera-se doação o contrato em que uma pessoa, por liberalidade, transfere bem, vantagem ou direito de seu patrimônio, com ou sem encargo, para o de outra que o aceita expressa ou tacitamente.
>
> Art. 4º Considera-se ocorrido o fato gerador do imposto no momento: (...)
>
> III -da transmissão do direito real;
>
> (...)
>
> Art. 7º O imposto não incide também sobre:
>
> I – os créditos oriundos de seguro de vida ou pecúlio por morte;
>
> II – a renúncia pura e simples de herança ou legado;
>
> III – a extinção de qualquer direito real que resulte na consolidação da propriedade em favor do titular originário;
>
> (...)
>
> Art.13. Na hipótese de instituição de direitos reais, a base de cálculo do imposto deve ser 50% (cinquenta por cento) do valor do bem ou direito transmitido.

3.5.3 Região Centro-Oeste

No Distrito Federal, a Lei Estadual nº 3.804/2006 prevê a redução de base de cálculo quando há o desmembramento da propriedade, correspondendo os direitos reais a 70% (setenta por cento) do valor venal do bem, e a nua-propriedade, a 30% (trinta por cento) do valor venal.

A cobrança do imposto é feita tanto na instituição quanto na extinção, sendo contribuinte o beneficiário do direito real, quando de sua instituição, e o nu-proprietário, quando da extinção. Eis o teor da legislação do Distrito Federal:

> Art. 7º A base de cálculo do Imposto é: (...)
>
> §4º Na hipótese de desmembramento da propriedade, o valor venal:
>
> I – dos direitos reais será de 70% (setenta por cento) do valor venal do bem;
>
> II – da propriedade nua será de 30% (trinta por cento) do valor venal do bem.
>
> (...)
>
> Art. 10. O contribuinte do imposto é:
>
> I – o herdeiro, o legatário, o fiduciário ou o fideicomissário, no caso de transmissão *causa mortis*;
>
> II – o donatário ou o cessionário, no caso de doação ou de cessão;
>
> III – o beneficiário de direito real, quando de sua instituição;
>
> IV – o nu-proprietário, na extinção do direito real.

O decreto regulamentador do ITCD no Distrito Federal estabelece o prazo de trinta dias, contado do falecimento, para o recolhimento do imposto na hipótese de extinção do usufruto pelo falecimento do usufrutuário (Decreto nº 34.982/2013):

> Art. 17. O imposto deverá ser pago:
>
> I – antes da lavratura da escritura pública;
>
> II – antes de proferida a sentença:
>
> a) no processo de inventário;
>
> b) na dissolução de sociedade conjugal ou união estável;
>
> III – na hipótese de extinção de usufruto por morte do usufrutuário, no prazo de até trinta dias, contado do falecimento;

No Estado de Goiás, o imposto é cobrado integralmente na doação com reserva de usufruto ou na instituição gratuita de usufruto em favor de terceiro, quando instituído o direito por prazo indeterminado. Tratando-se de direito temporário, a base de cálculo do imposto será correspondente a 20% (vinte por cento) do valor de mercado integral do bem, por ano ou fração de ano de duração do direito real, limitado a 100% (cem por cento). Não há a cobrança do imposto na extinção do usufruto ou de qualquer outro direito real que resulte na consolidação da propriedade plena, já que cobrado integralmente quando de sua instituição.

As normas de cobrança do ITCD sobre direitos reais estão previstas no Código Tributário Estadual de Goiás, aprovado pela Lei Estadual nº 11.651/1991, e suas alterações posteriores:

> Art. 74. Ocorre o fato gerador do ITCD: (Redação conferida pela Lei nº 13.772 – vigência: 01.01.01.) (...)
>
> II – na transmissão por doação, na data: (...)
>
> f) da instituição convencional de direito real.
>
> (...)
>
> Art. 77-B. Nos seguintes casos específicos, considera-se base de cálculo: (Redação acrescida pela Lei nº 18.002 – vigência: 03.08.13) (...)
>
> IV – o valor de mercado integral do bem na transmissão não onerosa, com reserva ao transmitente de direito real; (Redação acrescida pela Lei nº 18.002 – vigência: 03.08.13)
>
> V – na instituição de direito real: (Redação acrescida pela Lei nº 18.002 – vigência: 03.08.13)
>
> a) 20% (vinte por cento) do valor de mercado integral do bem por ano ou fração de ano de duração do gravame, limitado a 100% (cem por cento), quando por prazo determinado; (Redação acrescida pela Lei nº 18.002 – vigência: 03.08.13)
>
> b) o valor de mercado integral do bem, quando por prazo indeterminado; (Redação acrescida pela Lei nº 18.002 – vigência: 03.08.13)
>
> (...)
>
> Art. 80. O ITCD não incide sobre a transmissão ou doação: (...)
>
> §1º O ITCD não incide, também: (...)
>
> III – na extinção de usufruto ou de qualquer outro direito real que resulte na consolidação da propriedade plena. (Redação conferida pela Lei nº 18.002 – vigência: 03.08.13)

A legislação do Estado do Mato Grosso estabelece a incidência do imposto sobre a transmissão gratuita de direitos reais relativamente a bem imóvel, nada dispondo sobre o usufruto de bens móveis.

O imposto é cobrado na doação da nua-propriedade, na instituição e na extinção de usufruto, uso e habitação, incidindo sobre a base de cálculo de 70% (setenta por cento) do valor do bem transmitido. Há isenção do imposto na extinção do usufruto por falecimento do usufrutuário quando o nu-proprietário tiver sido o instituidor, como ocorre em outras legislações analisadas.

Eis o que prevê a Lei Estadual nº 7.850/2002, do Estado do Mato Grosso:

> Art. 2º O disposto neste artigo aplica-se sobre a transmissão *causa mortis* e sobre a doação a qualquer título de:
>
> I – propriedade, posse, domínio útil ou qualquer outro direito real relativamente a bem imóvel;
>
> II – bens móveis e semoventes, títulos, créditos ou quaisquer outros direitos.
>
> (...)
>
> Art. 6º Fica isenta do imposto:
>
> I – a transmissão *causa mortis*: (...)
>
> b) na extinção do usufruto, quando o nu-proprietário tiver sido o instituidor;
>
> (...)
>
> Art. 10 Nos casos abaixo especificados, observado o disposto no artigo anterior, a base de cálculo é:
>
> I – na doação da nua propriedade, na instituição e na extinção de usufruto, uso e habitação, 70% (setenta por cento) do valor do bem;
>
> II – na instituição de fideicomisso, o valor do bem ou direito;
>
> III – na herança ou legado, o valor aceito pela Fazenda Pública ou fixado judicial ou administrativamente.

O decreto regulamentador mato-grossense prevê que o imposto deve ser recolhido, em regra, antes da lavratura da escritura, sobre a proporcionalidade do valor da nua-propriedade, que, como visto, será de 70% (setenta por cento) do valor do bem. Na extinção do usufruto, o imposto incidirá também sobre a base de cálculo correspondente a 70% (setenta por cento) do valor do bem. No entanto, o decreto faculta ao contribuinte recolher o imposto sobre a integralidade do valor do bem, antes da lavratura da escritura pública, hipótese em que não será cobrado o imposto sobre a extinção do usufruto.[171]

Eis o que prevê o Decreto nº 2.225/2003:

> Art. 28 O imposto será recolhido:
>
> I – na transmissão *causa mortis*, no prazo de 30 (trinta) dias após a decisão homologatória de cálculo ou do despacho que determinar seu pagamento;
>
> II – na doação:
>
> a) antes da realização do ato ou celebração do contrato correspondente, observado o disposto no §2º;
>
> b) nos momentos indicados no §3º, se houver reserva do usufruto, do uso ou da habitação sobre o bem, em favor do doador;
>
> (...)
>
> §3º Na hipótese prevista na alínea b do inciso II do *caput* deste artigo, o imposto será recolhido:
>
> I – antes da lavratura da escritura, sobre o valor da nua-propriedade;
>
> II – por ocasião da consolidação da propriedade plena, na pessoa do nu-proprietário, sobre o valor do usufruto, uso ou habitação;
>
> III – facultativamente, antes da lavratura da escritura, sobre o valor integral da propriedade.

No Estado do Mato Grosso do Sul, é tributado o direito real de usufruto tanto na instituição quanto na sua extinção, pela renúncia ou falecimento do usufrutuário. A lei estadual prevê a redução da base de cálculo em razão do desmembramento da propriedade, sendo o valor do usufruto correspondente a 1/3 (um terço) do valor total do bem, e o valor da nua-propriedade correspondente a 2/3 (dois terços).

É o que estabelece o Código Tributário Estadual do Mato Grosso do Sul, aprovado pela Lei Estadual nº 1.810/1997:

> Art. 122. A incidência do ITCD alcança as seguintes mutações patrimoniais: (...)
>
> IV – instituição de usufruto por ato não oneroso e sua extinção pela renúncia ou falecimento do usufrutuário; (Inciso IV: nova redação dada pela Lei nº 5.153, de 28.12.2017. Efeitos a partir de 29.03.2018, de acordo com o art. 150, III, "c" da CF/88.)

---

[171] Conforme esclarece a própria Secretaria de Estado da Fazenda na sessão "FAQ ITCD 18 – Usufruto". Disponível em: https://sac.sefaz.mt.gov.br/citsmart/pages/knowledgeBase Portal/ knowledgeBasePortal.load#/knowledge/2061. Acesso em: 29 set. 2021.

(...)

Art. 127. A base de cálculo do ITCD é o valor venal dos bens ou direitos objeto de transmissão legítima ou testamentária ou de doação, apurada e calculada nas formas a seguir especificadas: (...)

VI – na instituição do usufruto, por ato não oneroso, bem como no seu retorno ao nu-proprietário, 1/3 (um terço) do valor do imóvel, apurado por avaliação administrativa;

VII – na doação da nua-propriedade, 2/3 (dois terços) do valor venal do imóvel, apurado por avaliação administrativa;

3.5.4 Região Sudeste

No Estado do Espírito Santo, ocorre a tributação do usufruto no momento da sua instituição, sobre a base de cálculo correspondente à metade do valor venal do bem. Nas doações com reservas de usufruto ou na sua instituição gratuita em favor de terceiro, a base de cálculo será igual à metade do valor do bem, correspondendo o valor restante à nua-propriedade.

Não incidirá o imposto na extinção do usufruto ou de qualquer outro direito real que resulte na consolidação da propriedade plena, especialmente quando o nu-proprietário for o próprio instituidor. Quando houver pluralidade de usufrutuários e nu-proprietários, o valor do imposto será calculado proporcionalmente à parte conferida a cada um.

Eis o que prevê a Lei Estadual nº 10.011, de 20 de maio de 2013, acerca do direito real de usufruto incidente sobre bens móveis e imóveis:

Art. 5º O imposto não incide sobre a transmissão *causa mortis* ou por doação: (...)

§4º O imposto não incide, também: (...)

III – na extinção de usufruto ou de qualquer outro direito real que resulte na consolidação da propriedade plena;

(...)

Art. 6º Ocorre o fato gerador do imposto:

I – na transmissão *causa mortis*, na data da:

a) abertura da sucessão legítima ou testamentária, mesmo no caso de sucessão provisória, e na instituição de fideicomisso e de usufruto; (...)

II – na transmissão por doação, na data:

a) da instituição de usufruto ou de qualquer outro direito real;

(...)

Art. 7º Ficam isentas do imposto:

I – a transmissão *causa mortis* de: (...)

f) bens móveis e imóveis, títulos e créditos, bem como direitos a eles relativos, decorrentes da extinção do usufruto, quando o nu-proprietário tiver sido o instituidor;

(...)

Art. 10. A base de cálculo do imposto é o valor venal dos bens ou direitos ou o valor do título ou crédito, transmitidos ou doados. (...)

§2º Nas doações com reservas de usufruto ou na instituição gratuita desse a favor de terceiro, a base de cálculo será igual à metade do valor do bem, correspondendo o valor restante à nua-propriedade.

§3º Quando houver pluralidade de usufrutuários e nu-proprietários, o valor do imposto será proporcional à parte conferida a cada usufrutuário ou nu-proprietário.

No Estado de Minas Gerais, a extinção de usufruto deixou de ser cobrada a partir de 29 de dezembro de 2007, em razão das alterações promovidas pela Lei Estadual nº 17.272/2007, que alterou a redação do inciso VI do art. 1º e do §2º do art. 4º da Lei Estadual nº 14.941/2003.

Se antes a legislação mineira tributava o usufruto na sua instituição e na extinção, considerando como base de cálculo 1/3 (um terço) do valor do bem para o usufruto e 2/3 (dois terços) para a transmissão da nua-propriedade, agora a lei prevê a redução de base de cálculo apenas para o usufruto, incidindo o imposto sobre a integralidade do bem na transmissão da nua-propriedade.[172]

Portanto, para fatos geradores anteriores a 29 de dezembro de 2007, será cobrado o imposto na instituição e na extinção, com a redução de base de cálculo nos moldes apresentados acima (1/3 para o usufruto e 2/3 para a nua-propriedade).

Já para fatos geradores ocorridos a partir de 29 de dezembro de 2007, o imposto incidirá apenas na instituição do usufruto, considerada a base de cálculo de 1/3 (um terço) do bem; e na transmissão da nua-propriedade, considerado o valor integral do bem. Observa-se que a doação com reserva de usufruto transmite apenas a nua-propriedade, de modo que, nessa operação, incidirá o imposto integralmente sobre o valor venal total do bem. Não haverá a tributação sobre a extinção do direito real de usufruto, quando ocorrida após esse marco temporal.

---

[172] Conforme orientações da Secretaria de Estado da Fazenda de Minas Gerais disponíveis em: http://www.fazenda.mg.gov.br/empresas/legislacao_tributaria/orientacao/orientacao_002_2006.html#usufruto. Acesso em: 03 out. 2021.

A legislação mineira prevê ainda que a instituição onerosa de usufruto será considerada doação quando praticada em favor de pessoa sem capacidade financeira, civilmente incapaz ou relativamente incapaz, assim como a transmissão da propriedade plena ou da nua-propriedade.

Eis o teor dos dispositivos da Lei mineira nº 14.941/2003:

> Art. 1º O Imposto sobre Transmissão *Causa mortis* e Doação de Quaisquer Bens ou Direitos – ITCD – incide: (...)
> VI – na instituição de usufruto não oneroso; (...)
> §6º Consideram-se também doação de bem ou direito os seguintes atos praticados em favor de pessoa sem capacidade financeira, inclusive quando se tratar de pessoa civilmente incapaz ou relativamente incapaz:
> I – a transmissão da propriedade plena ou da nua propriedade;
> II – a instituição onerosa de usufruto.
> (...)
> Art. 4º A base de cálculo do imposto é o valor venal do bem ou direito recebido em virtude da abertura da sucessão ou de doação, expresso em moeda corrente nacional e em seu equivalente em Ufemg. (...)
> §2º A base de cálculo do imposto é nos seguintes casos: (...)
> III – 1/3 (um terço) do valor do bem, na instituição do usufruto, por ato não oneroso;

No Estado do Rio de Janeiro, a legislação prevê a incidência do imposto de transmissão sobre a integralidade do valor do bem nas seguintes hipóteses: de transmissão do domínio pleno; de doação com reserva de usufruto ou outro direito real e de transmissão da nua-propriedade, sendo o transmitente o último titular do domínio pleno.

Não sendo o transmitente o último titular do domínio pleno, a base de cálculo do imposto será de 50% (cinquenta por cento) do valor do bem na transmissão da nua-propriedade. Também será reduzida a base de cálculo para 50% (cinquenta por cento) do valor do bem na hipótese de instituição de usufruto em favor de terceiro. Em todo caso, não incidirá o ITD quando da extinção do usufruto ou de qualquer outro direito real, conforme prevê o art. 7º, inciso III da Lei Estadual nº 7.174/2015.

Eis o que estabelece a legislação fluminense sobre o tema:

> Art. 2º O imposto tem como fatos geradores:
> I – a transmissão *causa mortis* de quaisquer bens ou direitos; e

II – a doação de quaisquer bens ou direitos.

Parágrafo único – Nas transmissões *causa mortis* e doações ocorrem tantos fatos geradores distintos quantos sejam os beneficiários, usufrutuários, cessionários, fiduciários, herdeiros, legatários ou donatários.

(...)

Art. 4º A doação se opera nos termos da lei civil quando uma pessoa, por liberalidade, transfere bens ou direitos do seu patrimônio para o de outra que os aceita expressa, tácita ou presumidamente, com ou sem encargo, em especial nos casos de: (...)

V – instituição gratuita de quaisquer direitos reais sobre coisa alheia, exceto os de garantia; (...)

X – transmissão patrimonial não onerosa decorrente de reorganizações ou operações societárias.

(...)

Art. 7º O imposto não incide: (...)

III – na extinção de usufruto ou de qualquer outro direito real;

(...)

Art. 10. O contribuinte do imposto é o beneficiário, usufrutuário, cessionário, fiduciário, herdeiro, legatário ou donatário, assim entendida a pessoa em favor da qual se opera a transmissão do bem ou direito, por doação ou *causa mortis*.

(...)

Art. 24. Na transmissão de bens imóveis ou de direitos a eles relativos, a base de cálculo é:

I – o valor integral do bem na:

a) transmissão do domínio pleno;

b) doação com reserva de usufruto ou outro direito real;

c) transmissão da nua-propriedade, sendo o transmitente o último titular do domínio pleno;

d) instituição de fideicomisso;

e) transmissão do domínio útil relativo à enfiteuse; e

f) transmissão da propriedade resolúvel.

II – 50% (cinquenta por cento) do valor do bem na transmissão da nua-propriedade, não sendo o transmitente o último titular do domínio pleno;

III – 50% (cinquenta por cento) do valor do bem na:

a) instituição de usufruto, uso e habitação; e

b) instituição e transmissão do direito de superfície.

IV – o valor integral do bem na transmissão da posse.

No Estado de São Paulo, a tributação do usufruto é feita considerando a redução de base de cálculo, correspondendo 1/3 (um terço) do valor do bem aos direitos de gozo e fruição e 2/3 (dois terços) à nua-propriedade. O imposto é isento na extinção do usufruto pelo falecimento do usufrutuário, quando o nu-proprietário é o próprio instituidor e os direitos retornam à sua titularidade.

É o que prevê a Lei Estadual nº 10.705/2000:

> Artigo 6º – Fica isenta do imposto: (Redação dada ao artigo pela Lei 10.992, de 21-12-2001; DOE 22-12-2001; Efeitos a partir de 01-01-2002)
>
> I – a transmissão *causa mortis*: (...)
>
> f) na extinção do usufruto, quando o nu-proprietário tiver sido o instituidor;
>
> (...)
>
> Artigo 9º A base de cálculo do imposto é o valor venal do bem ou direito transmitido, expresso em moeda nacional ou em UFESPs (Unidades Fiscais do Estado de São Paulo).
>
> §1º Para os fins de que trata esta lei, considera-se valor venal o valor de mercado do bem ou direito na data da abertura da sucessão ou da realização do ato ou contrato de doação.
>
> §2º Nos casos a seguir, a base de cálculo é equivalente a:
>
> 1. 1/3 (um terço) do valor do bem, na transmissão não onerosa do domínio útil;
>
> 2. 2/3 (dois terços) do valor do bem, na transmissão não onerosa do domínio direto;
>
> 3. 1/3 (um terço) do valor do bem, na instituição do usufruto, por ato não oneroso;
>
> 4. 2/3 (dois terços) do valor do bem, na transmissão não onerosa da nua-propriedade.

À lei estadual o decreto regulamentador paulista acrescenta que o imposto deve ser recolhido previamente à lavratura da escritura pública, com a redução da base de cálculo conforme o desmembramento da propriedade. Facultativamente, pode ser recolhido o imposto sobre o valor integral do bem, hipótese em que se deduz que não haverá a cobrança do tributo quando da extinção do usufruto (previsão semelhante é encontrada no decreto do Estado do Mato Grosso, como visto acima).

Eis o que prevê o Decreto nº 46.655/2002, do Estado de São Paulo:

Artigo 31 – O imposto será recolhido (Lei 10.705/00, arts.17, com alteração da Lei 10.992/01, e 18): (...)

II – na doação: (...)

c) nos momentos indicados no §3º, se houver reserva do usufruto, do uso ou da habitação sobre o bem, em favor do doador;

(...)

§3º Na hipótese prevista na alínea "c" do inciso II, o imposto será recolhido:

1 – antes da lavratura da escritura, sobre o valor da nua- propriedade;

2 – por ocasião da consolidação da propriedade plena, na pessoa do nu-proprietário, sobre o valor do usufruto, uso ou habitação;

3 – facultativamente, antes da lavratura da escritura, sobre o valor integral da propriedade.

3.5.5 Região Sul

No Estado do Paraná, a tributação do usufruto incide tanto na instituição quanto na extinção, e considera que metade do valor do bem corresponde aos direitos reais de usufruto, uso ou habitação, vitalício ou temporário, equivalendo o restante à nua-propriedade separada daqueles direitos.

Destaca-se que a redação original do Projeto de Lei nº 662/2015, que resultou na Lei Estadual nº 18.573/2015, previa que o ITCMD seria cobrado sobre a integralidade do valor do bem quando da instituição do direito real e não incidiria quando da sua extinção. Como não houve a aprovação da proposição legislativa original – mantida a tributação sobre 50% (cinquenta por cento) do valor do bem –, alguns dispositivos legais ficaram sem coerência.

É o caso do inciso V do art. 9º, que estipulava que o ITCMD não incide "na extinção de usufruto ou de qualquer outro direito real que resulte na consolidação da propriedade plena", posteriormente revogado pela Lei Estadual nº 18.879, de 27 de setembro de 2016. Da mesma forma, a disposição transitória contida no art. 47 parece fora de contexto ao prever que o imposto será recolhido sobre 50% (cinquenta por cento) do valor do bem, na hipótese de extinção do usufruto, quando sua instituição tiver sido tributada também sobre a base de cálculo de 50% (cinquenta por cento).

Como a proposição original, de tributação integral na instituição do usufruto, não foi aprovada na Assembleia Legislativa, a sistemática de tributação permaneceu inalterada em relação à legislação paranaense anterior (a Lei Estadual nº 8.927/1988, que previa a redução da base de cálculo pela metade).

Eis o que prevê a Lei Estadual nº 18.573/2015 acerca do direito real de usufruto:

> Art. 13. Ocorre o fato gerador do imposto: (...)
> II – na transmissão por doação, na data:
> a) da instituição de usufruto convencional ou de qualquer outro direito real;
> (...)
> §1º Nas transmissões de que trata esta Lei ocorrem tantos fatos geradores distintos quantos sejam os herdeiros, legatários, donatários ou usufrutuários, ainda que os bens ou os direitos sejam indivisíveis.
> (...)
> Art. 20. Nas doações com reserva de usufruto ou na sua instituição gratuita a favor de terceiro, o valor dos direitos reais do usufruto, uso ou habitação, vitalício ou temporário, será igual à metade do valor do total do bem, correspondendo o valor restante à sua propriedade separada daqueles direitos.
> §1º À cessão e à extinção de usufruto se aplicam as normas relativas à sua instituição. (Incluído pela Lei 18879 de 27/09/2016)
> (...)
> Art. 47. Na hipótese da extinção do usufruto ou de qualquer outro direito real, quando sua instituição foi tributada com base em 50% (cinquenta por cento) do valor do bem, o imposto deverá ser recolhido considerando a aplicação da alíquota de 4% (quatro por cento) e como base de cálculo a metade do valor total atualizado do bem.

No Estado de Santa Catarina, o usufruto é tributado na instituição e na extinção de direitos reais sobre bens móveis e imóveis, sendo contribuinte do imposto o beneficiário do direito real, quando da instituição, e o nu-proprietário, na extinção. A base de cálculo é reduzida pela metade do valor venal do bem, como ocorre em outras legislações analisadas acima. É o que estabelece a Lei Estadual nº 13.136/2004:

> Art. 2º O imposto de que trata o art. 1º desta Lei, tem como fato gerador a transmissão *causa mortis* ou a doação a qualquer título, de:
> I – propriedade ou domínio útil de bem imóvel;

II – direitos reais sobre bens móveis e imóveis; e
(...)
Art. 5º Contribuinte do imposto é: (...)
III – o beneficiário de direito real, quando de sua instituição; e
IV – o nu-proprietário, na extinção do direito real.
(...)
Art. 7º A base de cálculo do imposto é o valor venal do bem ou direito, ou o valor do título ou crédito transmitido. (...)
§2º ALTERADO – Art. 16 da Lei nº 14.967/09 – Efeitos a partir de 07.12.09:
§2º Na instituição e na extinção de direito real sobre bem móvel ou imóvel, bem como na transmissão da nua propriedade, a base de cálculo do imposto será reduzida para 50% (cinquenta por cento) do valor venal do bem.

No Estado do Rio Grande do Sul, não há previsão de redução da base de cálculo do imposto para a tributação do direito real de usufruto. O §1º do art. 12 da Lei Estadual nº 8.821/1989 prevê que, na transmissão de direitos, a base de cálculo é o valor venal do respectivo bem, apurado mediante avaliação procedida pela Fazenda Pública Estadual ou avaliação judicial, conforme critérios fixados em regulamento, o Decreto nº 33.156/1989.

O imposto incide na instituição do usufruto convencional e na sua extinção, com a consolidação da propriedade plena em favor do nu-proprietário. No caso de usufruto simultâneo, em que tenha sido estipulado o direito de acrescer ao usufrutuário sobrevivente, incidirá o imposto na data do falecimento de um dos usufrutuários. A lei prevê a não incidência e a isenção do imposto em determinadas hipóteses em que houve o recolhimento (ou a isenção) do tributo na transmissão da nua-propriedade, em especial se esta tiver sido tributada até 28 de fevereiro de 1989.

A legislação gaúcha prevê ainda a isenção do imposto decorrente da extinção de usufruto, de uso, de habitação e de servidão, quando o nu-proprietário tiver sido o instituidor desses direitos. Tal previsão encontra correspondência em outras legislações estaduais, analisadas acima.

Eis o que diz a legislação do Estado do Rio Grande do Sul a respeito da tributação do usufruto (Lei nº 8.821/1989):

Art. 4º Ocorre o fato gerador:
I – na transmissão *causa mortis*:

a) na data da abertura da sucessão legítima ou testamentária, mesmo nos casos de sucessão provisória e na instituição de fideicomisso e de usufruto;

b) na data da morte do fiduciário, na substituição de fideicomisso;

c) na data da ocorrência do fato jurídico, nos casos não previstos nas alíneas "a" e "b"; (Acrescentado pelo art. 3º, I, "a", da Lei 12.741, de 05/07/07. (DOE 06/07/07))

II – na transmissão por doação:

a) na data da instituição do usufruto convencional;

b) na data em que ocorrer o fato ou ato jurídico determinante da consolidação da propriedade, tal como nas hipóteses de extinção dos direitos de usufruto, de uso, de habitação e de servidões; (Redação dada pelo art. 3º, I, "b", da Lei 12.741, de 05/07/07. (DOE 06/07/07))

c) na data da partilha de bem por antecipação da legítima;

d) na data da morte de um dos usufrutuários, no caso de usufruto simultâneo em que tenha sido estipulado o direito de acrescer ao usufrutuário sobrevivente; (Acrescentado pelo art. 3º, I, "b", da Lei 12.741, de 05/07/07. (DOE 06/07/07))

e) na data da transmissão da nua-propriedade; (Redação dada pelo art. 1º, I, da Lei 13.337, de 30/12/09. (DOE 31/12/09)

(...)

Art. 6º O imposto não incide:

I – (Revogado pelo art. 1º, III, da Lei 8.962, de 28/12/89. (DOE 29/12/89) – Efeitos a partir de 01/01/90)

II – na renúncia à herança ou legado, desde que feita sem ressalvas, em benefício do monte e não tenha o renunciante praticado qualquer ato que demonstre aceitação;

III – na extinção de usufruto, se tiver sido tributada a transmissão da nua-propriedade até 28 de fevereiro de 1989; (Redação dada pelo art. 1º, I, da Lei 9.806, de 30/12/92. (DOE 30/12/92) – Efeitos a partir de 01/01/93)

(...)

Art. 7º É isenta do imposto a transmissão: (Redação dada pelo art. 1º, II, da Lei 9.806, de 30/12/92. (DOE 30/12/92) – Efeitos a partir de 01/01/93)

(...)

II – decorrente da extinção de usufruto, de uso, de habitação e de servidão, quando o nu-proprietário tenha sido o instituidor; (Redação dada pelo art. 1º, II, da Lei 13.337, de 30/12/09. (DOE 31/12/09))

(...)

VI – decorrente da extinção de usufruto, de uso, de habitação e de servidão, relativos a bens móveis e imóveis, títulos, créditos, ações, quotas e valores, de qualquer natureza, bem como direitos a eles relativos, quando houver sido: (Redação dada pelo art. 1º da Lei 14.741, de 24/09/15. (DOE 25/09/15) – Efeitos a partir de 25/09/15.)

a) pago o imposto na transmissão da nua-propriedade; (Acrescentado pelo art. 1º, II, Lei 14.136, de 30/11/12. (DOE 03/12/12) – Efeitos a partir de 03/12/12.)

b) isenta do imposto, com base nos incisos I ou IV, a transmissão da nua-propriedade entre os mesmos transmitente e recebedor; (Acrescentado pelo art. 1º, II, Lei 14.136, de 30/11/12. (DOE 03/12/12) – Efeitos a partir de 03/12/12.)

(...)

Art. 8º Contribuinte do imposto é:

I – nas doações:

a) o doador, quando domiciliado ou residente no país;

b) o donatário, quando o doador não for domiciliado ou residente no país;

c) o nu-proprietário, na extinção do usufruto por morte do usufrutuário; (Acrescentada pelo art. 1º, II, da Lei 10.800, de 12/06/96. (DOE 13/06/96))

d) o beneficiário: (Acrescentado pelo art. 3º, III, da Lei 12.741, de 05/07/07. (DOE 06/07/07))

1 – na morte de um dos usufrutuários, em se tratando de usufruto simultâneo em que tenha sido estipulado o direito de acrescer ao usufruário sobrevivente; (Acrescentado pelo art. 3º, III, da Lei 12.741, de 05/07/07. (DOE 06/07/07))

2 – na renúncia de usufruto; (Acrescentado pelo art. 3º, III, da Lei 12.741, de 05/07/07. (DOE 06/07/07))

3 – na extinção de direito de uso, de habitação e de servidões; (Acrescentado pelo art. 3º, III, da Lei 12.741, de 05/07/07. (DOE 06/07/07))

II – nas transmissões *causa mortis*, o beneficiário ou recebedor do bem ou direito transmitido.

(...)

Art. 12 – A base de cálculo do imposto é o valor venal dos bens, títulos, créditos, ações, quotas e valores, de qualquer natureza, bem como dos direitos a eles relativos, transmitidos, apurado mediante avaliação procedida pela Fazenda Pública Estadual ou avaliação judicial, expresso em moeda corrente nacional e o seu equivalente em quantidade de UPF-RS, obedecidos os critérios fixados em regulamento. (Redação dada pelo art. 1º da Lei 14.741, de 24/09/15. (DOE 25/09/15) – Efeitos a partir de 25/09/15.)

§1º Na transmissão de direitos, a base de cálculo é o valor venal do respectivo bem, título ou crédito, apurado conforme *caput* deste artigo. (Redação dada pelo art. 1º, V, da Lei 8.962, de 28/12/89. (DOE 29/12/89) – Efeitos a partir de 01/01/90)

3.5.6 Conclusões sobre usufruto

O terceiro aspecto da tributação aqui analisado é a forma de cobrança do imposto estadual sobre a instituição do usufruto de quotas sociais.

A maior parte das legislações examinadas não diferencia o usufruto sobre bens móveis e imóveis, mas Amapá, Bahia, Mato Grosso, Piauí, Rio Grande do Norte e Roraima tributam o usufruto apenas de bens imóveis, não incidindo o imposto sobre o usufruto de quotas sociais. Rondônia prevê expressamente a isenção do ITCMD na extinção de usufruto relativo a bens móveis, quando já houver sido tributada a transmissão da nua-propriedade.

Observa-se que as regras de tributação reproduzem, de alguma maneira, o desmembramento da propriedade inerente ao usufruto, estipulando redução de base de cálculo que corresponde aos elementos da substância e proveito da coisa.[173]

Alguns Estados preveem que 50% (cinquenta por cento) do valor do bem corresponde ao direito real de usufruto e seus atributos de gozo e fruição e 50% (cinquenta por cento) corresponde ao valor da propriedade separada daqueles direitos, como é o caso de Amazonas, Espírito Santo, Paraná, Rondônia, Santa Catarina, Sergipe e Tocantins. Em outros Estados, como é o caso de Acre, Ceará, Mato Grosso do Sul, Pernambuco e São Paulo, o desmembramento é na proporção de um terço para o direito real de usufruto e dois terços para a nua-propriedade. No Amapá e no Distrito Federal, a proporção é quase inversa: 70% (setenta por cento) do valor do bem corresponde ao direito real de usufruto e 30% (trinta por cento), à nua-propriedade.

Alagoas e Rio Grande do Sul não estabelecem qualquer redução para a base de cálculo na tributação do usufruto; na legislação gaúcha, o valor integral vale inclusive para o direito de acrescer:

> 6.2 – Na hipótese de usufruto simultâneo, nos termos do Código Civil, art. 1.411, com o óbito de um dos usufrutuários, se tiver sido expressamente estipulado o direito de acrescer, em relação à quota do usufrutuário que faltar, não se extinguirá o usufruto, mas transmitir-se-á o direito ao usufrutuário sobrevivente, sendo esta transmissão fato gerador do imposto e a base de cálculo igual ao valor do bem.[174]

---

[173] PEREIRA, Caio Mário da Silva. *Instituições de direito civil*: direitos reais. 18. ed. Rio de Janeiro: Forense, 2004, v. 4, p. 290.

[174] Conforme prevê o item 6.2. RIO GRANDE DO SUL. Departamento da Receita Pública Estadual. *Instrução Normativa DRP nº 045*, de 30 de outubro de 1998.

A redução de base de cálculo para o usufruto não implica dizer que haverá uma economia tributária, pois pode ser compensada a tributação quando da extinção do direito real. Por exemplo, quando se tributa a instituição do usufruto sobre 50% do valor do bem, normalmente a extinção é tributada na mesma proporção, de modo que ao final seja pago o imposto sobre 100% (cem por cento) – é o caso do Paraná e de Santa Catarina. Da mesma forma, os Estados que cobram a integralidade do imposto na instituição do usufruto não o fazem na extinção, como é o caso de São Paulo e Mato Grosso.

Algumas leis estaduais estabelecem hipóteses de isenção, prevendo de maneira expressa que o imposto não incidirá em determinada situação, como a extinção do usufruto quando o nu-proprietário for o próprio instituidor, ocasião em que os direitos de gozo e fruição retornam à sua titularidade.

Para avaliar a eficiência tributária na instituição do usufruto de quotas sociais é preciso considerar todos esses cenários, além das recomendações da doutrina sobre as peculiaridades inerentes às questões societárias e operacionais mencionadas no início do capítulo.

Segue abaixo o quadro-resumo das normas estaduais relativas ao usufruto, em ordem alfabética, apresentando de maneira sintética: o momento do recolhimento do imposto, a redução da base de cálculo do tributo e a incidência ou não sobre bens móveis.

Demais aspectos relativos à sistemática de cobrança deixaram de ser mencionados no quadro-resumo, por suas múltiplas especificidades, sendo tratados apenas no corpo do texto.

Quadro 3 – Usufruto

(continua)

ESTADO	MOMENTO DO RECOLHIMENTO	REDUÇÃO DE BASE DE CÁLCULO	BENS MÓVEIS
Acre	Instituição e extinção	1/3 usufruto 2/3 nua-propriedade	Incide
Alagoas	Extinção	Não há	Incide
Amapá	Instituição pela via testamentária e extinção pelo falecimento	30% nua-propriedade 70% usufruto	Não incide (somente usufruto testamentário sobre bens imóveis)
Amazonas	Instituição e extinção	50% usufruto 50% nua-propriedade	Incide
Bahia	Instituição e extinção	Reduzida pela metade	Não incide (direitos reais sobre imóveis)

Quadro 3 – Usufruto

(continua)

ESTADO	MOMENTO DO RECOLHIMENTO	REDUÇÃO DE BASE DE CÁLCULO	BENS MÓVEIS
Ceará	Instituição e extinção	1/3 usufruto 2/3 nua-propriedade	Incide
Distrito Federal	Instituição e extinção	30% nua-propriedade 70% usufruto	Incide
Espírito Santo	Instituição e extinção	Reduzida pela metade	Incide
Goiás	Instituição	Somente no usufruto temporário	Incide
Maranhão	Instituição	100% na transmissão da nua-propriedade 50% na transmissão do usufruto	Incide
Mato Grosso	Instituição e extinção	70% do valor do bem Se pagar sobre 100% na instituição, não incide na extinção	Não incide (direitos reais sobre imóveis)
Mato Grosso do Sul	Instituição e extinção	1/3 usufruto 2/3 nua-propriedade	Incide
Minas Gerais	Instituição	1/3 usufruto Nua propriedade é o valor integral	Incide
Pará	Instituição	1/3 usufruto	Incide
Paraíba	Instituição	100% na doação com reserva de usufruto 100% na doação da nua-propriedade a terceiro 50% na instituição de usufruto a terceiro 50% na doação da nua-propriedade para usufrutuário do mesmo bem	Incide
Paraná	Instituição e extinção	50% usufruto 50% nua-propriedade	Incide
Pernambuco	Instituição e extinção	1/3 usufruto 2/3 nua-propriedade	Incide
Piauí	Instituição	Somente no usufruto temporário	Não incide (somente imóveis)

Quadro 3 – Usufruto

(conclusão)

ESTADO	MOMENTO DO RECOLHIMENTO	REDUÇÃO DE BASE DE CÁLCULO	BENS MÓVEIS
Rio de Janeiro	Instituição	50% na transmissão da nua-propriedade, não sendo o transmitente o último titular do domínio pleno	Incide
Rio Grande do Norte	Transmissão da nua-propriedade	Não há	Não incide (direitos reais sobre imóveis)
Rio Grande do Sul	Instituição e extinção	Não há	Incide
Rondônia	Instituição e extinção	50% usufruto 50% nua-propriedade	Isenta a extinção de usufruto sobre móveis.
Roraima	Instituição e extinção	Não há	Não incide (somente imóveis)
Santa Catarina	Instituição e extinção	50% usufruto 50% nua-propriedade	Incide
São Paulo	Instituição e extinção	1/3 usufruto 2/3 nua-propriedade	Incide
Sergipe	Instituição	50% do valor do bem	Incide
Tocantins	Instituição e extinção	50% usufruto 50% nua-propriedade	Incide

Fonte: Elaborado pela autora com dados extraídos das leis estaduais.

CONSIDERAÇÕES FINAIS

Na presente obra, foram examinados os impostos relacionados à utilização da *holding* familiar como instrumento de planejamento sucessório, de modo a identificar se esta possui a propalada vantajosidade tributária e se altera, de alguma maneira, a tributação incidente sobre a herança.

Há um caleidoscópio de normas aplicáveis às operações realizadas no planejamento sucessório, e todas elas devem ser consideradas previamente pelos planejadores. Incidem tributos de competência federal, estadual e municipal – cada um com suas especificidades. Foram abordados o ITBI e o IRGC, que podem incidir previamente à constituição da pessoa jurídica, e o ITCMD, que possui grande impacto no planejamento sucessório, pois incide sobre as transmissões gratuitas de bens (*causa mortis* ou *intervivos*).

Quanto ao ITBI, a sua incidência depende da atividade exercida pela pessoa jurídica: se preponderantemente imobiliária, será devido o ITBI, calculado sobre o valor dos bens a serem integralizados ao capital social da *holding*. Se a atividade preponderante não for imobiliária, não será devido o ITBI sobre o montante integralizado, pois há imunidade do imposto, prevista no art. 156, §2º, I da CF. Mas a norma constitucional imunizante alcança apenas o pagamento, em bens e direitos, que o sócio faz para a integralização do capital social subscrito, como decidiu o STF. Assim, ainda que não seja imobiliária a atividade da *holding*, poderá ser cobrado o ITBI sobre o valor dos imóveis que exceder o valor do capital social a ser integralizado.

Quanto ao IRGC, sua incidência ocorrerá de acordo com o valor declarado dos bens. Se não houver diferença entre o valor da aquisição dos bens e o valor de sua incorporação ao capital social da pessoa jurídica, não será devido o IRGC. Mas se os bens forem comercializados posteriormente pela própria pessoa jurídica, o tributo devido pode ser muito maior, pois os bens se tornam capital da *holding* em sua integralidade. Portanto, antes da integralização dos bens ao capital social da pessoa jurídica, é preciso considerar a destinação que se pretende dar ao patrimônio.

Em relação ao ITCMD, a questão é ainda mais complexa. Analisando-se a dinâmica do imposto prevista na Constituição Federal, conclui-se que a mera constituição da *holding* familiar para planejar a sucessão pode, sim, alterar a tributação que incide sobre a herança, pois confere mobilidade ao patrimônio e amplia o leque de possibilidades a serem avaliadas no planejamento sucessório. A pejotização do patrimônio familiar torna móveis os bens e possibilita que as partes se submetam à tributação em Estado diverso do qual situados os bens de raiz. Além da mobilização do patrimônio, impactam na tributação estadual as decisões tomadas no planejamento sucessório com relação à destinação dos bens.

Para avaliar em que medida essas questões influenciam o ITCMD, foi realizada a pesquisa legislativa, com o objetivo de explorar os aspectos da tributação da herança transmitida através da *holding* familiar. Após a investigação dos três critérios eleitos para a pesquisa (avaliação de ações e quotas sociais, alíquotas aplicáveis e a tributação do direito real de usufruto), observa-se que cada um deles repercute de maneira diferente na tributação.

No tocante à base de cálculo, a maioria dos Estados brasileiros estabelece critérios específicos para a avaliação de ações e quotas sociais. Há diferenças pontuais, como o marco temporal a ser considerado (data do fato gerador, data da avaliação ou data da declaração prestada pelo contribuinte), mas se percebe uma certa uniformidade quanto aos critérios, quando expressos.

A tendência das leis estaduais é a de avaliar ações de acordo com a cotação em bolsa de valores e quotas de sociedade limitada de acordo com o valor patrimonial, considerando o valor de mercado, e não o valor nominal das quotas. Essa tendência reflete uma reação de grande parte dos Estados brasileiros à crescente pejotização do patrimônio familiar. Considerando apenas esse aspecto da tributação, não é possível afirmar que a constituição da *holding* familiar proporciona economia de tributos, pois as participações societárias serão avaliadas pelas Fazendas Estaduais de maneira semelhante. A definição de critérios expressos confere previsibilidade à tributação, mas, ao fim e ao cabo, a avaliação dos bens é prerrogativa da autoridade fiscal, que poderá ajustá-la de acordo com as normas e práticas contábeis relativas à apuração de haveres, assegurando ao contribuinte o contraditório.

Em relação às alíquotas, observa-se uma diferença muito expressiva entre os percentuais adotados pelos Estados brasileiros. Há aqueles que não adotam a progressividade e fixam a alíquota em percentual próximo ao mínimo (como é o caso do Amazonas, cuja alíquota é fixa de 2%), e outros que exploram a técnica da progressividade tanto na transmissão *causa mortis* como na doação, estipulando faixas de valores entre o mínimo e o máximo de 8% (a exemplo de Santa Catarina, cuja alíquota varia de 1% a 8%). Tais discrepâncias podem alterar profundamente a tributação da herança transmitida pela *holding* familiar quando os herdeiros preenchem os requisitos para a realização do inventário extrajudicial, pois se submeterão à tributação no Estado eleito para a lavratura da escritura pública.

Considerando as diferenças entre as alíquotas estaduais, é possível que a constituição da *holding* familiar altere significativamente a tributação incidente sobre a transmissão dos bens (considerando-se, também, as decisões tomadas no próprio planejamento). De toda forma, a *holding* mobiliza o patrimônio e permite às partes que se submetam à tributação em foro diverso do qual situados os bens imóveis, ampliando suas possibilidades. Tal questão, por outro lado, tem o potencial de gerar (ou agravar, para quem considera que ela já existe) uma guerra fiscal entre os Estados brasileiros em relação à tributação do ITCMD.

Por fim, em relação ao direito real de usufruto, constata-se que a opção pela *holding* familiar tem o condão de alterar a tributação estadual. A maioria dos Estados não diferencia o usufruto de bens móveis e imóveis, mas há seis deles que tributam apenas o usufruto de bens imóveis (Amapá, Bahia, Mato Grosso, Piauí, Rio Grande do Norte e Roraima). O usufruto de quotas sociais, nesses Estados, não será tributado. Nos demais, a tributação deve ser avaliada considerando os percentuais de redução da base de cálculo (decorrente do desmembramento dos atributos da propriedade) e eventual isenção quando o nu-proprietário é o próprio instituidor do usufruto.

A licitude não comporta atalhos – e isso restou claro ao longo do presente livro.

O planejamento sucessório permite a exploração dos espaços de autonomia contidos no ordenamento civil e a funcionalização do direito das sucessões, conjugando autonomia privada e solidariedade familiar. Mas os limites são claros: o planejamento precisa ser estruturado de maneira responsável e estar balizado pelas normas cogentes de direito sucessório que protegem a meação, a legítima e a própria subsistência do titular do patrimônio. Embora a *holding* familiar possua reconhecidas vantagens, não é panaceia para todos os males e nem salvo-conduto para a prática de fraudes – seja em relação ao cônjuge ou herdeiros, seja em relação ao Fisco.

Quando se está diante do planejamento sucessório de uma família empresária, que pretende arquitetar a sucessão não só dos bens, mas do próprio negócio, da condução da empresa, da gestão da atividade em si, a criação da *holding* adquire todo um sentido. Em outras situações, não há nada que a *holding* possa oferecer que um testamento não o faça. É certo que sua constituição pode reduzir a complexidade da sucessão hereditária, tornando móveis os bens, mas isso implica a alteração de titularidade do patrimônio, com todas as consequências jurídicas daí advindas, para as quais os planejadores precisam estar bem preparados.

Em suma, são muitas as variáveis a serem consideradas – a tributação é apenas uma delas. A questão tributária é relevante e repercute diretamente na preservação do patrimônio que está sendo transmitido, mas não deve ser determinante para as escolhas a serem feitas no planejamento sucessório. Embora seja desejável pelos planejadores, a economia de tributos não deve ser o único objetivo do planejamento. Afinal, estamos a tratar das certezas da vida: "a morte e os impostos", como diria Benjamim Franklin.[175]

---

[175] Os famosos *death and taxes*, expressão que se tornou popular nos Estados Unidos. (RIBEIRO, João Ubaldo. A morte e os impostos. *Academia Brasileira de Letras*, 25 maio 2008. Disponível em: https://www.academiaorg.br/artigos/morte-e-os-impostos. Acesso em: 16 mar. 2022).

REFERÊNCIAS

ACRE. *Lei complementar nº 373, de 11 de dezembro de 2020*. Dispõe acerca do Imposto sobre a Transmissão *Causa Mortis* e Doação, de Quaisquer Bens ou Direitos – ITCMD. Disponível em: http://www.legis.ac.gov.br/detalhar/4164. Acesso em: 18 set. 2021.

ACRE. Secretaria de Estado da Fazenda. Serviços ITCMD. *Perguntas e respostas*. Pergunta nº 34) Qual o procedimento a ser observado na instituição de usufruto que deva, quando da sua extinção, retornar ao doador? Disponível em: http://www.sefaznet.ac.gov.br/sefazonline/servlet/itcmdapresentacao. Acesso em: 18 set. 2021.

ALAGOAS. *Decreto nº 10.306, de 24 de fevereiro de 2011*. Aprova o regulamento do Imposto sobre Transmissão Causa Mortis e Doação de Quaisquer Bens ou Direitos – ITCD, de que tratam os arts. 162 a 183 da Lei nº 5.077, de 12 de junho 1989. Disponível em: http://gcs2.sefaz.al.gov.br/#/documentos/visualizar-documento?key=5f1eVGDAGAE%3D. Acesso em: 25 set. 2021.

ALAGOAS. *Lei nº 5.077, de 12 de junho de 1989*. Institui o Código Tributário do Estado de Alagoas. Disponível em: http://gcs2.sefaz.al.gov.br/#/documentos/ visualizar-documento?key=xJSGC3TyDuQ%3D. Acesso em: 25 set. 2021.

AMAPÁ. *Decreto nº 3601, de 29 de dezembro de 2000*. Aprova o regulamento do Imposto sobre a Transmissão Causa Mortis e Doação de Quaisquer Bens e Direitos – ITCD. Disponível em: https://sigdoc.ap.gov.br/public/verArquivo.jsf?token=6d884aa2542f2b10c148ae77f5929801&tid=1eba5e9e0fb987cfc9fddf6986ba80e4. Acesso em: 19 set. 2021.

AMAPÁ. *Lei nº 0400, de 22 de dezembro de 1997*. Dispõe sobre a consolidação e alterações, dando nova redação ao Código Tributário do Estado do Amapá, Lei nº 0194, de 29 de dezembro de 1994. Disponível em: https://sigdoc.ap.gov.br/ public/verArquivo.jsf?token=MTAxMTcyMDE3LTA0LTAzVDA5OjQyOjU3LjA0Nw%3D%3D&tid=482a7e8f782c4b7023116854d4821caa. Acesso em: 18 set. 2021.

AMAZONAS. *Lei complementar nº 19, de 29 de dezembro de 1997*. Institui o Código Tributário do Estado do Amazonas e dá outras providências. Disponível em: https://online.sefaz.am.gov.br/silt/Normas/Legisla%C3%A7%C3%A3o%20Estadual/Lei%20Complementar%20Estadual/Ano%201997/Arquivo/LCE%20019%2097.htm. Acesso em: 18 set. 2021.

AQUINO, Leonardo Gomes de. Goodwill ou aviamento. *Estado de Direito*, 04 fev. 2016. Disponível em: http://estadodedireito.com.br/goodwill-ou-aviamento/. Acesso em: 28 fev. 2022.

AVEIRO, Júlio da Costa Rostirola. *A regra-matriz de incidência do imposto em razão da morte*. 143 p. Dissertação (Mestrado em Direito) – Universidade Federal do Paraná, Setor de Ciências Jurídicas, Programa de Pós-Graduação em Direito, Curitiba, 2018. Disponível em: http://hdl.handle.net/1884/55769. Acesso em: 11 out. 2021.

BAHIA. *Decreto nº 2.487, de 16 de junho de 1989*. Regulamenta a cobrança do Imposto sobre Transmissão "CAUSA MORTIS" e doação de quaisquer bens ou direitos (ITD). Disponível em: http://mbusca.sefaz.ba.gov.br/DITRI/normas_complementares/decretos/decreto_1989_2487_itd_regulamento.pdf. Acesso em: 25 set. 2021.

BAHIA. *Lei nº 4.826, de 27 de janeiro de 1989*. Institui o Imposto sobre Transmissão "CAUSA MORTIS" e doação de quaisquer bens ou direitos (ITD). Disponível em: http://mbusca.sefaz.ba.gov.br/DITRI/leis/leis_estaduais/legest_1989_4826_lei_itd.pdf. Acesso em: 25 set. 2021.

BAHIA. *Lei nº 12.609 de 27 de dezembro de 2012*. Altera a Lei nº 4.826, de 27 de janeiro de 1989, que dispõe sobre o Imposto sobre Transmissão "CAUSA MORTIS" e Doação de Quaisquer Bens ou Direitos (ITD), a Lei nº 11.631, de 30 de dezembro de 2009, que dispõe sobre as taxas estaduais no âmbito do Poder Executivo Estadual e a Lei nº 7.014, de 04 de dezembro de 1996, que dispõe sobre o ICMS. Disponível em: http://www.sefaz.ba.gov.br/contribuinte/tributacao/legest_2012_12609.pdf. Acesso em: 25 set. 2021.

BRASIL. Câmara dos Deputados. *Projeto de Lei nº 634, de 1975*. Emendas do Senado Federal ao Projeto de Lei nº 634-8-B, de 1975, que instituiu o Código Civil. Disponível em: https://www.camara.leg.br/proposicoesWeb/fichadetramitacao?idProposicao=15675. Acesso em: 22 mar. 2022.

BRASIL. *Constituição da República dos Estados Unidos do Brasil* (de 16 de julho de 1934). Disponível em: http://www.planalto.gov.br/ccivil_03/constituicao/ constituicao34.htm. Acesso em: 22 mar. 2022.

BRASIL. *Constituição da República Federativa do Brasil de 1988*. Disponível em: http://www.planalto.gov.br/ccivil_03/constituicao/constituicao.htm. Acesso em: 22 mar. 2022.

BRASIL. *Lei nº 3.071, de 1º de janeiro de 1916*. Código Civil dos Estados Unidos do Brasil. Disponível em: http://www.planalto.gov.br/ccivil_03/leis/l3071.htm. Acesso em: 22 mar. 2022.

BRASIL. *Lei nº 5.172, de 25 de outubro de 1966*. Dispõe sobre o Sistema Tributário Nacional e institui normas gerais de direito tributário aplicáveis à União, Estados e Municípios. Disponível em: http://www.planalto.gov.br/ccivil_03/leis/ l5172compilado.htm. Acesso em: 22 mar. 2022.

BRASIL. *Lei nº 6.404, de 15 de dezembro de 1976*. Dispõe sobre as Sociedades por Ações. Disponível em: http://www.planalto.gov.br/ccivil_03/leis/l6404consol.htm. Acesso em: 22 mar. 2022.

BRASIL. *Lei nº 7.713, de 22 de dezembro de 1988*. Altera a legislação do imposto de renda e dá outras providências. Disponível em: http://www.planalto.gov.br/ ccivil_03/leis/l7713.htm. Acesso em: 22 mar. 2022.

BRASIL. *Lei nº 8.935, de 18 de novembro de 1994*. Regulamenta o art. 236 da Constituição Federal, dispondo sobre serviços notariais e de registro (Lei dos cartórios). Disponível em: http://www.planalto.gov.br/ccivil_03/leis/l8935.htm. Acesso em: 22 mar. 2022.

BRASIL. *Lei nº 8.981, de 20 de janeiro de 1995*. Altera a legislação tributária Federal e dá outras providências. Disponível em: http://www.planalto.gov.br/ccivil_03/leis/ l8981.htm. Acesso em: 22 mar. 2022.

BRASIL. *Lei nº 11.441, de 4 de janeiro de 2007*. Altera dispositivos da Lei nº 5.869, de 11 de janeiro de 1973 – Código de Processo Civil, possibilitando a realização de inventário, partilha, separação consensual e divórcio consensual por via administrativa. Disponível em: http://www.planalto.gov.br/ccivil_03/_ato2007-2010/2007/lei/l11441.htm. Acesso em: 22 mar. 2022.

BRASIL. *Lei nº 13.259, de 16 de março de 2016*. Altera as Leis nº 8.981, de 20 de janeiro de 1995, para dispor acerca da incidência de imposto sobre a renda na hipótese de ganho de capital em decorrência da alienação de bens e direitos de qualquer natureza, e 12.973, de 13 de maio de 2014, para possibilitar opção de tributação de empresas coligadas no exterior na forma de empresas controladas; e regulamenta o inciso XI do art. 156 da Lei nº 5.172, de 25 de outubro de 1966 – Código Tributário Nacional. Disponível em: http://www.planalto.gov.br/ccivil_03/_ato2015-2018/2016/lei/l13259.htm. Acesso em: 22 mar. 2022.

BRASIL. *Lei nº 10.406, de 10 de janeiro de 2002*. Institui o Código Civil. Disponível em: http://www.planalto.gov.br/ccivil_03/leis/2002/l10406compilada.htm. Acesso em: 22 mar. 2022.

BRASIL. Superior Tribunal de Justiça. *AgInt no REsp 1559834/SP*. Relator: Min. Gurgel de Faria. Julgamento: 07/10/2019. Órgão Julgador: Primeira Turma. Publicação: DJe 16/10/2019.

BRASIL. Superior Tribunal de Justiça. *REsp 1808767/RJ*. Relator: Min. Luis Felipe Salomão. Julgamento: 15/10/2019. Órgão Julgador: Quarta Turma. Publicação: DJe 03/12/2019.

BRASIL. Superior Tribunal de Justiça. *REsp 1877331/SP*. Relator: Min. Nancy Andrighi. Relator p/ Acórdão Ministro Ricardo Villas Bôas Cueva. Julgamento: 13/04/2021. Órgão Julgador: Terceira Turma. Publicação: DJe 14/05/2021.

BRASIL. Supremo Tribunal Federal. *RE 542485 AgR*. Relator: Marco Aurélio. Julgamento: 19/02/2013. Órgão Julgador: Primeira Turma. Publicação: Acórdão Eletrônico DJe-045 Divulg 07/03/2013 Public 08/03/2013.

BRASIL. Supremo Tribunal Federal. *RE 602.256*. Relator: Min. Edson Fachin. Julgamento: 16/02/2016. Órgão Julgador: Primeira Turma. Disponível em: http://portal.stf.jus.br/processos/downloadPeca.asp?id=308160156&ext=.pdf. Acesso em: 20 mar. 2022.

BRASIL. Supremo Tribunal Federal. *RE 958709 AgR*. Relator: Dias Toffoli. Julgamento: 02/12/2016. Órgão Julgador: Segunda Turma. Publicação: Acórdão Eletrônico DJe-030 Divulg 14/02/2017 Public 15/02/2017.

BRASIL. Supremo Tribunal Federal. *RE 646721* Relator: Marco Aurélio, Relator(a) p/ Acórdão: Roberto Barroso. Julgamento: 10/05/2017. Órgão Julgador: Tribunal Pleno. Publicação: Acórdão Eletrônico Repercussão Geral – Mérito DJe-204 Divulg 08/09/2017 Public 11/09/2017.

BRASIL. Supremo Tribunal Federal. *RE 796376*. Relator: Marco Aurélio, Relator p/ Acórdão: Alexandre de Moraes. Julgamento: 05/08/2020. Órgão Julgador: Tribunal Pleno. Publicação: Processo Eletrônico Repercussão Geral – Mérito DJe-210 Divulg 24/08/2020 Public 25/08/2020.

BRASIL. Supremo Tribunal Federal. *RE 851108*. Relator: Dias Toffoli. Julgamento: 01/03/2021. Órgão Julgador: Tribunal Pleno. Publicação: Processo Eletrônico Repercussão Geral – Mérito DJe-074 Divulg 19/04/2021 Public 20/04/2021.

BRASIL. Supremo Tribunal Federal. *Súmula 113*. O imposto de transmissão *causa mortis* é calculado sobre o valor dos bens na data da avaliação. Disponível em: http://www.stf.jus.br/portal/jurisprudencia/menuSumarioSumulas.asp?sumula=1533. Acesso em: 27 fev. 2022.

BUCAR, Daniel. Existe o *droit de saisine* no sistema sucessório brasileiro? *In:* TEIXEIRA, Ana Carolina Brochado; NEVARES, Ana Luiza Maia. *Direito das sucessões*: problemas e tendências. Indaiatuba: Foco, 2022, p. 1-22.

BUCAR, Daniel; PIRES, Caio Ribeiro. Sucessão e tributação: perplexidades e proposições equitativas. *In:* TEIXEIRA, Daniele Chaves (Coord.). *Arquitetura do planejamento sucessório*. 2. ed. Belo Horizonte: Fórum, 2019, p. 91-109.

BUCAR, Daniel; TEIXEIRA, Daniele. Direito das sucessões e patrimônio mínimo. *In:* EHRHARDT JÚNIOR, Marcos; CORTIANO JUNIOR, Eroulths (Coord.). *Transformações no direito privado nos 30 anos da Constituição*: estudos em homenagem a Luiz Edson Fachin. Belo Horizonte: Fórum, 2019, p. 337-353.

CEARÁ. *Decreto nº 32.082, de 11 de novembro de 2016*. Regulamenta a Lei nº 15.812, de 20 de julho de 2015, que dispõe acerca do Imposto sobre Transmissão *Causa Mortis* e Doação, de quaisquer bens ou direitos (ITCD). Disponível em: https://servicos.sefaz.ce.gov.br/internet/itcd/legislacao/Decreto_n%C2%BA_32.082,_de_2016.pdf. Acesso em: 25 set. 2021.

CEARÁ. *Lei nº 15.812, de 20 de julho de 2015*. Dispõe acerca do Imposto sobre Transmissão *Causa Mortis* e Doação, de quaisquer bens ou direitos (ITCD). Disponível em: https://servicos.sefaz.ce.gov.br/internet/itcd/legislacao/Lei_n%C2%BA_15.812,_de_2015.pdf. Acesso em: 25 set. 2021.

CEARÁ. Secretaria de Estado da Fazenda. Fazenda divulga o valor da Ufirce para 2021. *Sefaz*, 30 set. 2020. Disponível em: https://www.ceara.gov.br/2020/12/30/fazenda-divulga-o-valor-da-ufirce-para-2021/. Acesso em: 22 jun. 2021.

COÊLHO, Sacha Calmon Navarro. *Curso de direito tributário brasileiro*. 17. ed. Rio de Janeiro: Forense, 2020. Disponível em: https://integrada.minhabiblioteca.com.br/#/books/9788530988357/. Acesso em: 12 fev. 2022.

CONSELHO NACIONAL DE JUSTIÇA. *Resolução nº 35, de 24 de abril de 2007*. Disciplina a lavratura dos atos notariais relacionados a inventário, partilha, separação consensual, divórcio consensual e extinção consensual de união estável por via administrativa. (Redação dada pela Resolução nº 326, de 26.6.2020). Disponível em: https://atos.cnj.jus.br/atos/detalhar/179. Acesso em: 27 fev. 2022.

CORTIANO JUNIOR, Eroulths. *O discurso jurídico da propriedade e suas rupturas*: uma análise do ensino do direito de propriedade. Rio de Janeiro: Renovar, 2002.

CORTIANO JUNIOR, Eroulths. Elementos para uma pesquisa sobre as dimensões econômicas da sucessão *causa mortis*. *Revista de Direito Público da Economia – RDPE*, Belo Horizonte, v. 13, n. 52, p. 101-109, out./dez. 2015.

DISTRITO FEDERAL. *Decreto nº 34.982, de 19 de dezembro de 2013*. Regulamenta o Imposto sobre a Transmissão *Causa Mortis* e Doação de Quaisquer Bens ou Direitos – ITCD, e dá outras providências. Disponível em: https://ww1.receita.fazenda.df.gov.br/legislacao/visualizar-legislacao?txtNumero=34982&txtAno=2013&txtTipo=6&txtParte=. Acesso em: 27 set. 2021.

DISTRITO FEDERAL. *Lei nº 3.804, de 08 de fevereiro de 2006*. Dispõe quanto ao Imposto sobre a Transmissão *Causa Mortis* e Doação de Quaisquer Bens ou Direitos – ITCD e dá outras providências. Disponível em: https://ww1.receita.fazenda.df.gov.br/ legislacao/visualizar-legislacao?txtNumero=3804&txtAno=2006&txtTipo=5&txtParte=. Acesso em: 27 set. 2021.

DISTRITO FEDERAL. *Lei nº 5.549, de 15 de outubro de 2015*. Altera a Lei nº 3.804, de 8 de fevereiro de 2006, que dispõe quanto ao Imposto sobre a Transmissão *Causa Mortis* e Doação de Quaisquer Bens ou Direitos – ITCD e dá outras providências. Disponível em: http://www.fazenda.df.gov.br/aplicacoes/legislacao/legislacao/ TelaSaidaDocumento.cfm?txtNumero=5549&txtAno=2015&txtTipo=5&txtParte=. Acesso em: 27 set. 2021.

ELIAS, Norbert. *Sobre o tempo*. Rio de Janeiro: Jorge Zahar, 1998.

ESPÍRITO SANTO. *Decreto nº 3.469-R, de 19 de dezembro de 2013*. Regulamenta o Imposto sobre Transmissão Causa Mortis e Doação de Quaisquer Bens ou Direitos (RITCMD). Disponível em: http://www2.sefaz.es.gov.br/LegislacaoOnline/ lpext.dll?f=templates&fn=main-h.htm&2.0. Acesso em: 03 out. 2021.

ESPÍRITO SANTO. *Lei nº 10.011, de 20 de maio de 2013*. Dispõe sobre o Imposto sobre Transmissão *Causa Mortis* e Doação de Quaisquer Bens ou Direitos (ITCMD). Disponível em: http://www2.sefaz.es.gov.br/LegislacaoOnline/lpext.dll?f=templates& fn=main-h.htm&2.0. Acesso em: 03 out. 2021.

FACHIN, Luiz Edson. *Teoria crítica do direito civil*. Rio de Janeiro: Renovar, 2000.

FLEISCHMANN, Simone Tassinari Cardoso; GRAEFF, Fernando René. Contornos jurídicos da *holding* familiar como instrumento de planejamento sucessório. *In:* TEIXEIRA, Daniele Chaves (Coord.). *Arquitetura do planejamento sucessório*. Belo Horizonte: Fórum, 2021, Tomo II, p. 675-712.

FLEISCHMANN, Simone Tassinari Cardoso; GRAEFF, Fernando René. Planejamento sucessório e empresa: uma reflexão necessária. *In:* TEIXEIRA, Daniele Chaves (Coord.). *Arquitetura do planejamento sucessório*. Belo Horizonte: Fórum, 2022, Tomo III, p. 629-662.

FLEISCHMANN, Simone Tassinari Cardoso; TREMARIN JUNIOR, Valter. Reflexões sobre *holding* familiar no planejamento sucessório. *In:* TEIXEIRA, Daniele Chaves (Coord.). *Arquitetura do planejamento sucessório*. 2. ed. Belo Horizonte: Fórum, 2019, p. 607-628.

GOIÁS. *Decreto nº 4.852, de 29 de dezembro de 1997*. Regulamenta a Lei nº 11.651, de 26 de dezembro de 1991, que instituiu o Código Tributário do Estado de Goiás. Disponível em: https://www.economia.go.gov.br/component/content/article/237-receita-estadual/itcd/6809-legisla%C3%A7%C3%A3o.html. Acesso em: 28 set. 2021.

GOIÁS. *Lei nº 11.651, de 26 de dezembro de 1991*. Institui o Código Tributário do Estado de Goiás. Disponível em: https://www.economia.go.gov.br/component/ content/article/237-receita-estadual/itcd/6809-legisla%C3%A7%C3%A3o.html. Acesso em: 28 set. 2021.

HIRONAKA, Giselda Maria Fernandes Novaes; AGUIRRE, João Ricardo Brandão. O direito sucessório brasileiro e o seu navegar (im)preciso. *In:* EHRHARDT JÚNIOR, Marcos (Coord.). *Direito civil*: futuros possíveis. Belo Horizonte: Fórum, 2022, p. 69-85.

INSTITUTO BRASILEIRO DE GEOGRAFIA E ESTATÍSTICA (IBGE). *Produto Interno Bruto – PIB*. Disponível em: https://www.ibge.gov.br/explica/pib.php. Acesso em: 28 fev. 2022.

LEAL, Livia Teixeira. *Internet e morte do usuário*: propostas para o tratamento jurídico *post mortem* do conteúdo inserido na rede. 2. ed. Rio de Janeiro: GZ, 2020.

MADALENO, Rolf; MADALENO, Ana Carolina Carpes; MADALENO, Rafael. *Fraude no direito de família e sucessões*. Rio de Janeiro: Forense, 2021. Disponível em: https://integrada.minhabiblioteca.com.br/#/books/9786559641109/. Acesso em: 02 fev. 2022.

MAIA, Roberta Mauro Medina. Usufruto de quotas: desafios e peculiaridades. *In*: TEIXEIRA, Daniele Chaves (Coord.). *Arquitetura do planejamento sucessório*. Belo Horizonte: Fórum, 2022, Tomo III, p. 613-628.

MAMEDE, Gladston, MAMEDE, Eduarda Cotta. *Planejamento sucessório*: introdução à arquitetura estratégica – patrimonial e empresarial – com vistas à sucessão *causa mortis*. São Paulo: Atlas, 2015. Disponível em: https://integrada.minhabiblioteca.com.br/ #/books/9788597000108/. Acesso em: 19 fev. 2022.

MAMEDE, Gladston, MAMEDE, Eduarda Cotta. *Holding familiar e suas vantagens*: planejamento jurídico e econômico do patrimônio e da sucessão familiar. 8. ed. rev. e atual. São Paulo: Atlas, 2016. 176 p.

MAMEDE, Gladston, MAMEDE, Eduarda Cotta. *Holding familiar e suas vantagens*: planejamento jurídico e econômico do patrimônio e da sucessão familiar. 13. ed. São Paulo: Atlas, 2021. Disponível em: https://integrada.minhabiblioteca.com.br/#/books/9788597026900/. Acesso em: 28 nov. 2021.

MAPA DO ITCMD. Disponível em: https://gife.org.br/osc/itcmd/. Acesso em: 10 out. 2021.

MARANHÃO. *Lei nº 7.799, de 19 de dezembro de 2002*. Dispõe sobre o Sistema Tributário do Estado do Maranhão. Disponível em: https://sistemas1.sefaz.ma.gov.br/ portalsefaz/ files?codigo=13942. Acesso em: 25 set. 2021.

MARANHÃO. *Lei nº 10.283, de 17 de julho de 2015*. Institui o Programa Moto Legal, altera regras relativas aos Impostos sobre a Propriedade de Veículos Automotores, a Transmissão *Causa Mortis* e a Doação de Quaisquer Bens e Direitos, e dá outras providências. Disponível em: https://sistemas1.sefaz.ma.gov.br/portalsefaz/ files?codigo=6874. Acesso em: 25 set. 2021.

MARANHÃO. *Lei nº 11.387, de 21 de dezembro de 2020*. Altera a Lei nº 7.799, de 19 de dezembro de 2002, que dispõe sobre o Sistema Tributário do Estado do Maranhão. Disponível em: https://sistemas1.sefaz.ma.gov.br/portalsefaz/ files?codigo=16693. Acesso em: 25 set. 2021.

MARTINS-COSTA, Judith. O direito sucessório na Constituição: a fundamentalidade do direito à herança. *Revista do Advogado*, São Paulo, v. 31, n. 112, p. 79-87, jul. 2011.

MATO GROSSO. *Decreto nº 2.125, de 11 de dezembro de 2003*. Aprova o Regulamento do Imposto sobre Transmissão *Causa Mortis* e Doação de quaisquer Bens ou Direitos – ITCD. Disponível em: http://app1.sefaz.mt.gov.br/Sistema/legislacao/legislacao tribut.nsf/07f a81bed2760c6b84256710004d3940/bba30ab496b6275904256dfd006d480c?OpenDocument#_u8h2k6ki5ah7i0jno40p2sc9i6km20h2540oj28248kg48haq_. Acesso em: 28 set. 2021.

REFERÊNCIAS | 213

MATO GROSSO. *Lei nº 7.850, de 18 de dezembro de 2002*. Dispõe sobre o Imposto sobre Transmissão *Causa Mortis* e Doação de quaisquer Bens ou Direitos – ITCD. Disponível em: http://app1.sefaz.mt.gov.br/Sistema/legislacao/legislacaotribut.nsf/ 07fa81bed 2760c6b84256710004d3940/375b8c284530106704256c9500491df8?OpenDocument#_ c9h2ki82ev0g3ebho6ko2o8248kg32e108h2i0h25b92kqgii9sg48_. Acesso em: 28 set. 2021.

MATO GROSSO. Secretaria de Estado da Fazenda. *FAQ ITCD 18 – Usufruto*. Disponível em: https://sac.sefaz.mt.gov.br/citsmart/pages/knowledgeBasePortal/ knowledgeBasePortal. load#/knowledge/2061. Acesso em: 29 set. 2021.

MATO GROSSO. *UPF/MT*. Disponível em: http://www5.sefaz.mt.gov.br/upf-mt. Acesso em: 20 jul. 2021.

MATO GROSSO DO SUL. *Decreto nº 5.087, de 04 de maio de 1989*. Regulamenta a exigência do Imposto sobre Transmissão *Causa Mortis* e Doação de Quaisquer Bens ou Direitos (ITCD). Disponível em: http://aacpdappls.net.ms.gov.br/appls/ legislacao/serc/legato. nsf/fd8600de8a55c7fc04256b210079ce25/f448f58215d0105a04256ae1004e5124?OpenDoc ument. Acesso em: 29 set. 2021.

MATO GROSSO DO SUL. *Lei nº 1.810, de 22 de dezembro de 1997*. Dispõe sobre os tributos de competência do Estado e dá outras providências. Disponível em: http://aacpdappls. net.ms.gov.br/appls/legislacao/serc/legato.nsf/23b657614c182061042579c80053770d/9b9 e5fd2565751de042579cf004d33a6?OpenDocument. Acesso em: 29 set. 2021.

MATO GROSSO DO SUL. *Lei nº 4.759, de 16 de novembro de 2015*. Dá nova redação ao art. 126 e aos incisos I e II do art. 129 da Lei nº 1.810, de 22 de dezembro de 1997, que dispõe sobre os tributos de competência do Estado. Disponível em: http://aacpdappls.net.ms.gov. br/appls/legislacao/secoge/govato.nsf/ 448b683bce4ca84704256c0b00651e9d/cf025d4d53 4a855304257f00003bdf89?OpenDocument. Acesso em: 29 set. 2021.

MINAS GERAIS. *Decreto nº 43.981, de 03 de março de 2005*. Regulamenta o Imposto sobre Transmissão *Causa Mortis* e Doação de Quaisquer Bens ou Direitos – ITCD. Disponível em: http://www.fazenda.mg.gov.br/empresas/legislacao_tributaria/decretos/ d43981_2005. html. Acesso em: 03 out. 2021.

MINAS GERAIS. *Lei nº 14.941, de 29 de dezembro de 2003*. Dispõe sobre o Imposto sobre Transmissão *Causa Mortis* e Doação de Quaisquer Bens ou Direitos – ITCD. Disponível em: http://www.fazenda.mg.gov.br/empresas/legislacao_tributaria/ leis/l14941_2003. html. Acesso em: 03 out. 2021.

MINAS GERAIS. *Lei nº 14.941, de 29 de dezembro de 2003*. Dispõe sobre o Imposto sobre Transmissão *Causa Mortis* e Doação de Quaisquer Bens ou Direitos – ITCD. Disponível em: http://www.fazenda.mg.gov.br/empresas/legislacao_tributaria/leis/ l14941_2003. html. Acesso em: 03 out. 2021.

MINAS GERAIS. *Lei nº 17.272, de 28 de dezembro de 2007*. Altera a Lei nº 14.941, de 29 de dezembro de 2003, que dispõe sobre o Imposto sobre Transmissão *Causa Mortis* e Doação de Quaisquer Bens ou Direitos – ITCD -, e dá outras providências. Disponível em: http://www.fazenda.mg.gov.br/empresas/legislacao_tributaria/leis/ l17272_2007. html. Acesso em: 03 out. 2021.

MINAS GERAIS. Secretaria de Estado da Fazenda. *Dúvidas Frequentes – Orientação DOLT/SUTRI nº 002/2006*: Usufruto. Disponível em: http://www.fazenda.mg.gov.br/

empresas/legislacao_tributaria/orientacao/orientacao_002_2006.html#usufruto. Acesso em: 03 out. 2021.

MINAS GERAIS. Secretaria de Estado da Fazenda. *UFEMG*. Disponível em: http://www.fazenda.mg.gov.br/empresas/legislacao_tributaria/resolucoes/ufemg.html. Acesso em: 21 jul. 2021.

MORAES TEPEDINO, Maria Celina Bodin de. A caminho de um direito civil constitucional. *Revista de Direito Civil Imobiliario, Agrário e Empresarial*, São Paulo, v. 17, n. 65, p. 21-32, jul./set. 1993.

NEVARES, Ana Luiza Maia. *A função promocional do testamento*: tendências do direito sucessório. Rio de Janeiro: Renovar, 2009.

NEVARES, Ana Luiza Maia. A proteção da família no direito sucessório: necessidade de revisão? *IBDFAM*, 20 maio 2015. Disponível em: https://ibdfam.org.br/artigos/1033/A+prote%C3%A7% C3%A3o+da+fam%C3%ADlia+no+Direito+Sucess%C3%B3rio%3A +necessidade+de+revis%C3%A3o%3F. Acesso em: 30 ago. 2021.

ORGANISATION FOR ECONOMIC CO-OPERATION AND DEVELOPMENT (OECD). Inheritance Taxation in OECD Countries. *OECD Tax Policy Studies*, Paris, n. 28, 11 maio 2021. Disponível em: https://www.oecd-ilibrary.org/taxation/inheritance-taxation-in-oecd-countries_e2879a7d-en. Acesso em: 24 out. 2021.

OST, François. *O tempo do direito*. Tradução de Élcio Fernandes. Bauru: EDUSC, 2005.

PARÁ. *Decreto nº 2.150, de 4 de abril de 2006*. Dispõe sobre os procedimentos relativos à avaliação, à base de cálculo e ao controle do Imposto sobre Transmissão *Causa Mortis* e Doação de Quaisquer Bens ou Direitos – ITCD, e dá outras providências. Disponível em: http://www.sefa.pa.gov.br/legislacao/interna/decreto/dc2006_02150.pdf. Acesso em: 18 set. 2021.

PARÁ. *Lei nº 5.529, de 5 de janeiro de 1989*. Estabelece normas à cobrança do Imposto sobre a Transmissão *Causa Mortis* e Doação de quaisquer bens ou direitos. Disponível em: http://www.sefa.pa.gov.br/legislacao/interna/lei/lp1989_05529.pdf. Acesso em: 18 set. 2021.

PARÁ. *Lei nº 8.868, de 10 de jun. 2019*. Altera dispositivos da Lei nº 5.529, de 5 de janeiro de 1989, que estabelece normas à cobrança do Imposto Sobre a Transmissão *Causa Mortis* e Doação de Quaisquer Bens ou Direitos. Disponível em: http://www.sefa.pa.gov.br/legislacao/interna/lei/lp2019_08868.pdf. Acesso em: 18 set. 2021.

PARÁ. Secretaria da Fazenda. *UPFPA – Unidade de Padrão Fiscal do Estado do Pará*. Disponível em: http://www.sefa.pa.gov.br/index.php/receitas-despesas/info-fazendarias/3010-upfpa. Acesso em: 19 jun. 2021.

PARAÍBA. *Decreto nº 33.341, de 27 de setembro de 2012*. Aprova o Regulamento do Imposto sobre Transmissão *Causa Mortis* e Doação de Quaisquer Bens ou Direitos (ITCD), de que trata a Lei nº 5.123, de 27 de janeiro de 1989. Disponível em: https://www.sefaz.pb.gov.br/legislacao/61-decretos-estaduais/itcd/907-decreto-n-33-341-de-27-de-setembro-de-2012. Acesso em: 25 set. 2021.

PARAÍBA. *Lei nº 5.123, de 27 de janeiro de 1989*. Institui o Imposto sobre Transmissão *Causa Mortis* e Doação de Quaisquer Bens ou Direitos, e dá outras providências. Disponível em: https://www.sefaz.pb.gov.br/legislacao/66-leis/itcd/6138-lei-n-5-123-de-27-de-janeiro-de-1990. Acesso em: 25 set. 2021.

PARAÍBA. *Lei nº 10.507 de 18 de setembro de 2015*. Institui o Mutirão Fiscal, altera dispositivos das Leis nº 5.123, de 27 de janeiro de 1989; 6.379, de 02 de dezembro de 1996; 7.131, de 05 de julho de 2002; 7.611, de 30 de junho de 2004; Lei nº 10.094, de 27 de setembro de 2013 e dá outras providências. Disponível em: https://www.sefaz.pb.gov.br/legislacao/64-leis/icms/601-lei-n-10-507-de-18-de-setembro-de-2015. Acesso em: 25 set. 2021.

PARAÍBA. *Lei nº 11.301 de 13 de março de 2019*. Altera as Leis nº 5.123, de 27 de janeiro de 1989, 6.000, de 23 dezembro de 1994, 6.379, de 02 de dezembro de 1996, 10.094, de 27 de setembro de 2013, 10.974, de 20 de setembro de 2017 e 11.007, de 06 de novembro de 2017. Disponível em: https://www.sefaz.pb.gov.br/ legislacao/197-leis/leis-estaduais/7507-lei-n-11-301-de-13-de-marco-de-2019. Acesso em: 25 set. 2021.

PARANÁ. Assembleia Legislativa do Estado do Paraná. *Projeto de lei nº 662, de 14 de setembro de 2015*. Mensagem nº 50/2015: Institui o Fundo Estadual de Combate à Pobreza no Paraná, dispõe quanto ao Imposto sobre Transmissão *Causa Mortis* e Doação de quaisquer Bens ou Direitos, e adota outras providências. Disponível em: http://portal.assembleia.pr.leg.br/modules/mod_legislativo_arquivo/mod_legislativo_arquivo.php?leiCod=58074&tipo=I. Acesso em: 04 out. 2021.

PARANÁ. *Lei nº 8.927, de 28 de dezembro de 1988*. Imposto sobre a transmissão "causa mortis" e doação de quaisquer bens ou direitos. Disponível em: https://www.legislacao.pr.gov.br/legislacao/pesquisarAto.do?action=exibir&codAto=11106&indice=1&totalRegistros=1&dt=22.2.2022.18.37.36.560. Acesso em: 04 out. 2021.

PARANÁ. *Lei nº 18.573, de 30 de setembro de 2015*. Instituição do Fundo Estadual de Combate à Pobreza do Paraná, disposição quanto ao Imposto sobre Transmissão *Causa Mortis* e Doação de Quaisquer Bens ou Direitos, e adoção de outras providências. Disponível em: https://www.legislacao.pr.gov.br/legislacao/pesquisarAto.do?action=exibir&codAto=147423&indice=1&totalRegistros=1&dt=11.8.2020.10.24.20.513. Acesso em: 03 out. 2021.

PARANÁ. *Lei nº 18.879, de 27 de setembro de 2016*. Dispõe sobre a base de cálculo do ICMS de origem em outra unidade federada, sobre a cessão do usufruto e adota outras providências. Disponível em: https://www.legislacao.pr.gov.br/legislacao/ pesquisarAto.do?action=exibir&codAto=162911&indice=1&totalRegistros=2&dt=22.2.2022.18.38.13.219. Acesso em: 03 out. 2021.

PARANÁ. Secretaria de Estado da Fazenda. *Resolução SEFA nº 1.527, de 06 de janeiro de 2016*. Regulamenta a Lei nº 18.573, de 30 de setembro de2015, que institui o Imposto de Transmissão *Causa Mortis* e Doações de quaisquer Bens ou Direitos – ITCMD. Disponível em: https://www.sefanet.pr.gov.br/dados/ SEFADOCUMENTOS/101201501527.pdf. Acesso em: 03 out. 2021.

PASSOS, Edilenice; LIMA, João Alberto de Oliveira. *Memória legislativa do Código Civil*. Brasília: Senado Federal, 2012. Disponível em: http://www2.senado.leg.br/bdsf/handle/id/242712. Acesso em: 02 set. 2021.

PAULA, Fernanda de. *A tributação da herança sob um enfoque de justiça*: considerações e propostas para um correto aproveitamento tributário das heranças nos sistemas do ITCMD e do IRPF. Rio de Janeiro: Lumen Juris, 2019.

PEREIRA, Caio Mário da Silva. *Instituições de direito civil*: direitos reais. 18. ed. Rio de Janeiro: Forense, 2004. v. 4.

PEREIRA, Caio Mário da Silva. *Instituições de direito civil*: direitos das sucessões. 15. ed. Rio de Janeiro: Forense, 2004. v. 6.

PERLINGIERI, Pietro. Normas constitucionais nas relações privadas. *Civilistica.com*, Rio de Janeiro, v. 8, n. 1, 2019. Disponível em: https://civilistica.com/normas-constitucionais-nas-relacoes-privadas/. Acesso em: 05 nov. 2021.

PERNAMBUCO. *Decreto nº 35.985, de 13 de dezembro de 2010*. Regulamenta a Lei nº 13.974, de 16 de dezembro de 2009, que trata do Imposto sobre Transmissão *Causa Mortis* e Doação de Quaisquer Bens ou Direitos – ICD. Disponível em: https://www.sefaz.pe.gov.br/Legislacao/Tributaria/Documents/Legislacao/Decretos/2010/Dec35985_2010.htm. Acesso em: 26 set. 2021.

PERNAMBUCO. *Lei nº 13.974, de 16 de dezembro de 2009*. Dispõe sobre a legislação tributária do Estado relativa ao Imposto sobre Transmissão *Causa Mortis* e Doação de Quaisquer Bens ou Direitos – ICD. Disponível em: https://www.sefaz.pe.gov.br/Legislacao/Tributaria/Documents/Legislacao/Leis_Tributarias/2009/Lei13974_2009.htm. Acesso em: 26 set. 2021.

PERNAMBUCO. *Lei nº 15.601, de 30 de setembro de 2015*. Modifica a Lei nº 13.974, de 16 de dezembro de 2009, que dispõe sobre a legislação tributária do Estado relativa ao Imposto sobre Transmissão *Causa Mortis* e Doação de Quaisquer Bens ou Direitos – ICD. Disponível em: https://www.sefaz.pe.gov.br/Legislacao/Tributaria/ Documents/legislacao/Leis_Tributarias/2015/Lei15601_2015.htm. Acesso em: 26 set. 2021.

PIAUÍ. *Lei nº 4.261, de 01 de fevereiro de 1989*. Disciplina o Imposto sobre Transmissão *Causa Mortis* e Doação de quaisquer Bens ou Direitos, previstos na alínea "a", do inciso I, do artigo 155, da Constituição Federal. Disponível em: https://webas.sefaz.pi.gov.br/legislacao/asset/2f4e45e9-e6b4-47f1-8c9e-5c7ac4bd23c5/LEI+4.261?view=publicationpage1. Acesso em: 26 set. 2021.

PIAUÍ. *Lei nº 6.744, de 23 de dezembro de 2015*. Altera e revoga dispositivos da Lei nº 4.261, de 01 de fevereiro de 1989, que disciplina o Imposto sobre Transmissão *Causa Mortis* e Doação de quaisquer Bens ou Direitos – ITCMD. Disponível em: https://webas.sefaz.pi.gov.br/legislacao/leis/?resultsToSkip=30. Acesso em: 26 set. 2021.

PIAUÍ. Secretaria de Estado da Fazenda. *UFR-PI*. Disponível em: https://webas.sefaz.pi.gov.br/legislacao/ufr/. Acesso em: 19 jul. 2021.

RIBEIRO, João Ubaldo. A morte e os impostos. *Academia Brasileira de Letras*, 25 maio 2008. Disponível em: https://www.academia.org.br/artigos/morte-e-os-impostos. Acesso em: 16 mar. 2022.

RIBEIRO, Raphael Rego Borges. *O direito das sucessões e a Constituição Federal de 1988*: reflexão crítica sobre os elementos do fenômeno sucessório à luz da metodologia civil-constitucional. 352 p. Tese (Doutorado em Direito) – Universidade Federal da Bahia, Faculdade de Direito, Salvador, 2019. Disponível em: http://repositorio.ufba.br/ri/handle/ri/31687. Acesso em: 04 set. 2021.

RIBEIRO, Raphael Rego Borges. O fracasso da constitucionalização do direito sucessório no Código Civil de 2002 e a necessidade de uma teoria crítica do direito das sucessões. *Civilística.com*, Rio de Janeiro, v. 10, n. 1, 2021. Disponível em: http://civilistica.com/o-fracasso-da-constitucionalizacao-do-direito-sucessorio/. Acesso em: 04 set. 2021.

RIO DE JANEIRO (Estado). *Lei nº 7.174, de 28 de dezembro de 2015*. Dispõe sobre o Imposto sobre a Transmissão *Causa Mortis* e Doação de Quaisquer Bens ou Direitos (ITD), de competência do Estado do Rio de Janeiro. Disponível em: http://www.fazenda.rj.gov.br/sefaz/faces/oracle/webcenter/portalapp/pages/navigation-renderer.jspx?datasource=UCMServer%23dDocName%3AWCC205839&_afrLoop=52372250578992610&_afrWindowMode=0&_afrWindowId=null&_adf.ctrl-state=153ak8c7cd_299. Acesso em: 03 out. 2021.

RIO DE JANEIRO (Estado). Secretaria de Estado da Fazenda. *Resolução SEFAZ nº 182, de 26 de dezembro de 2017*. Regulamenta a Lei nº 7.174, de 28 de dezembro de 2015, que institui as declarações de herança escritura pública, de herança processo judicial, de doações e demais naturezas e de dissolução conjugal e a guia de lançamento de ITD a ser emitida pela internet, dispõe sobre normas de cálculo, e dá outras providências. Disponível em: http://www.fazenda.rj.gov.br/sefaz/faces/ menu_structure/servicos/navigationContribuinte/coluna2/itd_content?_afrLoop=52371672009848700&datasource=UCMServer%23dDocName%3AWCC205313&_adf.ctrl-state=153ak8c7cd_204. Acesso em: 03 out. 2021.

RIO DE JANEIRO (Estado). *Lei Estadual nº 7.786, de 16 de novembro de 2017*. Altera a Lei nº 7.174/2015, que dispõe sobre o Imposto sobre a Transmissão *Causa Mortis* e Doação de Quaisquer Bens ou Direitos (ITD), de competência do Estado do Rio de Janeiro. Disponível em: https://www.legisweb.com.br/legislacao/?id=352586. Acesso em: 03 out. 2021.

RIO DE JANEIRO (Estado). Secretaria de Estado da Fazenda. *UFIR-RJ*. Disponível em: http://www.fazenda.rj.gov.br/sefaz/faces/oracle/webcenter/sitestructure/render.jspx?datasource=UCMServer%23dDocName%3A100471&_afrLoop=47193696847053531&_afrWindowMode=0&_afrWindowId=null&_adf.ctrl-state=5t4jy1jh7_326. Acesso em: 04 ago. 2021.

RIO GRANDE DO NORTE. *Decreto nº 22.063, de 07 de dezembro de 2010*. Aprova o Regulamento do Imposto sobre Transmissão *Causa Mortis* e Doação de Quaisquer Bens ou Direitos (ITCD), de que trata a Lei nº 5.887, de 15 de fevereiro de 1989. Disponível em: http://www.set.rn.gov.br/contentProducao/aplicacao/set_v2/ legislacao/enviados/listagem_filtro.asp?assunto=6&assuntoEsp=371. Acesso em: 26 set. 2021.

RIO GRANDE DO NORTE. *Lei nº 5.887, de 12 de fevereiro de 1989*. Institui o Imposto sobre Transmissão *Causa Mortis* e Doação de Quaisquer Bens e Direitos – ITCD e dá outras providências. Disponível em: http://www.set.rn.gov.br/contentProducao/ aplicacao/set_v2/legislacao/enviados/listagem_filtro.asp?assunto=6&assuntoEsp=23. Acesso em: 26 set. 2021.

RIO GRANDE DO NORTE. *Lei nº 9.993, de 29 de outubro de 2015*. Altera a Lei Estadual nº 5.887, de 15 de fevereiro de 1989, que institui o Imposto sobre Transmissão *Causa Mortis* e Doação de Quaisquer Bens e Direitos – ITCD e dá outras providências. Disponível em: http://www.set.rn.gov.br/contentProducao/aplicacao/ set_v2/legislacao/enviados/listagem_filtro.asp?assunto=6&assuntoEsp=23. Acesso em: 26 set. 2021.

RIO GRANDE DO SUL. *Decreto nº 33.156, de 31 de março de 1989*. Regulamenta o Imposto sobre a Transmissão *Causa Mortis* e Doação, de Quaisquer Bens ou Direitos. Disponível em: www.legislacao.sefaz.rs.gov.br/Site/Document.aspx?inpKey=109696&inpCodDispositive=&inpDsKeywords=. Acesso em: 03 out. 2021.

RIO GRANDE DO SUL. Departamento da Receita Pública Estadual. *Instrução Normativa DRP nº 045, de 30 de outubro de 1998*. Expede instruções relativas às receitas públicas estaduais (Documento atualizado até a IN RE 018/22, publicada no DOE de 24/02/22.). Disponível em: www.legislacao.sefaz.rs.gov.br/Site/Document.aspx? inpKey=109367&inpCodDispositive=&inpDsKeywords=. Acesso em: 28 fev. 2022.

RIO GRANDE DO SUL. *Lei nº 8.821, de 27 de janeiro de 1989*. Institui o Imposto sobre a Transmissão *Causa Mortis* e Doação, de quaisquer bens ou direitos. Disponível em: www.legislacao.sefaz.rs.gov.br/Site/Document.aspx?inpKey=109695&inpCodDispositive=&inpDsKeywords=. Acesso em: 03 out. 2021.

RIO GRANDE DO SUL. *Lei nº 14.741, de 24 de setembro de 2015*. Altera a Lei nº 8.821, de 27 de janeiro de 1989, que instituiu o Imposto sobre a Transmissão, *Causa Mortis* e Doação, de quaisquer bens ou direitos. Disponível em: http://www.al.rs.gov.br/filerepository/repLegis/arquivos/LEI%2014.741.pdf. Acesso em: 03 out. 2021.

RIO GRANDE DO SUL. Secretaria de Estado da Fazenda. *UPF/RS*. Disponível em: https://receita.fazenda.rs.gov.br/conteudo/6345/upf-rs. Acesso em: 10 ago. 2021.

RONDÔNIA. *Decreto nº 15.474, de 29 de outubro de 2010*. Aprova o Regulamento do Imposto sobre a Transmissão *Causa Mortis* e Doação de Quaisquer Bens ou Direitos – ITCD. Disponível em: https://legislacao.sefin.ro.gov.br/textoLegislacao.jsp?texto=766. Acesso em: 19 set. 2021.

RONDÔNIA. *Lei nº 959, de 28 de dezembro de 2000*. Institui o Imposto sobre a Transmissão *Causa Mortis* e Doação de Quaisquer Bens ou Direitos – ITCD. Disponível em: https://legislacao.sefin.ro.gov.br/textoLegislacao.jsp?texto=770. Acesso em: 19 set. 2021.

RONDÔNIA. Secretaria de Estado de Finanças – SEFIN. *Resolução nº 002/2020/ GAB/CRE*. Disponível em: https://legislacao.sefin.ro.gov.br/textoLegislacao.jsp? texto=1359. Acesso em: 19 jun. 2021.

RORAIMA. *Lei nº 59, de 28 de dezembro de 1993*. Dispõe sobre o Sistema Tributário Estadual e dá outras providências. Disponível em: https://www.sefaz.rr.gov.br/downloads/category/475-02-codigo-tributario-estadual-atualizado-lei-n-59-93. Acesso em: 20 set. 2021.

ROSA, Karin Regina Rick. Ganho de capital na sucessão. *In*: TEIXEIRA, Daniele Chaves (Coord.). *Arquitetura do planejamento sucessório*. Belo Horizonte: Fórum, 2022, Tomo III, p. 111-124.

ROSALEM JÚNIOR, Laerte; PRADO, Marina de Almeida. A tributação das sociedades *holdings* patrimoniais. *Revista dos Tribunais*, v. 976, p. 401-416, fev. 2017.

SANTA CATARINA. *Decreto nº 2.884, de 30 de dezembro de 2004*. Aprova o Regulamento do Imposto sobre Transmissão *Causa Mortis* e Doação de Quaisquer Bens ou Direitos do Estado de Santa Catarina – RITCMD-SC. Disponível em: http://legislacao.sef.sc.gov.br/Consulta/Views/Publico/Frame.aspx?x=/Cabecalhos/frame_ritcmd_04.htm. Acesso em: 03 out. 2021.

SANTA CATARINA. *Lei nº 13.136, de 25 de novembro de 2004*. Dispõe sobre o Imposto sobre Transmissão *Causa Mortis* e Doação de Quaisquer Bens ou Direitos – ITCMD. Disponível em: http://legislacao.sef.sc.gov.br/Consulta/Views/Publico/ Frame.aspx?x=/html/leis/2004/Lei_04_13136.htm. Acesso em: 03 out. 2021.

SÃO PAULO (Estado). *Decreto nº 46.655, de 1º de abril de 2002*. Aprova o Regulamento do Imposto sobre Transmissão *Causa Mortis* e Doação de Quaisquer Bens ou Direitos – (ITCMD), de que trata a Lei nº 10.705, de 28-12-00, alterada pela Lei nº 10.992, de 21-12-01. Disponível em: https://legislacao.fazenda.sp.gov.br/ Paginas/dec46655.aspx. Acesso em: 03 out. 2021.

SÃO PAULO (Estado). *Lei nº 10.705, de 28 de dezembro de 2000*. Dispõe sobre a instituição do Imposto sobre Transmissão *Causa Mortis* e Doação de Quaisquer Bens ou Direitos – ITCMD. Disponível em: https://legislacao.fazenda.sp.gov.br/ Paginas/lei10705.aspx. Acesso em: 03 out. 2021.

SENADO FEDERAL. *Projeto de Resolução do Senado nº 57, de 2019*. Estabelece alíquota máxima para o Imposto sobre Transmissão *Causa Mortis* e Doação, de que trata o inciso I do caput, e inciso IV do §1º do art. 155 da Constituição Federal. Disponível em: https://www25.senado.leg.br/web/atividade/materias/-/materia/137288. Acesso em: 20 mar. 2022.

SENADO FEDERAL. *Resolução nº 9, de 05 de maio de 1992*. Estabelece alíquota máxima para o Imposto sobre Transmissão *Causa Mortis* e Doação, de que trata a alínea a, inciso l, e §1º, inciso IV do art. 155 da Constituição Federal. Disponível em: https://legis.senado.leg.br/norma/590017/publicacao/15785996. Acesso em: 11 out. 2021.

SERGIPE. *Decreto nº 29.994, de 04 de maio de 2015*. Aprova o Regulamento do Imposto sobre Transmissão *Causa Mortis* e Doação de Quaisquer Bens ou Direitos – RITCMD de que trata a Lei nº 7.724, de 08 de novembro de 2013. Disponível em: http://legislacaoonline.sefaz.se.gov.br:17501/ITCMD/Decretos/2015/dec29994-15.pdf. Acesso em: 26 set. 2021.

SERGIPE. *Lei nº 7.724, de 08 de novembro de 2013*. Dispõe sobre o Imposto sobre Transmissão *Causa Mortis* e Doação de quaisquer Bens ou Direitos – ITCMD e dá outras providências. Disponível em: http://legislacaoonline.sefaz.se.gov.br:17501/ ITCMD/Leis/2013/lei7724-13.pdf. Acesso em: 26 set. 2021.

SERGIPE. *Lei nº 8.729, de 11 de agosto de 2020*. Altera os arts. 14, 15 e 16 da Lei nº 7.724, de 08 de novembro de 2013, que dispõe sobre o Imposto sobre Transmissão *Causa Mortis* e Doação de quaisquer Bens e Direitos – ITCMD, e dá outras providências. Disponível em: http://legislacaoonline.sefaz.se.gov.br:17501/ITCMD/ Leis/2020/lei8729-20.pdf. Acesso em: 26 set. 2021.

SILVA, Ricardo Almeida Ribeiro da. O STF e a sua recente decisão sobre o ITBI. *Revista Consultor Jurídico*, 20 set. 2021. Disponível em: https://www.conjur.com.br/2021-set-20/ricardo-almeida-stf-recente-decisao-itbi. Acesso em: 13 fev. 2022.

TEIXEIRA, Ana Carolina Brochado; FLEISCHMANN, Simone Tassinari. Futuros possíveis para o planejamento sucessório. *In*: EHRHARDT JÚNIOR, Marcos (Coord.). *Direito civil*: futuros possíveis. Belo Horizonte: Fórum, 2022, p. 87-108.

TEIXEIRA, Daniele Chaves. *Planejamento sucessório*: pressupostos e limites. 2. ed. Belo Horizonte: Fórum, 2019.

TOCANTINS. *Decreto nº 5.425, de 4 de maio de 2016*. Aprova o Regulamento do Imposto sobre a Transmissão *Causa Mortis* e Doação de Quaisquer Bens ou Direitos – ITCD. Disponível em: http://dtri.sefaz.to.gov.br/legislacao/ntributaria/decretos/ Decreto5.425.16.htm. Acesso em: 20 set. 2021.

TOCANTINS. *Lei nº 1.287, de 28 de dezembro de 2001*. Dispõe sobre o Código Tributário do Estado do Tocantins e adota outras providências. Disponível em: http://dtri.sefaz.to.gov.br/legislacao/ntributaria/Leis/Lei1.287-01Consolidada.htm. Acesso em: 20 set. 2021.

TOCANTIS. *Lei nº 3.019, de 30 de setembro de 2015*. Altera a Lei nº 1.287, de 28 de dezembro de 2001, que dispõe sobre o Código Tributário do Estado do Tocantins, e adota outras providências. Disponível em: http://dtri.sefaz.to.gov.br/legislacao/ ntributaria/Leis/Lei3.019.15.htm. Acesso em: 20 set. 2021.

VELOSO, Zeno. Prefácio. *In:* BOECKEL, Fabrício; BUFFON, Marciano; CATALAN, Marcos. *Direito sucessório em perspectiva interdisciplinar*. Rio de Janeiro: Elsevier, 2011.

WILDNER, Vanderlei Luis. A sucessão *causa mortis* e o direito empresarial. *In:* BOECKEL, Fabrício Dani de; ROSA, Karin Regina Rick. (Coord.). *Direito sucessório em perspectiva interdisciplinar*. Rio de Janeiro: Elsevier, 2011, p. 59-72.

XAVIER, Luciana Pedroso. O *trust* e suas potencialidades no planejamento sucessório. *In:* TEIXEIRA, Daniele Chaves (Coord.). *Arquitetura do planejamento sucessório*. Belo Horizonte: Fórum, 2022, Tomo III, p. 509-525.

XAVIER, Luciana Pedroso; XAVIER, Marília Pedroso. O planejamento sucessório colocado em xeque: afinal, o companheiro é herdeiro necessário? *In:* TEIXEIRA, Daniele Chaves (Coord.). *Arquitetura do planejamento sucessório*. 2. ed. Belo Horizonte: Fórum, 2019, p. 239-252.

Esta obra foi composta em fonte Palatino Linotype, corpo 10
e impressa em papel Pólen Bold 70g (miolo) e Supremo 250g
(capa) pela Artes Gráficas Formato.